駒村康平＋齋藤 潤 編著

2035年の経済社会とイノベーション

超成熟社会発展の経済学 II

慶應義塾大学出版会

はじめに

我が国は、現在、これまで世界のどの国も経験したことのないような困難な課題を突き付けられています。高度経済成長期には実質で年平均一〇%を達成していた経済成長も、高齢化が進み、人口が減少する中で、いまや一%にも満たないような成長能力しかないような状況にあります。

このことは、日本の経済社会にも様々なひずみを生み出しています。特に社会保障の分野では、制度の持続可能性が失われてきており、将来世代に大きな負担を先送りする現在の仕組みの見直しが喫緊の課題となっています。

我が国が直面するこのような課題の解決のためには、それが広範な分野にわたる複雑な問題であるだけに、様々な分野に関する深い知識を背景に、全体を見渡し、その解決を考える俯瞰力が必要になります。また、高齢化が進展している他の先進国やアジアの国々にも共通する課題であることから、世界的・普遍的な観点も必要です。しかも、日本がその課題に真っ先に直面しているという意味で、模範とすべきお手本がなく、その解決にあたっては、独創性・創造性が問われます。

現在、大学・大学院に求められているのは、こうした困難な課題に積極的に取り組み、その解決に向けて貢献するような人材の育成です。しかし、「世界の公共人材」と言ってもよいそうした人材を育てるためには、これまでのような大学・大学院教育では十分ではありません。そのための新たな取り組みが必要になってきます。

慶應義塾が二〇一一年度から取り組んでいる「博士課程教育リーディングプログラム」（オールラウンド型）は、まさにそうした人材を育成するために、大学院生を対象に組み立てられた新たなプログラムです。このプログラムは、「超成熟社会発展のサイエンス」をテーマに掲げ、先に述べたような課題を克服して、日本の経済社会が今後とも持続的に発展していくためにはどのような人材が必要かとの観点から、これまでにない様々な取り組みをしています。

このプログラムに参加する大学院生は、リサーチ・アシスタント（ＲＡ）として慶應義塾に雇用されながら、文理融合の観点から、主専攻の修士課程を修了したのち、全く異なる別の分野の修士課程を副専攻として修め、その上で主専攻の博士課程に戻り、博士号を取得することを目指します（Ｍ／Ｍ／Ｄシステム）。実際に本年度は、本プログラムの一期生が、理工学研究科や政策・メディア研究科から経済学、商学、医学研究科に、また法学研究科から理工学研究科にといったように、二つ目の修士課程に進学し、修士論文の作成に取り組んでいるところです。

また、本プログラムでは、産業界の第一線で活躍している方々にメンターとしての役割をお願いして、院生の目を実社会における問題に向かせるとともに、そういった現実の課題に対する解決策をとりまとめるためのプロジェクトの指導をしていただいています。また、オアシスが生物の進化の契機を与えてくれたように、「水飲み場」効果を期待して、専門やバックグラウンドの違う人たちとの交流や意見交換の場を積極的に作り出しています。さらに、英語能力の取得に努め、海外のインターンシップや海外留学を行うことも義務付けています。これまでに院生をインターンとして、海外の企業やＮＰＯ、あるいは国際機関などに派遣をしています。

本書は、このようなプログラムに取り組んでいる院生たちが履修すべき共通科目の一つとして二〇一三年度に開講された講義「超成熟社会発展の経済学」の内容を基に編集したものです。二〇一二年度の講義も『超成熟社会発展の経済学―技術と制度のイノベーションが切拓く未来社会』（慶應義塾大学出版会、二〇一三年）として発刊していますが、それとの重複を排除した上で、自動車、医療、金融、リサイクル、３Ｄプリンター、風力発電などの分野について、新たに講師をお願いした実務家・研究者の方々にして頂いた講義の内容を収録するなど、本書は前書と全く異なるものとなっています。

本書が、大学院への進学を考えている大学生、あるいは既に大学院で学びながら今後取り組むべき課題や進むべき進路について思いを巡らせている大学院生の皆さんはもとより、超成熟社会の中で、発展の芽を模索し、それを育てていくために日々知恵を絞られているビジネスマンの方々に広く読まれ、何らかの参考になることを期待しています。

二〇一四年一〇月

慶應義塾長　清家　篤

二〇三五年の経済社会とイノベーション

超成熟社会発展の経済学Ⅱ

目次

序　章　グローバル経済における格差、信頼と経済成長

駒村康平
（慶應義塾大学経済学部教授）

二一世紀の人材に求められる能力は、二〇世紀の工業化社会で求められたようなアルゴリズム型の仕事を遂行する能力ではない。ダニエル・ピンク（Pink 2002）は、二一世紀は「発見的問題解決型の仕事」を遂行するために必要な創造性、革新性、批判的思考が重要であるとしている。リーディング大学院の目的は、こうした能力と志を持ち、長期の視野を持ち、世界的な課題に取り組む次世代のリーダーを育成することである。

本章では、二一世紀初頭の現在、世界的、歴史的な課題となっているグローバル経済にかかわる問題を、格差、信頼、経済成長というキーワードで考えたい。

一　グローバリゼーション・パラドクス

二〇世紀後半から急激に進んだグローバル経済の進展は、世界経済、社会に大きな影響を与えている。ダニ・ロドリック（Rodrik 2011）を参考にすると、産業革命から二回の世界大戦までの剝き出しの資本主義経済を資本主義一・〇、そして第二次世界大戦後、国際的な通貨管理、ブレトン・ウッズ体制のもと政府によりコントロールされた資本主義経済を資本主義二・〇とすると、今後、大規模に進んでいくグローバル経済、ハイパーグローバリゼーションは資本主義三・〇の段階になる。

グローバル経済の進展は、世界の人々の所得分布に大きな影響を与える。資本移動と貿易の拡大により、発展途上国の人々の生活水準は上昇するが、他方、途上国の労働者と競争を余儀なくされる先進国の未熟練労働者の賃金は低下することになる。一般的にグローバル経済の進展は、世界的に見ると貧しい発展途上国の一人当たりの所得を上昇させるとされる。

ただしこの議論は、単純に国単位で見るのか、各国の人口規模を考慮するかでも異なってくる。図1のコンセプト1は各国一人当たり平均所得から計算した世界のジニ係数である。ジニ係数は、所得分布の偏り度の指数であり、全員が同じ所得のときはゼロになり、一に近いほど所得分布が偏っていることを示す。図1のコンセプト1とコンセプト2の違いはコンセプト2が各国の人口ウェイトをかけている点である。さらにコンセプト3はコンセプト2から人口の多い中国の影響を除いたものである。コンセプト1、すなわち国単位で見るとジニ係数は二〇〇〇年以降やや低下しているが、トレン

図1　世界のジニ係数の動き

1952–2006年におけるコンセプト1、コンセプト2およびコンセプト3の（国際的）不平等、1952–2006

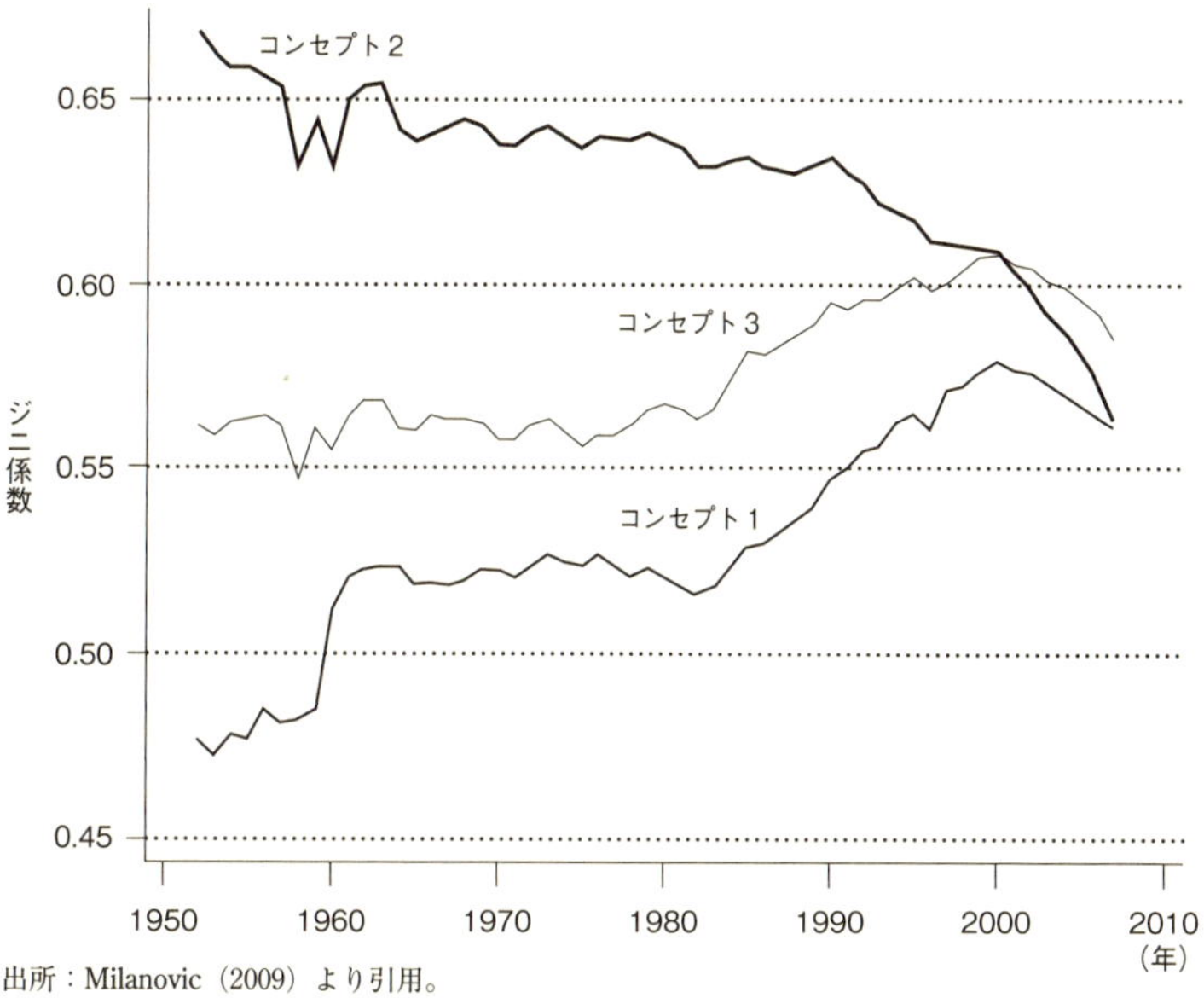

出所：Milanovic（2009）より引用。

ドとしては拡大傾向になっている。

他方、各国の人口数を考慮するとコンセプト2のように低下傾向が見て取れる。しかし、それでも人口の多い中国の影響を除くと上昇傾向が残る。世界的な所得格差の変化を、国家単位で考えるか、世界市民的な視点から世界人口で考えるべきかで、状況は異なる。

グローバル経済は政治面でも課題も発生させる。それを最も端的に示す言葉は「グローバリゼーション・パラドクス」である。この言葉はダニ・ロドリックの造語であるが、その意味するものはより徹底した経済のグローバル化すなわちハイパーグローバリゼーション、民主主義、国家主権の三つを同時に達成することはできず、いずれか一つは諦めなければならないという強烈なメッセージである。

すなわちハイパーグローバリゼーション、国家主権を選択して、各国が制度、政策を含めて国際競争をすると国内の民主主義的な決定と整合性が取れなくなる。あるいは、ハイパーグローバリゼーションと民主主義を選択すると「グローバル・ガバナンス」体制に向うが、これは各国政府の協力、最終的には世界政府がないと難しい。ハイパーグローバリゼーションを犠牲にして、国家主権と民主主義を優先するとかつてのブレトン・ウッズ体制を維持することと同じであり、ハイパーグローバリゼーションからは取り残され、経済は停滞する。

現在、日本が選択しているのは、ハイパーグローバリゼーションと国家主権の組み合わせのように思われる。ハイパーグローバリゼーションのもと、資本の国際移動はますます大規模なものになり、各国政府は、財政・金融政策、法人税制や労働規制を自国の事情だけでは決定できなくなっている。日本も現在まさに、安倍政権のもと、外国資本を招くために規制緩和、労働者保護の緩和、法人税の税率引き下げを行っている途上である。ハイパーグローバリゼーションに対応するために国内体制を切り替え、経済効率のみを重視していくとどうなるだろうか。

まず、労働者保護などが弱まると、労働者は国際的な経済ショックに直撃されることになる。すでに二〇〇八年のリーマンショックはその典型である。リーマンショックは日本では一九九〇年代後半から雇用規制が緩和され派遣労働者などの非正規労働者が増えた後の最初の本格的な景気後退であったため、派遣切りなど大きな問題が発生した。私の専門の社会保障に引き付けると、経済のグローバル化、国際化対応を進めている国ほど、社会政策、教育などの社会関連支出を増やして、国内外の経済ショックから国民を守る仕組みを強化している。しかし、日本は膨大な財政赤字と高齢化の負担でこうした取り組みを行わないでグローバリゼーションに対応している。

二 トマ・ピケティが明らかにした長期的な所得と富の集中化

前節では近年の先進国内の所得格差拡大の動向に触れたが、トマ・ピケティ（Piketty 2013）の〝二一世紀の資本（Capital in the Twenty-First Century）〟は一〇カ国以上について数世紀にわたる所得格差の問題を分析している。経済成長と所得格差の研究はクズネッツの逆U字仮説が有名であり、経済成長により所得格差は一時上昇するが次第に縮小するというのが古典的研究である。これについては従来から多くの疑問が指摘されていたが、ピケティの分析によって、逆U字仮説は戦後の一時期を切り取った分析結果ということになる。

ピケティの研究は、⑴所得と資産の集中度、たとえば上位一％あるいは一〇％の人々がその国の全所得、全資産を保有する割合は、第一次世界大戦前が最大になり、その後、二つの大戦による産業基盤の破壊により集中度は低下し、続いて福祉国家全盛の一九七〇年代までは低下したが八〇年代以降再び上昇傾向にある（図２）、⑵各国経済の資産額／所得額の比率は、二つの大戦前は非常に高く四〇〇％から五〇〇％程度であったが、経済成長率の方が資産収益率よりも高い状態が続いてきた期間は三〇〇％程度まで低下した（図３）。しかし長期的には資産収益率（四％）が経済成長（一・五％）を上回り、現在は資産額／所得額の比は四〇〇％程度まで上昇し、今世紀末には七〇〇％まで上昇す

図２　所得上位１%への所得の集中度の各国動向

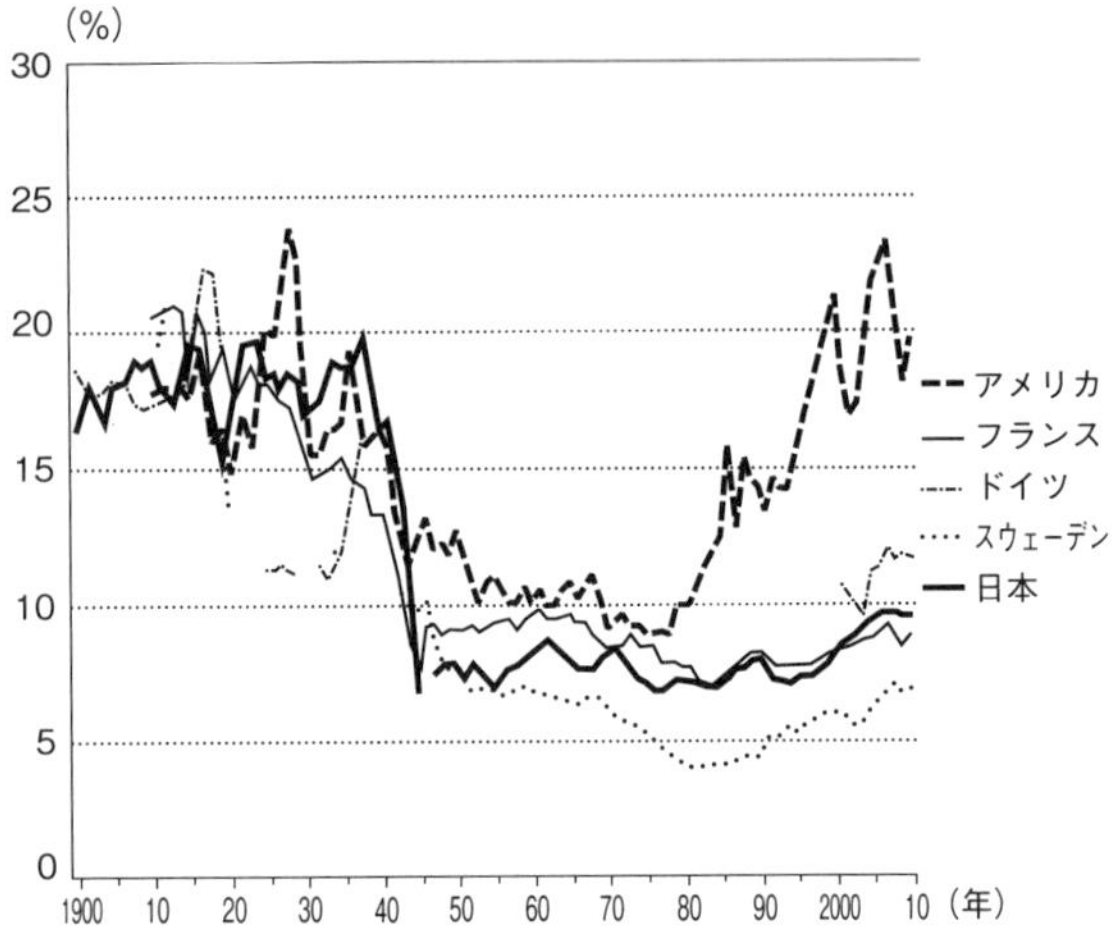

出所：Piketty（2013）より作成。

図３　資産／所得比率の国際動向

出所：Piketty（2013）より作成。

ると予測している。これに相続による富の集中が加わるため、所得格差、資産格差が再生産されることになる、(3)これら格差を抑制するためには所得にかかわらず教育機会を保証するなどの対策だけではなく、所得課税と資産課税、相続税強化が必要である。特に富裕層の資産の海外移動、海外転居も考慮するとグローバルな累進課税の仕組みを導入する必要がある、というものである。

(2)について補足すると、第二次世界大戦後は、先進各国では福祉国家の理念のもと、累進的な所得税、労働規制、社会政策が充実して格差縮小に貢献した。しかし、いわゆるサッチャー・レーガンの小さな政府の理念が広がる一九八〇年代から市場の規制緩和、特に金融市場の規制緩和、累進税制の緩和、民営化、社会保障給付の抑制、教育機会の差などから発生した賃金格差の拡大により所得格差が拡大した。

グローバルな累進課税には説明が必要になる。一国だけで所得や資産に累進的な課税をしても富裕層にはタックスヘイブンへ逃れる手段がある。これを防ぐためのグローバルな累進課税の考えは非常に魅力的なアイディアだが各国が連携しないと対応できない。これは本章の最初に述べたように、先進国の協調が不可欠で、これもまたグローバリゼーション・パラドクスの制約を受けることになるであろう。[1]

三　格差、信頼と経済成長

このような所得と資産の集中は経済に何をもたらすであろうか。資産家の投資により職や産業が生

図4　ジニ係数と一般的信頼度の関係

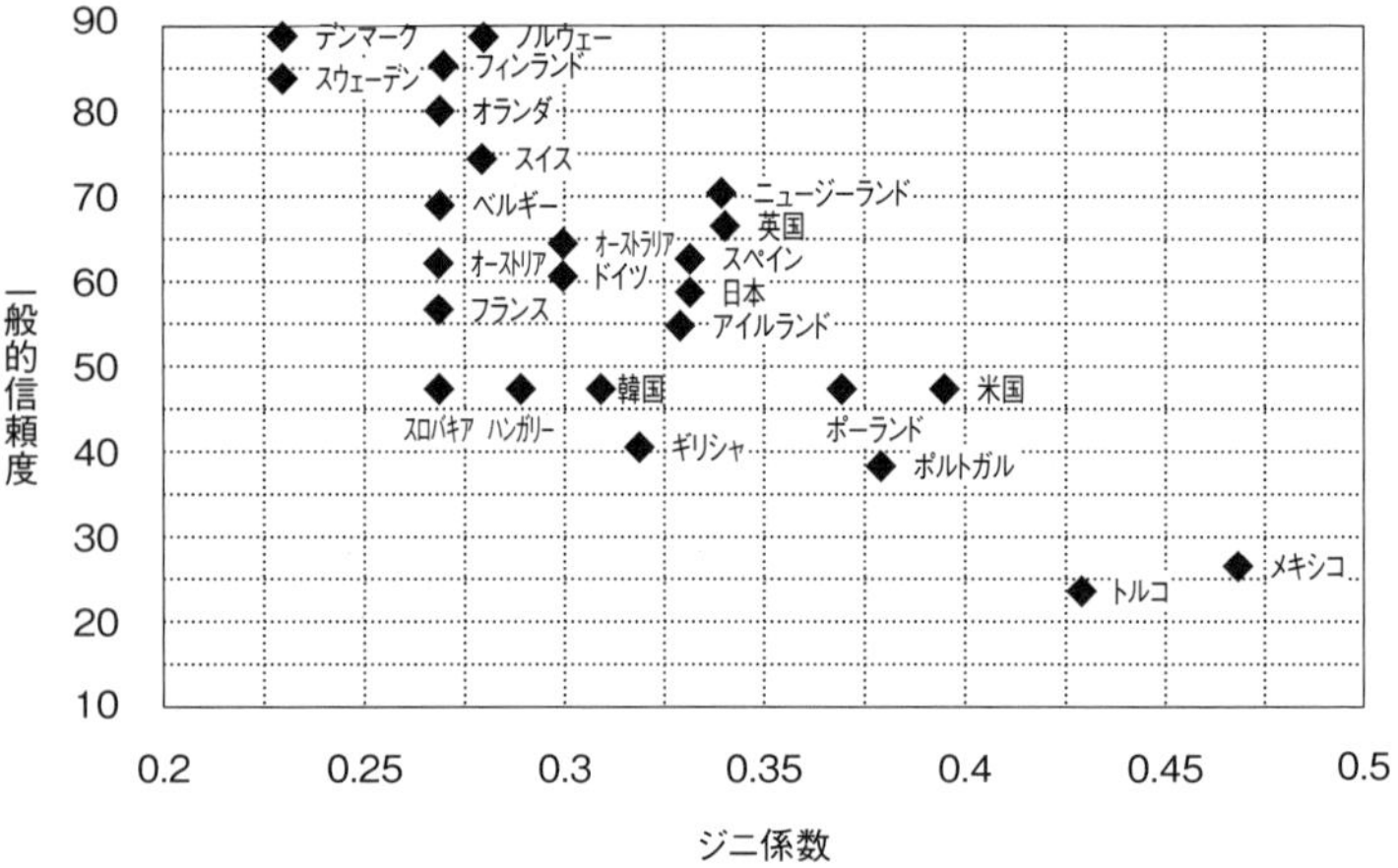

出所：OECD（2011）Society at glance, Social Cohesion Indicators. より作成。

み出される、あるいは資産家の消費が需要を拡大するのではないかというトリクルダウン理論に立てば、格差の拡大、富の集中は問題ないかもしれない。新古典派経済学では所得格差の拡大や富の集中はあまり問題とされてこなかった。

しかし、所得格差の拡大や富の集中が経済システムの基盤を揺るがす場合はどうだろうか。現在、注目されている社会関係資本の研究でも、格差が信頼にマイナスの影響を与えることが確認されている。

図4はOECD各国のジニ係数と一般的信頼度（一般的に人は信頼できるかという質問で信頼できると回答した人の割合）であるが、ジニ係数が大きくなるほど一般的信頼度が低下する傾向を示している。

一般的信頼度と所得格差の関係は進行中の分野であり、同じ人に繰り返し質問し、長期的な行動変化を見るパネルデータを用いた一般的信頼度の研究も進んでいる。たとえば、グスタフソンとヨルダール（Gustavsson and Jordahl 2008）は地域内の所得格差や個人の所得が個人レベルの一般的信頼度に影響を与えることを確認している。

経済活動における信頼はどのような意味を持つのか。他者に対する信頼とは、経済活動の根幹と言ってもよいほどの重要な概念である。社会に信頼がなければあらゆる取引は成立せず、極端に言えば、貨幣という制度も機能しないと考えられる。

たとえば、ノーベル経済学賞を受賞したアロー（Arrow 1970）は、市場の失敗を回避、補償するという点から、社会相互の関係における倫理、道徳を含んだノルムの重要性について強調した上で、信頼の役割について以下のように説明している。

> "I suggest as one possible interpretation that they are reactions of society to compensate for market failures. It is useful for individuals to have some trust in each other's word. In the absence of trust, it would become very costly to arrange for alternative sanctions and guarantees, and many, opportunities for mutually beneficial cooperation would have to be foregone.[2]"
> （「個々人がお互いの言葉をかなり信用するのは有益である。信頼がなければ、その代わりに必要になる制裁や保証のために、多大な費用を必要とし、また互いにとって有益な協調の多くの機会を失わせることになるであろう。」）

信頼は取引費用を引き下げ、市場の効率性を高め、人々の協力関係を強める。そのため、社会の中での信頼度の高さが経済成長の源泉であるという観点からの研究は数多く、Beugelsdijk et al.（2004）、

Algan, Y., & Cahuc, P.（2010）など、数多くの論文において、社会の中の信頼度が高いことが経済成長に好影響を与えることが確認されている。

これらの研究をまとめると、今後、所得格差が拡大すると社会のなかでの一般的信頼度が低下することになり、それが経済成長の鈍化要因につながる、ということになる。

四　まとめ—グローバル経済をコントロールするためには何が必要か

二〇世紀後半から本格的になったグローバル経済は、発展途上国の人々の生活水準を豊かにする可能性がある一方で、途上国の国家間の所得格差を広げたり、先進国内の所得格差の拡大要因になっている。グローバル経済の拡大の背景には、金融市場における規制緩和があるが、これに加えて先進国における社会政策の縮小、再分配的な所得税制の後退、経済成長の鈍化などが、富の集中度を進めることになった。

富の集中、格差の拡大は一般的社会信頼度を下げ、経済成長をさらに鈍化させることになる。他に一般的信頼度の低下が社会に与える影響はどのようなものがあるだろうか。社会心理学のなかでは、一般的信頼度の高い人は少ない情報でも他人を信頼するが、一般的信頼度の低い人は信頼しない。また一般的信頼度が低い人は、専門家や科学技術も信頼しない傾向がある。

こうした一般的信頼度の変化は、価格メカニズムで調整される可能性もある。すなわち社会全体で一般的信頼度が低い人が増えて、低信頼社会になると、取引費用が増大し、リスクに対する評価が大きくなり、そのコストは最終的には価格や金利に転嫁されるのではないか。この場合、ピケティの言う金融資産の収益率と経済成長のかい離がさらに大きくなり、さらに富の偏在が加速するかもしれない。これに対応する案としてはピケティのグローバル課税は魅力的だが、グローバリゼーション・パラドクスのなかでは、それを実施する主体が存在しないのである。二一世紀のうちに人類はこうした問題への解決策を生みだすことはできるだろうか。

注

（1） タックスヘイブンを封じるための国際的な協力がいかに困難かは志賀（二〇一四）を参照せよ。

（2） Arrow, K. (1970) p.20.

参考文献

志賀櫻（二〇一四）『タックス・ヘイブン──逃げていく税金』岩波書店。
Algan, Y. & P. Cahuc（2010）"Inherited trust and growth," *The American Economic Review*, pp.2060–2092.
Arrow, K.（1970）"Political and economic evaluation of social effects and externalities," *The Analysis of Public Output*, pp. 1–30, UMI.
Beugelsdijk, S., H. L. de Groot & A. B. van Schaik（2004）"Trust and economic growth: a robustness analysis," *Oxford Economic Papers*, 56(1), pp.118–134.
Bowles, S.（2012）*The New Economics of Inequality and Redistribution*, Cambridge University Press.（サミュエル・ボウルズ、佐藤良一・芳賀健一訳（二〇一三）『不平等と再分配の新しい経済学』大月書店）。
Gustavsson, Magnus & Henrik Jordahl（2008）"Inequality and trust in Sweden: Some inequalities are more harmful than others," *Journal of Public Economics*, 92(1-2), pp.348–365.

Milanovic, B.（2009）“Global inequality recalculated: The effect of new 2005 PPP estimates on global inequality,” *MPRA paper*, No.16538.

OECD（2011）“Social at a Glance 2011,” OECD Library.

Piketty, Thomas（2013）*Capital in the Twenty-First Century*, The Belknap Press of Harvard University Press.

Pink, Daniel H.（2002）*Free Agent Nation: The Future of Working for Yourself*, Grand Central Publishing.（ダニエル・ピンク、池村千秋・玄田有史訳（二〇〇二）『フリーエージェント社会の到来―「雇われない生き方」は何を変えるか』ダイヤモンド社）。

Rodrik, D.（2011）*The Globalization Paradox: Democracy and the Future of the World Economy*, Oxford University Press.（ダニ・ロドリック、柴山桂太・大川良文訳（二〇一四）『グローバリゼーション・パラドクス―世界経済の未来を決める三つの道』白水社）。

（二〇一四年九月）

第Ⅰ部　経済社会とイノベーション

第一章　イノベーションと知識

齋藤　潤
（慶應義塾大学大学院
商学研究科特任教授）

はじめに

本書は、日本経済が、現在「超成熟社会」という段階にあり、その発展のためにはこれまでとは質的にも量的にも異なる努力をする必要があるということを基本的な問題意識としています。そこで、本題に入る前に、超成熟社会とはどのような社会かということについて、お話をしておきたいと思います。

といっても、超成熟社会という言葉の定義は必ずしも確立しているとは言えません。これについてどう考えるかは皆さん一人ひとり違うかと思います。以下では、私がどのように理解しているかということでお話をしたいと思います。

まず、超成熟社会というのは成熟社会の後に来る社会の段階であると考えます。では、「成熟社会」とはどのような社会なのか。私の理解では、成熟社会というのは、産業革命を経て経済成長が高まり、物質的に豊かになってくる中で、物質よりは質的な生活の向上、精神的な豊かさを求めるようになる社会のことです。言い換えれば、クオリティ・オブ・ライフを追求するようになった社会だと考えることができます。

成熟社会がそうだとすると、超成熟社会で「超」といった以上、それ以上のことが何かなければいけません。私の考える超成熟社会とは、そのように精神的な豊かさを追求する、あるいは生きがいや働きがいを求めるということが進んだ結果、結果的に人口が減少するような事態になり、それによって経済成長の土台自体が崩されていくようになっていった社会のことです。

生きがいを持って皆が働きたいと思っている。しかし、その結果、出生率が低下してくる。これは日本で一番典型的に現れている現象ですが、ほかの国々でも遅れてではあれ、やがてそういう現象が現れてくると思われます。そして、それが、豊かさをもたらした経済成長の土台自体を崩していくことになるのです。「超成熟社会」というのは、そういう社会だと理解しています。

そうなると、このままではどんどん先細りになってしまうことになります。そうではなくて、超成熟社会が発展する道があるとすれば、それはどのような道なのか。そのためにはどうすればいいのか。これが超成熟社会に直面した日本の課題であり、この講義全体で考えていきたい問題です。

一　なぜイノベーションを取り上げるのか

本章の主題はイノベーションですが、それではなぜイノベーションを取り上げるのでしょうか。最初にその点についても確認をしておきましょう。ひとことで言えば、それは将来にわたって経済成長を持続させる上で、非常に重要な鍵を握っているからです。

経済成長論における標準的な手法である成長会計によりますと、中長期の経済成長率は、労働投入の寄与分、資本投入の寄与分、全要素生産性の寄与分の三つから構成されています[1]。

このうち労働投入の寄与分は、大枠は人口動態で決まってしまうところがあります。もちろん日本の場合には、女性の労働参加率が低いので、これを高めることで寄与を引き上げることはできます。しかし、無限に高め続けられるわけではありません。極端に言うと、労働参加率を一〇〇％にしたら、それで終わりです。ですから、持続的な成長を労働投入だけで実現するというのには無理があります。

資本投入もそうです。資本投入というのは設備投資の累積ですが、設備投資というのは将来それに見合う収益を獲得できるかどうかで決まってくるわけなので、これはどちらかというと受動的に決まります。他の要因がどうなるかによって決まってくる面が強いのです。いくら金利を下げても、将来市場の成長が期待できなければ設備投資は行われません。海外への直接投資はしても、国内ではやらないことになります。

そのように考えてくると、結局残るのは全要素生産性、つまりＴＦＰ（Total Factor Productivity）の寄与ということになります。TFPにはいろいろなものが含まれていますが、その中で一番重要なのはイノベーションの効果です。イノベーションには制約はありません。したがって、持続的な経済成長を遂げるためには、イノベーションを次から次へと引き起こせるかどうかが重要なポイントになります。これがここでイノベーションを取り上げる理由です。

二 イノベーションの定義

(1) 知識の一部をなす技術

先ほどから何度もイノベーションという言葉を使ってきましたが、イノベーションとはそもそも何のことかということをお話ししたいと思います。

そのために、知識とは何かという話をする必要があります。とはいっても、実際に少し調べてみると分かりますが、知識というものを正面から経済学で扱うことはあまりありません。したがって、以下は、かなり私見が反映されていると思ってください。

知識とは何かについて、村上陽一郎先生という科学史で有名な先生が触れておられます。(2) それによると、「知識」とは、自然や社会の現状やその背後にある原理に関する認識の集合のことです。英語で言うと、knowledge です。

知識にはいろいろなものが含まれますけれども、本章のコンテクストで重要になってくるのは科学と工学と技術です。「科学」とは、科学的方法（これは実証主義ということだと思いますが）に基づいて制度化された認識の体系のことです。ここでは、数学を使って、論理に基づいた認識の体系が形づくられます。制度化された科学なので、例えば学術雑誌に投稿して、そこで認められ、掲載されることが一つの必要条件になりますが、そういうことの積み重ねででき上がっていくのが科学ということになります。

また、科学の特徴としては、知的好奇心を動機として発展していくもので、クライアントがいない、ということもあります。クライアントというのは村上先生の用語ですけれども、要するに大学の外で、あるいはより具体的には実業の世界で、特定のニーズがあって、それに応えるような形で発展しているかというと、科学の場合にはそうした具体的なクライアントがいるわけではない。クライアントがいなくても、知的好奇心の力で発展するというのが科学の特徴だということです。

この点は工学とは違います。「工学」とは、今言った科学の中でいうと特に自然科学を基礎とした、技術に関する制度化された認識の体系ということになります。つまり、いかに科学を現実世界に応用するかという観点で形成された、技術に関する制度化された認識の体系のことです。そして工学の場合には、通常、クライアントが存在します。実際にニーズがあって、これにどう応えるのか、どのように科学を応用して答えを出すかということが工学の発展の推進力になっているのです。

では、「技術」とは何でしょうか。非常に一般的にいえば、技術とは、人間がある目的の達成を目指して使用する「わざ」の体系です。科学や工学の応用といった側面ももちろんありますが、それ以外の、科学とか技術にはあまり根差していない、理由は分からないのだけれども実際に効果を持っているようなものも入っています。つまり生活の知恵とか、ことわざとか格言みたいなものも入っているのかもしれません。科学的根拠ははっきりしないけれども役に立つものを含めた「わざ」の体系のことです。しかし、特にここで注目したいのは、その中でも特に、科学や工学の応用という意味での技術です。

(2) 技術面での新しいアイディア

以上が知識の中身だとすると、時代が進むにつれて、その知識が増えていきます。その知識が追加されていくというところに注目すると、それがアイディアの役割ということになります。アイディアというと、日本語では思いつきみたいに聞こえるかもしれませんが、ここでは知識の追加をもたらすものを新しいアイディアと捉えたいと思います。

そういう新しいアイディアのことを、科学であれば発見（Discovery）と呼び、工学であれば発明（Invention）と言い、技術であれば革新（Innovation）と表現するわけです。この最後にある技術のイノベーションを念頭に置いて、以下では考えていきたいと思います。

なお戦後のある時期までは、「発見」と「発明」と「イノベーション」との間には直線的な関係があると考えられていました。まず科学的発見があって、それが工学的発明につながり、そして最後に技術革新が行われる、というようにです。だから、技術革新のためにはまず科学が発展しなければいけないと考えられていたわけです。

しかし、その後、冷戦の問題があって、少しずつ考え方が変わっていきました。むしろニーズが先行して、それに応えようと工学的発明や科学的発見が出てくる場合もあるのではないか、つまり、最初に想定していた直線的関係以外のものもあるのではないかと考えられるようになっていったのです。特にアメリカでは、政府や企業が主導する研究開発とか技術開発が行われるようになりましたが、これなどはどちらかというとニーズが先にあることを示しています。

三　シュムペーターのイノベーション

以上を前提にして、経済学ではイノベーションについてどのような捉え方をしているのかについて見てみましょう。

経済学でイノベーションといったら、やはりシュムペーターです。シュムペーターは戦前期を中心にして活躍した経済学者ですが、いわゆる新古典派的な経済学とは少し異なる経済学を展開しました。あるいは、だからこそイノベーションの問題を扱ったと言えるのかもしれません。(3)

(1)　創造的破壊

シュムペーターは、経済発展の原動力となるのは「創造的破壊」だと言っています。そして、それをもたらすのがイノベーションだと考えています。

経済学の言葉にもう少し引き寄せて言い換えると、生産関数の変化をもたらすような技術革新というものが「創造的破壊」にあたり、それがイノベーションの中心的な中身だということになります。

生産関数の変化といってもいろいろな変化があり得ますが、特にＴＦＰを上昇させるような、生産可能性曲線を外側に拡張させるような生産関数の変化のことです。

(2)　新結合の遂行

シュムペーターは、イノベーションについて、もう少し具体的な説明も行っています。イノベーションとは、生産要素の「新結合の遂行」だと言っています。これはたぶんシュムペーターがドイツ語で書いたか英語で書いたのを直訳しているために、分かりにくい言葉になっていると思いますが、具体的には、次の①から⑤までのものを含むと言っています。

まず、①「新財貨の生産」、つまりプロダクト・イノベーションです。例えば蒸気機関、電気、パソコン、そういう新しい商品をつくるというのがイノベーションの中身だというわけです。これはイメージにもあっており、分かりやすいかと思います。

次に、②「新生産方法の導入」もイノベーションだと言っています。例えば自動車でいうと、まずフォードシステムというのが普及して、それからカンバン方式というのが出てきますが、こうした新しい生産方法の登場によってＴＦＰの上昇がもたらされることを指しています。前述のプロダクト・イノベーションに対して、プロセス・イノベーションに相当するものだと言えます。

シュムペーターのイノベーションには、さらにこれら以外のものも含まれています。これが非常におもしろいところですが、③は「新販路の開拓」です。今までと違うところに販路を見出すということです。販路の開拓ができるということは、例えば規模の経済を享受することができるということにもつながります。例えば日本でいえば、これまでどちらかというとアメリカ中心、アジア中心でしたが、アフリカに新しい販路を開拓しようということになれば、それもイノベーションだということになります。

④として「新原料供給源の獲得」というのも入ってきます。昔は石炭や石油中心だったのがLNG（液化天然ガス）も燃料として使われるようになるだとか、今でいえばシェールガスが登場してくるというようなことを指しています。

そして⑤は「新組織の実現」です。新しい企業組織の採用ということです。例えば、株式会社組織の採用というのは大きかったと思いますが、さらにそれを使って分社化するとか、最近でいえば持株会社方式を採用するというのも含まれます。そういった企業組織の新しい形態をつくり出すこともイノベーションだと考えています。

このように見てくると、イノベーションのイメージが少しずつ膨らんでくるのではないでしょうか。こういったことを念頭に置きながら、再度知識の問題に立ち返って考えてみたいと思います。

四　「知識」の特質

世の中にはいろいろな「財」があります。ここでは「財」を、モノだけでなくサービス、さらには知識までも含めた、広義の「財」で考えることにしたいと思います。

以下では、この「財」を、二つの軸でいくつかの範疇に分類をしてみたいと思います。一つは「利用の『競合性』」という軸です。その財をある人が利用することによって他の人の利用を妨げることになるかどうかという基準での分類です。もう一つは「利用の『排除性』」という軸です。その財をある人が利用することを何らかの手段で排除することができるかどうかという基準での分類です。初めて聞くとやや分かりにくいかもしれませんが、できるだけ分かりやすく、具体的に考えてみたいと思います。(4)

(1) 私的財

まず、私的財というのがあります。これは日常私たちが買い物をするときに買っているようなもののことです。例えば野菜や鉛筆、家電などがそうですし、床屋に行くということもそうです。そういった日常買っているものの特徴を考えてみると、それには利用の競合性があることが分かります。例えば自動車の場合、ある人がその自動車を使っているときに、他の人が同時に使うことは物理的に不可能です。これが「競合性がある」ということです。また、その自動車は、ある人が代金を支払って購入することによって、他の人が同じ自動車を使うことはできなくなるので、「排除性もある」ということになります。このように、普通の商品は、利用の競合性もあるし、利用の排除性もあります。

(2) 公共財

私的財の対極にあるものとして「公共財」というのがあります。公共経済学だとか財政学で必ず出てくる公共財（パブリックグッズ）のことです。公共財とは、利用の競合性も利用の排除性もないものです。自衛隊が供給する国防サービス、警察が供給する治安サービス、そういったものがこの公共財には含まれます。

例えば自衛隊が供給する国防サービスでいうと、私が守られているからといってほかの人が守られないということはあり得ない。共同してサービスを享受することになります。また、私だけ排除するということもできない。例えば私が税金を払っていないからといって、私だけには自衛隊のサービスを与えないようにしたくても、それはできない。私を排除しようとしたら同時に隣の人も排除されてしまいます。

このように、ある人が守られることによって隣の人も守られてしまう場合、正の外部効果（スピルオーバー効果）があることになります。そういう効果がある場合には、フリーライダーの問題が出てきます。例えば、あなたは国防サービスが必要ですか、必要だったら対価を払ってくださいとしたときに、「はい、必要です」と言って対価を払う人ももちろんいるとは思いますが、隣の人が払って国防サービスを受けるのだったら、自分はそれに便乗すればいいので、「いいえ、いりません」と言って対価を払わないでおこうという人も出てきます。損得だけを考えれば、そのほうが得になります。これがフリーライダーです。フリーライダーの問題がある場合には、需要が顕在化しないので、供給を民間に委ねたのでは過少供給になる可能性があります。それゆえに、この種の財は政府が供給しなければいけないということになります。それが公共財です。

(3) コモンズ

もう一つ、コモンズというものがあります。日本語でいうと入会地とか、あるいはもう少し一般的には共有地といわれるものです。例えば共同体で共同して牧草地を持っているとします（イギリスにはそのようなコモンズがたくさんあったようです）。そこに、ある人が牛を連れてきて、その牛が牧草を全部食べ尽くしてしまったとしたら、ほかの牛は食べることができなくなるので、当然、利用の競合性はあることになります。しかし、共有地なのでその人が牛を連れてくることを排除することはできません。そうなると、先に牛を連れていった人だけが得をすることになるので、ほかの人には負の外部効果が及ぶことになります。他の例を挙げると、例えば漁場がそれにあたります。誰でも漁業ができるわけだけれども、乱獲をして魚をとってしまったら、ほかの人はもう魚をとることができなくなります。こうした現象のことを、「コモンズの悲劇」と言います。

(4) 図での整理

視覚的に見て分かりやすく以上のことを整理してみましょう。横軸に競合性をとります。縦軸に排除性をとります。そうすると、図表1のようになります。この図の中に、今まで説明してきたようなものがどのように整理できるのか、考えてみましょう。

最初に私的財を入れます。私的財というのは、競合性もあって排除性もあるものでした。したがって、私的財は左上のコーナーに位置することになります。次に、公共財の話をしました。公共財は、

図表1 財の分類(1)

出所：ジョーンズ（1999）を参考に作成。

図表2 財の分類(2)

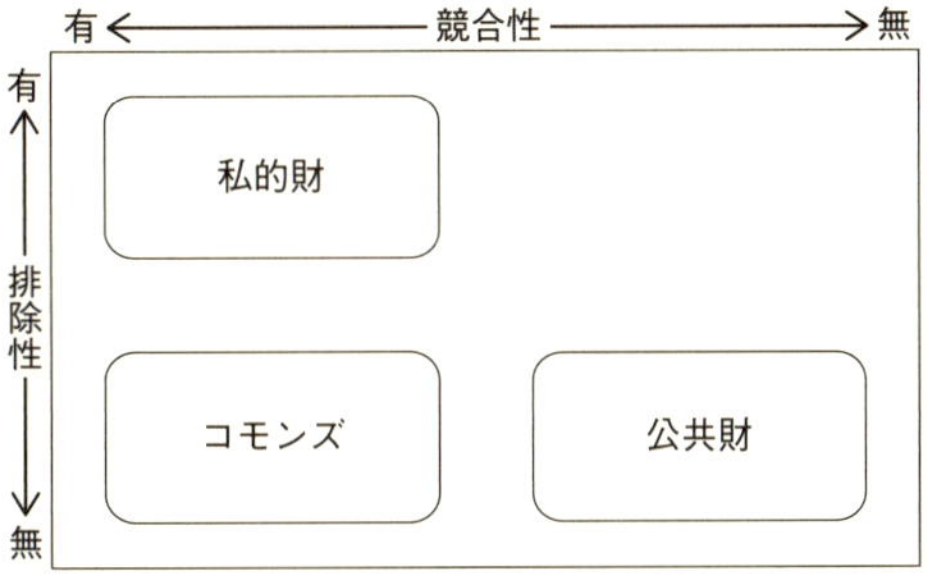

出所：同上

図表3 財の分類(3)

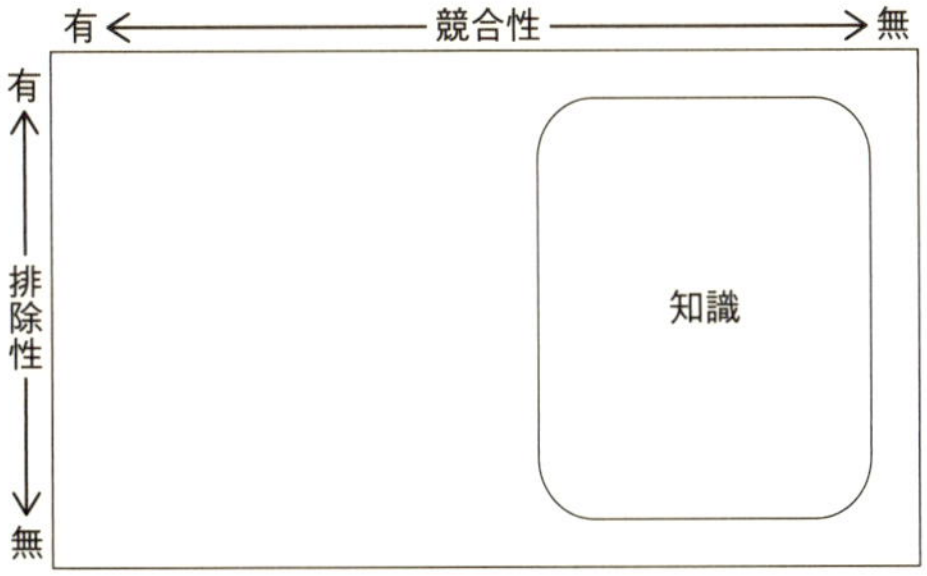

出所：同上

競合性がなく、排除性もないということですから、右下のコーナーに入ります。それから、コモンズです。コモンズは、競合性があるけれども排除性はないということでした。したがって、コモンズは、左下のコーナーに位置付けられます。こうして図表2ができあがります。

図表2を見ると、右上があいています。この右上のところに知識が入るのではないかと思われるかもしれません。そうだときれいなのですが、残念ながらそうはなりません。知識は、図表3のように、右の半分を占めるような性格を持っているのです。なぜそうなるかを考えてみましょう。

(5) 知識

知識には、利用の競合性はないと考えられます。例えば新しい知識がつくり出されたとします。一番分かりやすいのは、例えば新しい数学の定理ができたとして、ある人がその定理を使っているとします。ほかの人が使えないことはないはずです。したがって、知識には、競合性はありません。一般に、新たにつくり出された知識は、誰でも使うことができ、使っても減ることはありません。

そうなると、実は難しい問題が出てきます。よく規模に関して収穫一定とか一次同次とか言います。例えば資本と労働力を二倍にしたら生産が二倍になるという性質のことです。これはしばしば採用される仮定ですが、もしこれに知識が加わると、資本と労働力を二倍にしたとき、生産が二倍以上になる可能性が出てきます。なぜなら、研究開発には多大な固定費用を要しても、それによって得られた知識は極めて低い追加的費用で用いることができるからです。そのような場合、規模を拡大していけばいくほど、生産性はどんどん高まっていき、平均費用は低下していくことになります。しかし、平均費用が低下していくといっても、限界費用がそれを下回るという状況が変わることはありません。財の価格というのは、完全競争状態であれば限界費用で決まるはずです。それでも、通常は、限界費用は平均費用を下回ることはないので問題はありませんが、限界費用が平均費用を下回るとなると、その価格では平均費用を賄えないことになります。つまり赤字になってしまうことになるわけです。そのような財は、市場では供給されません。そういう問題が出てきてしまいます。

以上のように、知識を考慮すると、通常、経済学が想定するような完全競争均衡とは両立しないような問題が出てきてしまうことになります。知識は、非常に扱いにくい問題を含んでいるわけです。

次に知識の排除性ですが、これについては多様な場合が想定されます。多様だからこそ、図表3のように上から下まで突き抜けるような形になってしまうわけです。

排除性のない知識の例としては、先ほども例に挙げた数学があります。あなたは使わないでくれと言われても、頭の中で使っている限り、それはチェックできませんから、排除はできないわけです。

しかし、排除があるものもあります。実際に多くの知識は、特許で利用の排除をしています。あるいは発明をしても、それを外部に公表しない企業があります。有名なのはコカ・コーラです。特許を請願すると製法を公開しないといけないので、コカ・コーラは特許をとっていない。門外不出にして誰にも分からないようにすることができるわけです。

このように、競合性はないが、排除性は多様であるという特徴を持っているのが知識なのです。

(6) 研究開発投資

知識を生産するためには、研究開発投資が必要になります。いわゆるR&D(Research and Development)のための投資ですが、これにも特徴があります。

知識を生産するためには、物的資本や労働力を投入する必要がありますし、単純労働だけでなく人的資本も重要になってきます。また、R&Dが成果を見るまでには長い時間が必要になるので、投資は長期間にわたるものになります。さらに、本当に投資が実を結ぶことになるかどうかは分からない、高い不確実性もあります。

そうすると、そういう投資を企業が本当にやるのかという問題があるわけです。ベンチャー企業の中には、それを一手に引き受けようというものがあります。しかし、リスクが高いので、そのためにはリスクマネーが必要になります。ハイリターンを見返りに、ハイリスク分野に投資をするような資金です。現在の日本の金融システムの中では供給されにくい資金ですが、ベンチャーのためには必要不可欠な資金です(5)。

大企業であることは、そういう意味ではメリットがあって、不確実性を低下させるためにいろいろなプロジェクトのポートフォリオを持ち、リスクを分散することができます。シュムペーターも大企業のそういう面に着目した時期があります。

ただ、ベンチャーであっても、大企業であっても、投下した資金を結果的に回収できるかどうかは、研究成果に対する対価によって決まってきます。この対価については、知的財産権などの制度的な枠組みに依存するところが大きいというのが一般的な見方です。この問題については、本書の第三章で詳しくお話ししたいと思います。

おわりに

最後に、知識と密接な関係にある人的資本について触れておきましょう。

知識を習得し、技能を身に付けることを、人的資本を蓄積すると言います。人的資本については、知識と関係が深いので、その性質についても誤解されがちです。確かに、知識は利用の競合性のない特殊な財ですが、実は、その知識を習得した結果としての人的資本は、人と一体化しているために、利用の競合性と利用の排除性をともに有する私的財なのです。ある会社で仕事をしていれば、ほかの会社で働くことはできなくなります。また会社のほうも、その人を雇用したのだから、その人がほかの会社で働くことを排除できるわけです。

人的資本が私的財であるからこそ、どれだけ教育や訓練を蓄積するかは個人の決定に委ねられるし、その収益も個人に帰属することになるのです。

注

（1）　樋口美雄・駒村康平・齋藤潤（編著）『超成熟社会発展の経済学』（慶應義塾大学出版会、二〇一三年）第三章を参照。

（2）村上陽一郎『工学の歴史と技術の倫理』（岩波書店、二〇〇六年）を参照。
（3）Joseph A. Schumpeter, *Theorie der wirtschaftlichen Entwicklung*, 1926（塩野谷祐一・中山伊知郎・東畑精一訳『経済発展の理論』上・下、岩波文庫、二〇一二年）を参照。
（4）Charles I. Jones, *Introduction to Economic Growth*, W.W. Norton & Company, Inc. 1998（香西泰監訳『経済成長理論入門』日本経済新聞社、一九九九年）を参照。
（5）前掲『超成熟社会発展の経済学』第四章を参照。

（二〇一三年一一月八日）

第二章　イノベーションのマクロ経済学

齋藤　潤
（慶應義塾大学大学院商学研究科特任教授）

はじめに

イノベーションは持続的な経済成長にとって必要不可欠なものです。しかし、イノベーションの基にある知識が私的財とは異なる特質を持っていることは、第一章で見たとおりです。そこで、本章では、そうした特質を持っているイノベーションを、マクロ経済学ではどのように扱ってきたのかを見ていきたいと思います。

一　ソロー＝スワン・モデル

(1)　ソロー＝スワン・モデルの内容とインプリケーション

経済成長の話をすると、必ずといっていいほどソロー＝スワン・モデルというのが出てきます。これはロバート・ソローとトレイヴァー・スワンという二人の経済学者が定式化した経済成長に関するモデルです。簡単なモデルなのですが、多くのインプリケーションが引き出せ、実証研究にも使えるので、経済成長論の一番の基礎となるモデルです(1)。

このモデルで前提とされているのは、新古典派生産関数です。図表1に示したとおり、一般的には $Y=F(K, AL)$ と表現されます。Y は実質GDPのことだと思ってください。F は関数を表していて、ここで Y は、K と AL の関数になっていますが、K は物的資本、L は労働力のことです。A は技術を表しますが、ここでは労働力の効果を大きくするような労働増大的な技術であると仮定しています。

この生産関数については、いくつかの仮定が置かれます。限界生産力は正でかつ逓減するとか、規模に関して収穫一定、つまり A と L を二倍にすれば生産も二倍になるといった一次同次の関係にある、といった仮定です。

ここではこの新古典派生産関数を非常に一般的な関数形で表していますが、その最も分かりやすい例がコブ＝ダグラス型生産関数です。これはご存じの方も多いと思いますが、図表1にあるような形をしています。αと$1-\alpha$というのは足して1になる関係にあります。αというのは単に一つの冪数ということではなくて、解析していくと意味があって、実はこれは資本分配率に等しいということが分かります。そうだとすると、$1-\alpha$というのは労働分配率を表していることになります。

ところで、一般的な関数形で考えたとしても、先ほどの仮定を利用すると、一人当たりの生産関数は比較的簡単な形で表現することができます。それが$y=f(k)$という式ですが、一人当たりの実質GDPは、一人当たりの資本ストック、これを資本装備率と言いますが、それの関数として表現することができるのです。なお、今、分かりやすくするために一人当たりと言いましたけれども、厳密にはALで除しているので、効率性で評価した労働一単位当たりの実質GDPのことです。以上がソロー＝スワン・モデルの概要です。

このモデルから導かれるいくつかの性質がありますが、その一つに基本動学方程式というものがあります。その式も図表1に書いておきましたが、ここで$\dot{k}$というのは、kを時間で微分したものです。また、sとnとgとδというのは定数で、sは貯蓄率あるいは投資率、nは人口あるいは労働力の増加率、gは技術進歩率、δは資本減耗（物的資本は時間が経過するにつれてだんだん減耗していきますが、その割合のこと）を指しています。

これらの定数が与えられていると、kが一定の値をとるような状

図表1　ソロー＝スワン・モデル

・新古典派生産関数

$$Y=F(K,AL)$$

（例）コブ＝ダグラス型生産関数

$$Y=K^{\alpha}(AL)^{1-\alpha}$$

1人当たり生産関数で表現すると

$y=f(k)$; ただし, $y=Y/AL$, $k=K/AL$

・基本動学方程式

$$\dot{k}=sf(k)-(n+g+\delta)k$$

ただし, $\dot{k}=dk/dt$

態、これを定常解と言っていますけれども、それの性質が求められることになります。その一定値をここでは $k=k^*$ で表していますが、k が k^* より離れていると必ず k^* のところに戻っていくような性質を持っています。このことを、定常解が存在していて、かつその定常解が安定的であると言います。以上が前置きです。

ここで、現実の経済が定常解にある場合を考えてみましょう。そうなった場合、実質GDPの成長率（あるいは資本ストックの伸び）が人口増加率と技術進歩率の和である $n+g$ という率と等しくなっているはずなのです。これがソロー＝スワン・モデルの重要な結論の一つです。

ここまでで満足することもできますが、これでは満足できない人もいます。満足できない人は何を言うかというと、実質GDPの成長率が $n+g$ に等しくなると言われても、n や g は定数なので、それぞれがどのように決まっているのか分からない、それも説明されない限り、このモデルが経済成長を説明できたとは言えないのではないだろうか、との疑問を呈するわけです。

(2) ソロー＝スワン・モデルの拡張

そこで、ソロー＝スワン・モデルについて様々な拡張が行われています。例えば、第一章でも触れた人的資本を考慮するモデルへの拡張があります。また、定数として扱われた貯蓄率ですが、貯蓄率というのは家計の行動の結果として決まるものですから、家計の行動をモデルの中に取り込むことによって貯蓄率を内生化すること（モデルの中で説明すること）ができるはずです。

加えて、ソロー＝スワン・モデルでは、世代という概念は捨象されています。捨象しているということは、人間が永遠に生きるということを前提しているのと同じです。しかし、実際は、世代が入れ替わりながら社会が存続しているわけです。親の世代があれば子供の世代があって、孫の世代もある、この違いは実は非常に大きいのです。この世代の違いを考えて初めて、例えば国債の問題でも、世代間の負担の転嫁という問題も議論できることになるのです。そこで、世代が入れ替わりながら社会が存続するようなモデルへの拡張も行われています。

さらに、技術進歩を内生化したモデルや人口を内生化したモデルへの拡張もあります。先ほどソロー＝スワン・モデルでは実質GDP成長率が n と g によって決まると言いましたが、この n と g の決まり方をモデルの中で説明しようとする試みのことで、R&Dモデルとか人口内生化モデルとか呼ばれるモデルがそれです。以下では、それぞれについて簡単に見ていくことにしたいと思います。

二　技術進歩を内生化したモデル

(1)　R&Dモデル（基本型）の内容と帰結

技術進歩を内生化したモデルをR&Dモデルと呼ぶことにすると、R&Dモデルの一番単純なものは、図表2にあるような形になります。[2]

財の生産については、さっきも触れたコブ＝ダグラス型の生産関数を仮定しています。問題は技術水準を示す A の生産をどのように考えるかですが、ここでは $\dot{A}$、すなわち技術進歩が、L_A と A

図表２　R&D モデル（基本型）

・モデル

$$Y = K^{1-\alpha}(AL_Y)^{\alpha}$$
$$\dot{A} = \beta L_A A$$
$L_A + L_Y = L$; として、L_A/L は一定

・インプリケーション

$y = Y/L$ としたとき, $\dot{y}/y = \beta L_A$

に比例し、比例定数が β であると仮定しています。ここで L_A というのは、労働力 L のうちで、A の生産に携わる労働者、つまり科学技術者のことです。労働力に含まれる人たちとしては、科学技術者の他に、先に見た財の生産に携わる労働者（L_Y）がいます。両者合わせて労働力全体になるわけです。科学技術者の数に比例して技術進歩が見られるというのは、短期的には考えにくいかもしれませんが、長期的にはそのように言ってもいいのではないでしょうか。ここでは一次的な接近としてこのように考えておくことにします。

ここで y は、$y = Y/L$、つまり労働者一人当たりの実質ＧＤＰと考えることにします。その上でこのモデルを一定の条件（均斉成長経路上にあるという条件）の下で解いてみると、労働者一人当たりＧＤＰの増加率は図表２にあるような式で表現できることが分かります。つまり労働力一人当たりＧＤＰの伸びも、科学技術者の数に比例するということです。これは非常に単純な関係なので、簡単にデータと突き合わせて確かめることができます。

(2)　労働力一人当たりＧＤＰと科学技術者数

図表３を見てください。これは米国の労働者一人当たり実質ＧＤＰの動きを示しています。これを見ると、二〇〇八年以降を別にすると、ほぼ一直線に見えます。この図は縦軸を対数で表現しているので、一直線になっているということは、ほぼ一定率で伸びているということを意味しています。米

図表3　米国の労働者一人当たり実質 GDP

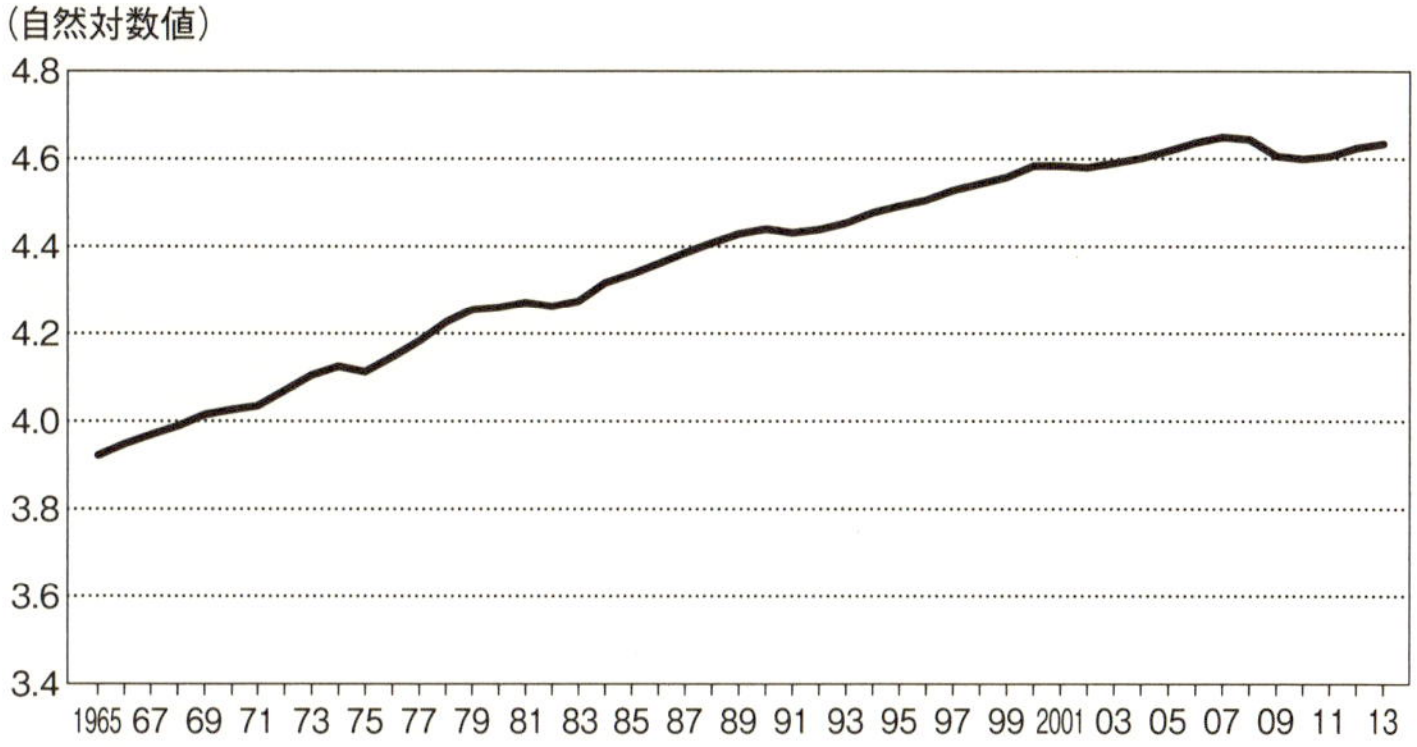

注：労働者一人当たり GDP は 2009 年＝ 100 として指数化したものの自然対数値。
出所：Real GDP Index と Civilian Employment は U.S. Council for Economic Advisors, Economic Report of the President 2014 による。

図表4　米国の科学技術者数

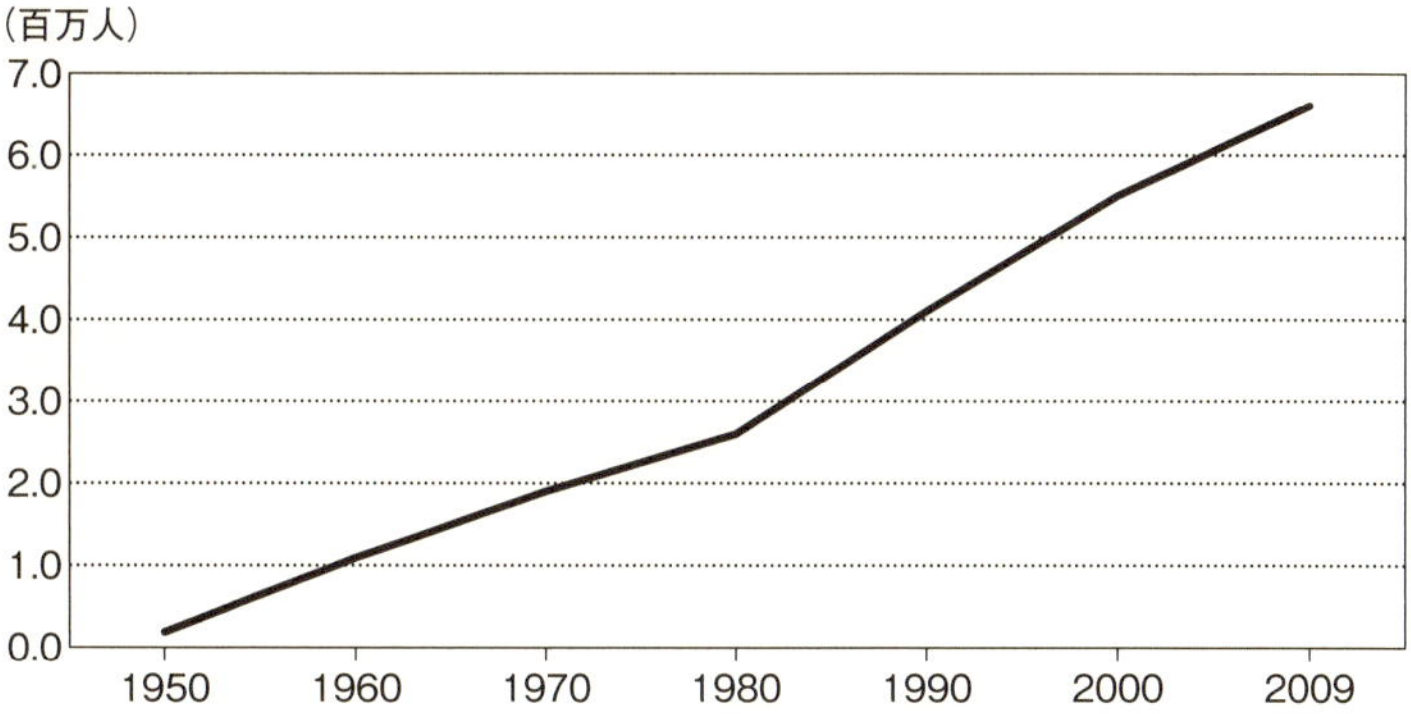

出所：データは、U.S. National Science Board, Science and Engineering Indicators 2012 による。

国の特徴は、長期にわたって労働者一人当たりのGDPがほぼ一定率で伸びていることにあります。もちろん戦争のときとか大恐慌のときには落ち込みます。逆に長期的な趨勢より高くなったのは、ここではそれほどはっきりしませんが、一九九〇年代後半のIT革命のときだったと言われています。こうした特別な時期を除くと、ほぼ一定率で伸びています。あたかもアメリカ経済は、長期にわたって定常状態にあったように見えるのです。したがって、定常状態を説明しようとすることは、米国の経済学者としては当然なことなのです。

そこで、米国では、人口一人当たりのGDPが一定率で伸びているとしましょう。これに対して、R&Dモデルのインプリケーションは、一人当たりGDPの伸びは科学技術者の数と比例するというものでした。もしこのモデルが正しいとすると、科学技術者の数も一定のはずです。そうでないと話が合いません。

そこで米国の科学技術者数を見たのが図表4です。これを見ると、米国の科学技術者数は一定どころか、一貫して伸びています。逆にこのことを前提にすると、R&Dモデルが正しいのであれば、一人当たりGDPの伸びは高まっていないと（加速していないと）辻褄があわないことになります。しかし、米国の一人当たりGDPの伸びはほぼ一定なのです。つまり、どちらから考えても、このモデルはデータとは整合的ではないのです(3)。そうすると、前述のような単純なモデルではだめだということになります

(3)　R&Dモデル（修正型）の内容と帰結

このような簡単なモデルでは問題がありそうなので、モデルを修正してみましょう。ここでは図表5のようにモデルを変えてみます。

財の生産については、前のモデルと同じようなコブ＝ダグラス型の生産関数を考えています。また、労働者も、前と同じように科学技術者と財の生産に従事する労働者から成り立っています。ここで工夫が加えてあるのは、技術進歩の決まり方です。技術進歩には、L_A で表される科学技術者数が影響を及ぼすと考えるところは前のモデルと同じですが、このモデルではこれに加えて、その時点での技術水準も影響を及ぼすものと仮定しています。

もっとも、その時点での技術水準がその後の技術進歩にどのような影響を及ぼすかを考えたとき、二つの側面があることに気づきます。一方では現在の技術水準が活かされるという側面です。人の肩の上に立ち上がる（standing on shoulders）と言いますが、過去の人の業績の上に立って高みに至ることができるので、今までの技術水準をベースに、さらに新しい技術進歩が可能になるというものです。

しかし、逆に現在の技術水準が高ければ高いほど、新たな技術進歩は難しくなるという側面もあります。現在の技術が進んでいればいるほど、すでにいろいろな発明がされてしまっているので、新たな発明が難しくなるという

図表5　R&Dモデル（修正型）

・モデル

$$Y = K^{1-\alpha}(AL_Y)^{\alpha}$$

$$\dot{A} = \beta L_A A^{\emptyset}$$

$$L_A + L_Y = L;\ L_A/L \text{ は一定}$$

・インプリケーション

$$\dot{y}/y = n/(1-\emptyset);\ \text{ただし,}\ n = \dot{L}/L$$

側面です。池の魚を全部捕り尽くした（fishing out）後では、もう魚を捕るのは難しいというわけです。

そこで、ここでは、この両面を考えて、$\dot{A}=\beta L_A A^{\phi}$ としているのです。ϕ が正であれば現在の技術水準が技術進歩に活きる側面の方が勝っていることを意味し、ϕ が負であれば現在の技術水準が技術進歩を困難にする側面の方が勝っていることを意味します。両者がちょうどつりあっているとき、ϕ はゼロになりますが、実はそのときは A^{ϕ} が1になるので、前のＲ＆Ｄモデル（基本型）と同じになります。つまり前のモデルは、このモデルの特殊な場合に相当すると考えることができるのです。

このモデルを前のモデルと同じ条件の下で解くと、労働者一人当たりＧＤＰの伸びは $n/(1-\theta)$ に等しいことになります。ここに出てくる n というのは、労働力の伸びのことです。あるいは、科学技術者が労働力に占める割合が一定であれば、労働力の伸びはイコール科学技術者の伸びになります。つまりこのモデルのインプリケーションは、科学技術者の伸びが一定であれば、一人当たりＧＤＰの伸びも一定になるというものです。

これはさっきのモデルよりもデータの動きとは整合的です。先ほど見た米国の労働者一人当たりＧＤＰの動きと科学技術者数の動きは、まさにこのようなものでした。その意味では、この改定されたＲ＆Ｄモデルは有望だと言えます。しかし、問題もあります。労働者一人当たりＧＤＰの伸びが再び外生変数である n に依存することになってしまったのです。このモデルでも、n はどのように決まるのかが説明されていないという問題に直面することになってしまいました。

三　超長期の経済成長

そこで、nの決まり方について考えなければなりませんが、その前に超長期の経済成長の話をしておきましょう。

今まで紹介してきたモデルは、米国の長期的なトレンドを説明するという動機に基づいて発展してきたモデルであるように思います。先ほども触れたように、米国の労働者一人当たりGDPが長期にわたってほぼ一定の率で伸びてきたことに注目して、そのような定常状態にどのように至ったのだろうか、あるいは定常状態では経済成長はどのように決まっているのだろうかということを解明するために理論が進展してきたように思われるのです。それでは、経済成長の姿は超長期で見たらどうなっているのだろうか、これまで見てきたようなモデルは超長期の経済成長を説明できるのだろうか、そういった点を考えてみたいと思います。

(1)　超長期の一人当たりGDPの軌跡と「成長転換」

図表6を見てください。これは紀元ゼロ年から二〇〇〇年頃までの人口一人当たりGDPのデータをグラフにしたものです。本当にそういうデータがあるのかと思われるかもしれませんが、実際に試算した人がいるのです。アンガス・マディソンという人が苦労してデータを集め、世界全体の一人当たりGDPを試算したのです。[4] もちろん毎年ではなく飛び飛びなので、この図ではその間を線形補間

図表６　一人当たり GDP の超長期の軌跡

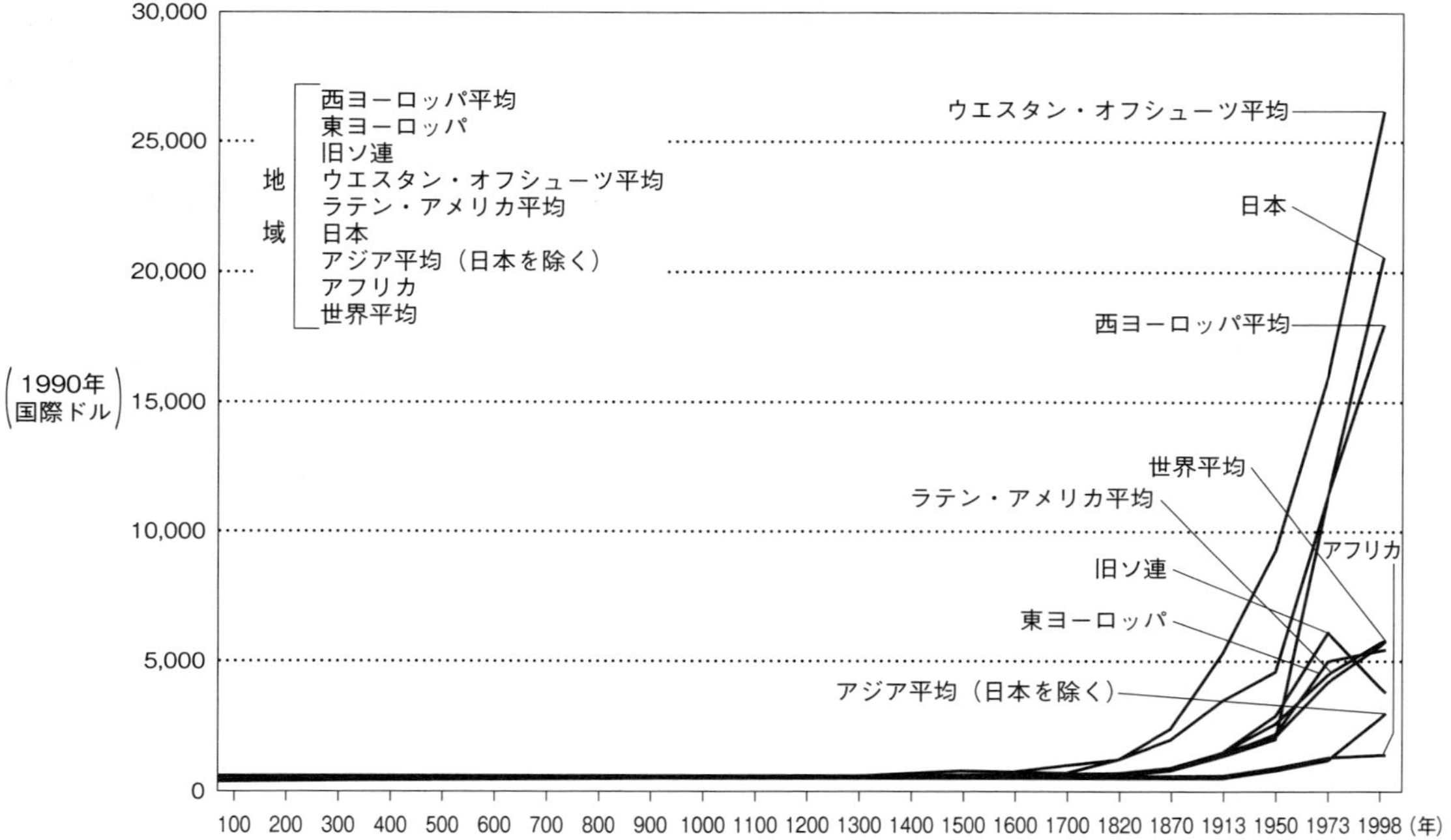

出所：アンガス・マディソン『経済統計で見る世界経済 2000 年史』による。数値のない年については、前後の数値から線形補完している。

していますが、ほかにないので、多くの研究者がこれを使って分析をしています。もちろんデータを疑うことはできますが、とりあえずはこれを前提にして考えることにしましょう。

このグラフを眺めると、ここで示されている二〇〇〇年間を大きく二つの時期に分けることができることが分かります。

第一は、一八世紀頃までの期間です。この期間中、一人当たりGDPはほぼ横ばいになっています。一人当たりGDPが生活水準を表しているとすれば、この期間中、生活水準は一切向上することはなかったことになります。この期間は、しばしば「マルサスの罠」に陥っていた時期として特徴づけられています。

第二は、一八世紀に起こる「産業革命」以降の期間です。産業革命以降、一人当たりGDPは急増します。それとともに、地域ごとに一人当たりGDPの伸びが大きくばらつくことになります。これが「大いなる分岐」と呼ばれる現象です。

なぜ人類は、過去二〇〇〇年の大半を「マルサスの罠」に陥った状態で過ごすことになったのでしょうか。この間に技術進歩はなかったのでしょうか。また、なぜ突如として産業革命が起きたのでしょうか。またそれはどうしてヨーロッパで起きたのでしょうか。

実は最後の問題は、経済史の上では非常に大きなテーマです。グレゴリー・クラークという人が『一〇万年の世界経済史』という本を出していますが、そこでも問題にされています。[5] 制度的な面でいうと中国などで産業革命があってもおかしくなかったということを言っていますが、現実にはヨーロッパで起きた。なぜか。マックス・ウェーバーという人は、ヨーロッパで資本主義が成立したことを、プロテスタンティズムの役割に注目して説明していますが、それも同じような問題意識からだったと思われます。この問題は大変興味深いのですが、ここでの本筋からはそれるので元のテーマに戻ることにしましょう。

さらに、「大いなる分岐」の状況を図表6で見ると、一番高い伸びを示したのはウエスタン・オフシューツです。ウエスタン・オフシューツというのは、例えば米国やカナダ、オーストラリア、ニュージーランドなど、要するに西ヨーロッパの子孫たちの国のことですけれども、やはりそこが非常に高い伸びを示しています。それに対して一番低いのはアフリカです。どうしてこういう差が出てきたのか。これも説明される必要があります。

このように、超長期にわたる一人当たりGDPは特徴のある変化を示しています。これを仮に「成長転換」と名づけるとすると、この「成長転換」の過程をどのように整合的に説明するかというのは経済成長論の大きな課題です。

(2) 超長期の人口動態の軌跡

ところで、先ほどR&Dモデルについて検討したときに、技術進歩と人口が関係していそうだということが浮かび上がってきました。もしそうであるならば、経済成長論は一人当たりGDPの推移だけではなく、人口動態も同時に説明できなければいけないことになりそうです。言い換えますと、経済成長は技術進歩に大きく影響され、その技術進歩は人口の影響を受けるとなると、超長期で経済成長を説明するモデルは、技術進歩の推移と同時に人口動態の変化も説明できなければいけないことに

図表7 人口動態の軌跡（各地域の1700年時点の人口＝1）

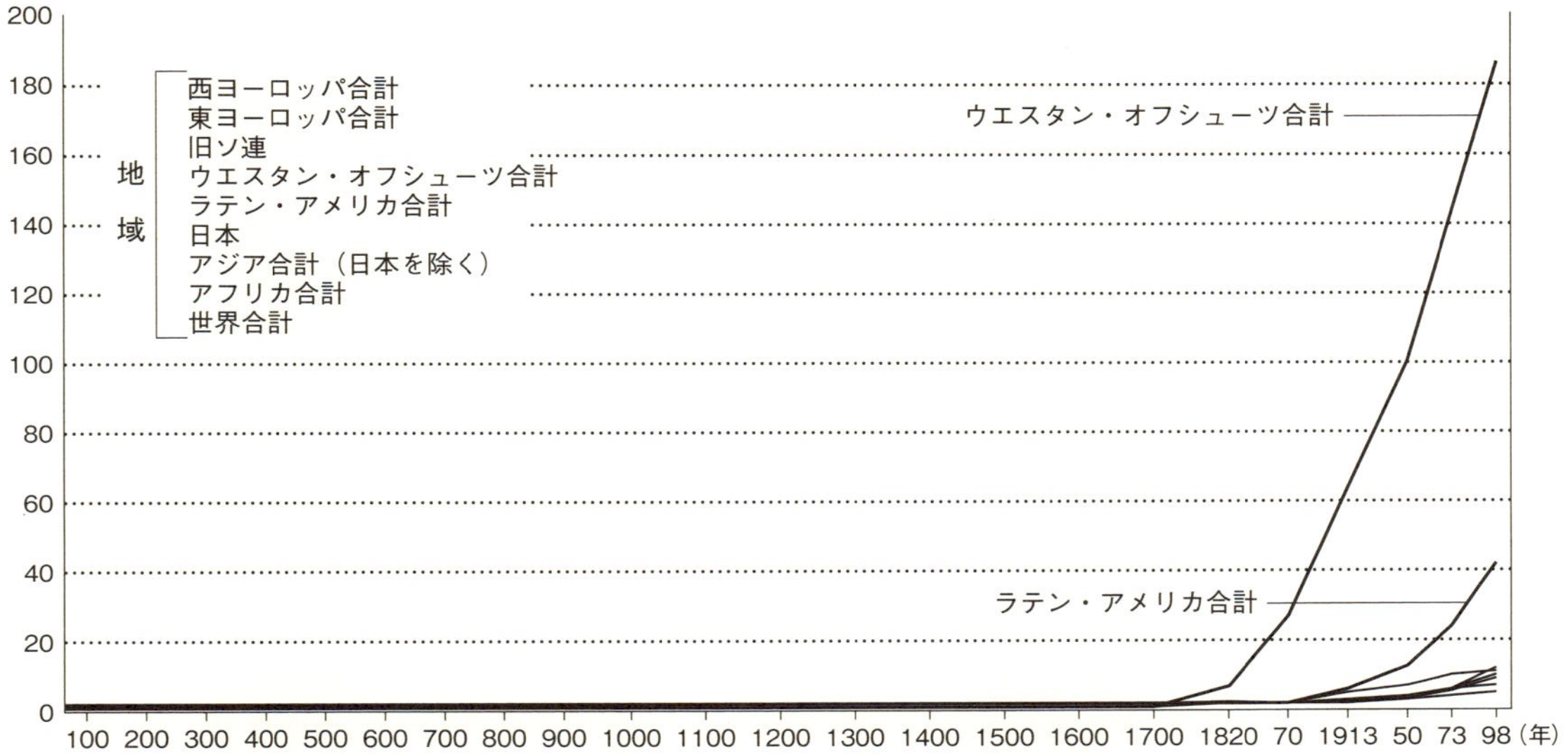

注：図中には、個別に表記した2地域以外の7地域のグラフも描かれているが、大きな相違はないので、これらについては個別に表記していない。
出所：アンガス・マディソン『経済統計で見る世界経済2000年史』による。数値のない年については、前後の数値から線形補完している。

なります。そして実はこの人口動態も、超長期で見ると非常に特徴的な変化を示しているのです。

図表7を見てください。これは人口動態の軌跡をグラフにしたものです。これによると、世界人口は一七世紀まではほぼ横ばいでした。つまり、一七世紀までは人口は静止状態にあったのです。これが変化するのは一八世紀で、それ以降、増加傾向に転じます。また、一八世紀ごろからは地域別の人口増加率も大きくかい離していきます。人口が一番多いのはウエスタン・オフシューツとなっています。こうした特徴は先ほど見た一人当たりGDPのグラフとすごく似てはいないでしょうか。どうして人口と一人当たりGDPは同じような動きをするのでしょうか。

図表８　技術進歩と人口の内生化モデル

・モデル

$$Y = AP^{\alpha}T^{1-\alpha},\ y = Y/P$$

$y > \bar{y}$のとき，$\dot{P}/P > 0$

$y < \bar{y}$のとき，$\dot{P}/P < 0$

$$\dot{A}/A = Pg$$

・インプリケーション

$$\dot{P}/P = gP/(1-\alpha)$$

四　技術進歩と人口動態の統合理論

(1)　クレマー・モデル

こうした問題の解明にヒントを与えるモデルを一つ紹介しましょう。これも非常に単純なものです。マイケル・クレマーという人が書いた論文に基づいています。その論文のタイトルは「人口増加と技術進歩」というもので、副題は「紀元前一〇〇万年から一九九〇年まで」という壮大なものになっています[6]。

図表8に示したように、ここでは生産関数としてはコブ＝ダグラス型のものが仮定されています。ただ、KとかLは出てきません。Lはここでは人口のPで置き換えられており、Kの代わりに土地のTが含まれています。土地は開拓をすれば増加するのでしょうが、とりあえず一定であると考えることにして、その上でTを基準化して1と置くことにします。最後に、yを人口一人当たりのGDPと定義し、それに上記の生産関数を代入すると、簡単な式になります。

ここで、$\bar{y}$というのを人間が生存するのに必要最低限の一人当たりGDPと考えましょう。そうすると、一人当たりGDPが$\bar{y}$を超えると、人口が増え始めると考えることができます。$\bar{y}$を上回るだけの一人当たりGDPが得られるようになると、余裕が出てきて人口が増えるというわけです。逆に、一人当たりGDPが$\bar{y}$を下回ると、人口は減り始めると考えられます。以上のような想定は、マルサスの理論を紹介するときによく出てくるものです。

このモデルでも技術進歩は内生化して考えます。ここでは、技術進歩率はPgのように人口に比例して決まると仮定します。Pは人口ですから、gは一人当たりの研究開発の生産性を表していることになります。

このモデルを一定の条件の下で解くと、人口増加率は$gP/(1-\alpha)$で与えられることになります。gもαも定数と考えるので、結局、人口増加率は人口の規模に比例するというのがこのモデルのインプリケーションです。

図表９　世界の人口と人口増加率

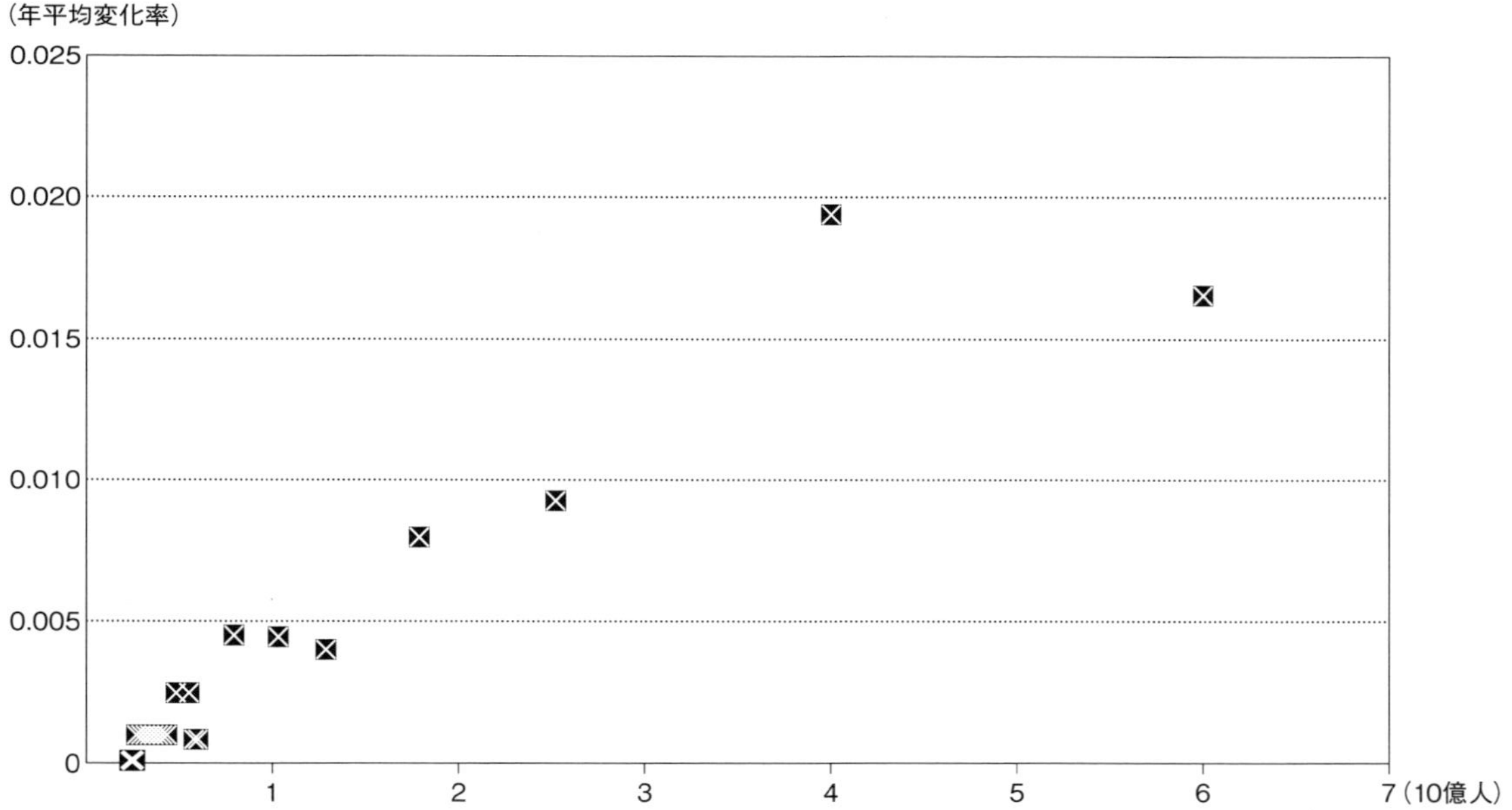

出所：アンガス・マディソン『経済統計で見る世界経済 2000 年史』による。

(2) 人口と人口増加率の関係および「人口転換」

このことはデータによって支持されるでしょうか。図表9は、人口増加率と人口の関係を見たものです。まずは左半分だけを見ると、横軸は人口の規模で、縦軸が人口増加率ですから、人口の規模に比例して人口増加率が高まるようなグラフになっています。このモデルは妥当性を持っているように見えます。

ただ、現代的な興味からいうと、右半分が問題です。それまで人口増加率は人口とともに高まっていたのに、ある時点から人口が増加しても人口増加率が高まらなくなり、むしろ低下するようになっているのです。実際、日本では、人口は増えてきたのだけれども、ある時点から出生率が低下して、人口増加率が低下し、やがて人口が減り始めるような局面に入ってきているわけです。このグラフの右の方では、人口増加率は低下してはいてもプラスにとどまっていますが、日本ではそういう過程を通り越して、すでにマイナスの領域に入ってしまっているのです。

このような人口動態の変化は、人口論では「人口転換」と呼ばれています。多くの子供が生まれる一方で多くの子供が死ぬような状態から、多くが生まれる一方で死亡率が低下する状態、それから、出生率も死亡率もともに低下するような状態に至るという、変化の過程を指して言います。

このことを人口の推移に置き換えてみると、多く生まれて多く死ぬわけですから、人口は静止しているはずです。そこから、多く生まれて少なく死ぬわけですから人口は増加し、しかもその増加率が次第に高まっていくような局面に移行します。しかし、やがて出生率が低下して人口増加率も低下する局面に至るというわけです。

前述の「成長転換」を説明するモデルは、同時に、この「人口転換」という現象も説明しなければいけないということになります。

(3) ガロア・モデル

成長転換と人口転換とをともに説明する必要があると言いましたが、想像できるように、これはきわめて難しい課題です。しかし、にもかかわらずこれに挑戦している人がいます。オデッド・ガロア教授です。彼の研究はまだまだ発展途上ですが、問題意識は非常におもしろく、ぜひ皆さんにも興味を持ってもらいたいと思いますので、ここで紹介することにします(7)。

成長転換と人口転換を組み合わせると、これまでの超長期の歴史は三つのレジームに整理できるというのが彼の出発点です。一つは「マルサス・レジーム」で、この時期は一人当たり所得も人口も一定であり、一種の静止状態にあるような段階です。しかし、このマルサス・レジームの後に「ポスト・マルサス・レジーム」というのが来ます。この時期になると、一人当たり所得も人口もともに増加率が上昇していくことになります。これのきっかけとなったのが産業革命だということはすでに触れた通りです。しかし、この局面もやがて変化し、現在は「現代成長レジーム」にあるといいます。一人当たり所得の増加率は高いのだけれども、人口増加率が低下する局面です。もちろん国によって違います。アフリカはまだそこまでいっていませんが、ヨーロッパや日本はすでにそういう状況にあります。こうしたレジームの変遷はどのようなモデルならば統一的に説明できるのか。これがガロア教授の取り組んだ問題です。

マルサス・レジームについては、先ほどクレマーのモデルで紹介したようなメカニズムで説明できます。出生率は、一人当たり所得が増加すると上昇すると考えられます。他方、死亡率は、一人当たり所得が増加すると医療が発展するので、低下すると考えられます。そうすると、一人当たり所得が増加すると人口が増えることになりますが、人口が増加すると限界生産力が逓減します。土地は一定ですから、人が増えていくと、追加的に得られる収穫物が減っていきます。そうすると、一人当たりの所得は減ることになるわけです。最初は一人当たり所得が増加するということから出発しましたけれども、人が増えてくると一人当たり所得は低下してくるので、結局増えていた人口もまた減ることになります。つまり、一人当たり所得と人口は、長期的にみると静止することになるのです。

そうだとすると、なかなかそういった状況からは抜け出せないように思うかもしれません。しかし、やがてポスト・マルサス・レジームへ転換していきます。なぜかというと、人口は正の値を取るからです。先ほど技術進歩率は人口に比例すると言いましたが、人口は正の値を取るので、技術進歩はあるのです。もちろん人口規模が小さければ技術進歩率も低いかもしれません。しかし、緩やかながらも技術進歩は見られます。そしてやがて限界生産力の逓減を相殺するような技術進歩がもたらされるようになります。そうなると、一人当たりの所得は増加して、人口も増加することになる。いったん人口が増加し始めると、技術進歩率は人口に比例するので、技術進歩はさらに促進されることになります。こうして、一人当たり所得と人口はいずれも増加することになります。

では、ポスト・マルサス・レジームから現代成長レジームへの転換はどのようにして起こるのでしょうか。ここではまず、技術進歩によって人的資本の収益率が上昇することになるということを考慮する必要があります。技術進歩によって科学技術者の役割が非常に大きくなってくると、そういう知識や技能を持った人たちがより多く求められるようになり、科学技術者の賃金、すなわち人的資本の収益率が上昇していくことになります。

人的資本の収益率が上昇してきたとき、親はどうするか。親は今までは、死亡率が高いときにはリスクもあったので、子供を多く産むようにしていました。労働力にもなるので、たくさんの子供を産むことが必要だったわけです。しかし、次第に子供の数を質で代替するようになっていきます。多く産むよりは少ない子供を産み、その代わりその子には多くの教育を施して、子供が将来良い生活ができるようにするというわけです。そうなると、出生率が低下をし、その代わりに就学率が上昇するということになります。

こうして人的資本の蓄積が進んでいくと、技術進歩も加速をします。そして、人的資本と技術進歩の好循環が形成されることになります。技術進歩が加速をすると、ますます人的資本は重宝され、人的資本の収益率が上昇するのでさらに人的資本が蓄積され、それでまた技術進歩が進むというわけです。

これだけでも出生率の低下という現象は説明できるかもしれません。しかし、さらにこうした傾向を促進するのが、資本と補完的な女性労働の相対賃金が上昇するという現象です。相対的な関係なので、ここでは男性労働は肉体労働と考えられています。したがって、男性労働は資本と代替的だということになります。これに対して、女性労働は資本と補完的だと考えられています。したがって、資本蓄積が進むのに伴って女性労働の相対賃金は上昇することになります。

そのことは女性による子育ての機会費用が上昇することを意味します。働かないで家で子育てをしていると、本来もらえるはずの賃金がもらえなくなってしまいます。これが機会費用ですが、それが上昇していくので、出産よりは働くことを選択し、結果的に出生率が低下することになるというわけです。

以上のように、二つの経路が考えられるわけですが、いずれにしても出生率が低下するという現象が説明できるのではないかということです。もちろんこれには、まだ埋めなければいけないギャップがいろいろとあります。しかし、大きな流れは、このような経済的なメカニズムで説明できるのではないかというのが、ここでのポイントです。

おわりに

本章では、イノベーションをマクロ経済学の枠組みの中で考えてきました。その際、制度のあり方を具体的に問題にすることはありませんでした。これまで見てきたモデルでは、そうした制度の問題は捨象されていたのです。

しかし、イノベーションは制度的な要因を考慮しないと説明できないところもあります。特に特許などの知的財産権の役割は重要で、これなくしてはイノベーションもありえないという考え方もあります。

そこで、次章では、このイノベーションの問題をミクロ経済学の枠組みから考えてみたいと思います。そこでの中心的なテーマは知的財産権の問題です。知的財産権はどういう役割を果たすのか、知的財産権は本当に必要なのだろうか。こういったことを中心にお話ししたいと思います。

注

（1）David Romer, *Advanced Macroeconomics*, The McGraw-Hill Companies, Inc., 1996 ; and Robert J. Barro and Xavier Sala-i-Martin, *Economic Growth*, McGraw-Hill, Inc., 1995. を参照。

（2）Charles I. Jones, "R&D-Based Models of Economic Growth," *Journal of Political Economy*, August 1995 ; and *Introduction to Economic Growth*, W.W. Norton & Company, Inc., 1998.（香西泰監訳『経済成長理論入門』日本経済新聞社、一九九九年）を参照。

（3）ここではβを一定と考えましたが、これが変化している（次第に低下している）と考えればデータと整合的になります。しかし、βが低下していることを示すような証拠はないように思います。

（4）Angus Maddison, *The World Economy: A Millennial Perspective*, OECD, 2001（金森久雄監訳『経済統計で見る世界経済二〇〇〇年史』柏書房、二〇〇四年）を参照。

（5）Gregory Clark, *A Farewell to Aims: A Great Economic History of the World*, Princeton University Press, 2007（久保恵美子訳『一〇万年の世界経済史』上・下、日経BP社、二〇〇九年）を参照。

（6）Michael Kremer, "Population Growth and Technological Change: One Million B.C. to 1990," *Quarterly Journal of Economics*, August 1993 を参照。

（7）Oded Galor and David N. Weil, "The Gender Gap, Fertility, and Growth," *American Economic Review*, June 1996 ; "From Malthusian Stagnation to Modern Growth," *American Economic Review*, May 1998 ; and "Population, Technology, and Growth: From Malthusian Stagnation to the Demographic Transition and Beyond," *American Economic Review*, September 2000 を参照。ガロア教授の研究を集大成したものとしては、Oded Galor, *Unified Growth Theory*, Princeton University Press, 2011. がある。

（二〇一三年一一月八日）

第三章　イノベーションのミクロ経済学

齋藤　潤
（慶應義塾大学大学院
商学研究科特任教授）

はじめに

本章では、イノベーションのミクロ経済学というテーマで話をしたいと思います。最初に、なぜイノベーションをミクロ経済学の視点から考える必要があるのかをお話ししておきましょう。

第二章では、イノベーションがマクロ経済学でどのように扱われてきたかについてお話をしました。長期と超長期の両方の視点から検討を行いましたが、それらを通して浮かび上がってきた一つの大きな論点は、イノベーションは人口と関係があるのではないか、人口が増えてくると、科学技術者などイノベーションに従事する人たちが増えてきて、それがイノベーションに寄与するのではないかということでした。

しかし、もしそうだとすると、日本のように人口が減少していく国ではイノベーションは起こりにくいということになってしまいます。マクロ経済学におけるそのような結論が本当に実証的に支持されるのかは一つの論点ですが、もう一つの論点は、仮にそういう関係があったとしても、それを運命論的に捉えるのではなくて、制度のあり方によっては変えられるものとして考えられないかということです。制度の中でも特に注目されるのは知的財産権です。本章でイノベーションのミクロ経済学について論じる際には、実はこの知的財産権の問題を議論することが中心的な課題になります。

イノベーションのためには、研究開発投資が行われる必要がありますが、知識の特質によって研究開発投資は社会的に必要な水準をはるかに下回る水準でしか行われない可能性があります。研究開発投資のこの過少性を補う制度的な枠組みとして考えられているのが知的財産権です。アメリカでは知的財産権を強化する動きがありますし、日本でも当然のことながら知的財産権は非常に重要な権利として考えられています。しかし、実は経済学的に考えると、いろいろと問題点も浮かび上がってきます。そしてそれに立脚した知的財産権不要論もあります。本章では、そうした批判についても紹介しながら、イノベーションを刺激するためのインセンティブとはどのようなものかについて考えてみたいと思います。

一　研究開発の過少性

イノベーションの基となる知識の特質については、第一章で論じました。ここではそのポイントについてもう一度確認しておきましょう。

知識の特質は、利用の競合性がない一方、利用の排除性は多様であるということにあります。利用の競合性がないということは、ある知識をある人が使っているからといって、ほかの人がその知識を使えないということはないということです。他方、利用の排除性は多様です。何らかの手段で特定の人がその知識を利用するのを容易に排除できるものがある一方、極めて困難なものも存在します。こうした知識の特質は、イノベーションのための研究開発投資には大きな困難をもたらすことになります。

第一に、利用の競合性がないと、研究開発が過少にしか行われない可能性があります。なぜなら、市場に委ねた場合、研究開発投資を行ってもその資金を回収できないからです。

ソフトウェアを例に考えると、Windows にしても、Google にしても、その開発にはかなりの研究開発費がかかっていると思いますが、いったん開発してしまうと、後はそれをコピーするなり、ダウンロードするなりすれば複製できることになります。つまり、追加的な生産に伴う限界費用は極めて低いと考えることができるのです。そうなると規模の経済が発生して、平均費用は生産に伴って逓減していくことになりますが、それでも限界費用を下回ることはありません。そうなると、供給を市場メカニズムに委ねた場合、価格は限界費用に一致するはずなので、必ず平均費用を下回り、研究開発に投下した資金は回収できないことになります。つまり、市場では誰も研究開発を行わなくなってしまうのです。

第二に、利用の排除性がないと、外部効果が発生することになり、研究開発投資に対するニーズが顕在化しない可能性があります。

例えば先ほどのソフトウェアの例でいうと、DVDにコピーをして、それがどんどん流通するようになると、DVDを友達に買わせて、自分はそれを借りてコピーすればいいということになってきます。誰もが、ほかの人が買うことを期待して、自分ではそのソフトを買おうとしないフリーライダーになるわけです。こうなると、やはり市場では誰も研究開発投資を行おうとはしなくなります。

このように、研究開発投資は社会的に過少な水準でしか行われない可能性があります。したがって、イノベーションを促進させるために研究開発投資を喚起しようとするのであれば、何らかの工夫が必要になってきます。そうした工夫のうちで一番重要なのが、知的財産権という制度なのです。

二　知的財産権の特徴

(1)　知的財産権とは

市場に委ねたのでは十分に行われない可能性のある研究開発投資を積極的に促進することを目的に政府が導入するのが、知的財産権（Intellectual Property Rights）という制度です。これは知的創造活動によって生み出された成果を、創作した人の財産として保護する制度で、それによって研究開発のインセンティブを提供しようというものです。

知的財産権には、知的創造物についての権利と、営業商標についての権利の二種類があります。知的創造物についての権利としては、特許権、実用新案権、意匠権が含まれるほか、著作権、回路配置利用権、育成者権、営業秘密といったものが含まれます。また、営業商標についての権利としては、商標権、商号、商品等の表示、商品形態についての権利があります。

これらを包括して知的財産権というわけですが、以下では特に特許権を念頭に置いて考えていきたいと思います。日本では、特許を取ると、通常は二〇年間にわたってその権利を確保することができ、その間に独占的にその権利を行使することができることになっています。

以下では、先ほど見たような知識の特質あるいは研究開発の過少性から考えて、この知的財産権にはどのような意義があるのかについて考えてみたいと思います。

(2) 知的財産権のプラス面

知的財産権の一番の意義として挙げられるのは、言うまでもなく、研究開発のインセンティブを提供するということです。

先ほど言ったように、仮に巨額の研究開発投資を行っても、その資金を回収できないどころか、赤字を生じることにもなるということになると、誰も研究開発投資をしません。しかし、排除性をつくり出すことができる知識については、知的財産権を設定することによって、一定期間は独占的な権利が認められ、そのアイディアの利用に対して独占価格を設定することができることになります。そうすれば、その利益によって投資資金を回収することができるようになるので、研究開発投資を行うインセンティブが生じることになります。

イギリスで産業革命が起きたのは一八世紀ですが、特許制度があったからイノベーションが刺激されたのだという見解があります。こんな時代に特許権があったのかと思われるかもしれませんが、イギリスでは早くも一六二四年に特許制度ができているのです。ちなみに日本で特許権が整備されたのは、一八八〇年代になってのことです。初代の特許庁長官は高橋是清で、この人はいろいろなことをしましたが、日本で特許制度を確立した人としても有名です。

研究開発投資にインセンティブを付与するための制度としての知的財産権には、次のような特徴があります。

第一に、インセンティブが分権的に与えられるということです。インセンティブは政府が直接与えることだってできます。例えば、研究開発に対して賞金を与える、あるいは補助金を与えるということができます。しかし、その場合には、どのような研究開発に、どの程度の賞金や補助金を与えるべきか、全て政府が決めなければなりません。それは容易なことではありません。これに対して、知的財産権の設定によってインセンティブを付与する場合には、そのアイディアに有用性を認めてその特許の利用権を買うことにするかどうか、買うとしたらいくらで買うかは、全て民間の企業が決めることになります。つまり、全てが市場メカニズムを通して決定されるというメリットがあるのです。

第二に、知的財産権が設定されたアイディアを利用するにあたっては、当然その対価が支払われるわけですが、それを負担するのは、権利を購入した民間の企業だということです。政府が介入した場合のように、納税者ではありません。しかも、権利を購入した人は、当然その対価を払っても採算が合うと思っているはずなので、経済的にもある程度合理性があるはずです。

第三に、研究開発の成果が公開させられるということです。特許権が設定される際には、その代わりに、特許の内容を公開することが義務づけられています。これによって、他の企業は、その企業が持っている特許の内容を知ることができることになるのです。その結果、一方では、同じようなことを研究開発するための重複投資を回避することができます。他方では、どのような特許かを知ることによって、新たな研究開発のヒントを得ることができます。特許というのは、ほかの人に使えなくする一方で、研究開発の内容を公開することによって、このようなメリットをもたらすことにもなるのです。

以上のような見方からすると、現在、大学や研究機関が公的資金の提供を受けて研究開発を行い、その成果を特許にするという動きがありますが、これにはどのような意味があることになるのでしょうか。研究開発のための資金は税金なので、必ずしも回収する必要はないようにも思えます。そうだとすると、今までとは異なる説明が必要になってきます。

一つは、産業化を促すために特許権を設定するということです。自分がその特許を使って何かをやるというよりは、それを売却することによって、購入者にその独占的な利用権を与え、それによって産業化を促すということです。

もう一つは、広く社会で流通させるために特許権を設定するということです。大学で研究をして何か成果が出ても、特許権を設定しないとそれがなかなか公開されないし、宣伝もされない。しかし、特許権を設定することで、その内容が公開され、宣伝されて、その情報が広く社会に流通することになります。それが社会にとってはプラスになるというわけです。

こう考えれば、今までの説明とは異なる脈絡ではありますが、大学や研究機関で行われた発明に対しても知的財産権を設定するということには大きな意味があるということになります。

ただ、そうであれば、大学や研究機関の研究成果のうち、非常に科学に近いもの、商業化にはまだ相当距離があるものまで特許の対象にすべきかどうかについては、問題が残るように思います。こうした場合には、特許権を設定しても、商業化にはなかなか至らないなど、今見てきたようなプラスの面がなかなか出てこない可能性が高いからです。しかも、研究成果の利用を妨げることによって、アイディアの普及が遅れるというマイナス面が強く出てくる可能性もあります。

(3) 知的財産権のマイナス面

以上、知的財産権の特徴について、どちらかというとプラス面を強調して説明してきました。しかし、知的財産権にはマイナス面もあります。知的財産権には、以下のような社会的コストが伴うのです。

第一に、独占を認めるということに伴う弊害があります。知的財産権の利用に対する対価としては、独占価格が設定されることになりますが、独占価格には死荷重（dead weight loss）という問題があるのです。

競争によって価格が決まる場合には、社会的な厚生が最大化されます。だから市場に委ねることが大事だというわけです。しかし、アイディアの生産の場合には、前述のように、競争に任せるとどうしても赤字になってしまうので、産業として成り立たないことになってしまいます。そこで、独占的な利用権を認め、その取引に独占価格の設定を認めることで、産業化できるようにするわけです。しかし、それに伴って、どうしても社会的な厚生の一部は失われてしまいます。これが死荷重と呼ばれる問題です。独占価格の設定を認めることは、本来は社会的に望ましくないのです。

第二に、研究開発の不効率性に伴うコストもあります。先ほどは情報を公開することによって重複投資が避けられる、あるいは新しい研究開発のシーズが得られる可能性を強調しました。しかし、特許を取得すれば利益をあげられるということになると、特許の取得に向けて過大な投資が行われるかもしれませんし、その結果、重複投資の可能性が逆に出てくる可能性もあります。

(4)　知的財産権擁護論

このように知的財産権にはプラス面とマイナス面の両方があるのです。もちろん、多くの経済学者は、独占の問題に伴って死荷重が発生することは承知しています。しかし、通常は、研究開発を促進するプラス面のほうが大きいと考え、独占に伴うマイナス面は「必要悪」だと割り切るわけです。両者のバランスを取ることが重要だとするのが、オーソドックスな経済学者の考え方です。

三　知的財産権擁護論に対する批判

知的財産権のマイナス面を認めながらも、その必要性を擁護するのがオーソドックスな経済学者の考え方だと言いましたが、知的財産権に対してはいろいろな批判もあります。ここでは、そうした批判のいくつかを紹介したいと思います。

(1) 知的財産権がもたらすインセンティブに対する懐疑論

まず、そもそも知的財産権の設定が研究開発に与えるインセンティブはそんなに大きくないのではないかという批判があります。このことを論証するのはなかなか難しいのですが、過去の歴史にさかのぼり、歴史的事実をもってそれを裏づけようとしている研究者たちがいます。

①モキールの研究

例えばジョエル・モキールという研究者は、産業革命期において英国で特許を取得するためには多額の費用がかかったと主張しています。[1] しかも、仮に特許を取ったとしても、本当にその権利が尊重されるかどうかは不確かだったとも言っています。もしそうだとすれば、英国では特許制度があったので研究開発が進み、産業革命が起こったと考えるのは疑問だという問題提起をしています。むしろイノベーションの誘因になったのは、そういった独占的な利益ではなく、発明者としての名誉も含めた、他の誘因だったのではないかというのがモキールの仮説です。

②モーザーの研究

特許制度の有効性を評価するにあたって、もし特許を取らなかった発明品がどれだけあったのかが分かれば、それはとても重要な情報となります。しかし、これは非常に困難なことです。特許を取ったという事実は容易に分かります。しかし、特許を取らなかった発明品がどれだけあったかということを示すのは非常に難しいのです。

ところが、ペトラ・モーザーという人がこのことに挑戦をしました。(2) 万国博覧会というのが一九世紀に入ってから開催されるようになりましたが、モーザーは、一八五一年にロンドンのクリスタルパレス（水晶宮）で行われた万国博覧会について調べています。そのときの展示品についてのカタログが残されているのですが、そのカタログにはいろいろな発明品が載っていて、しかも特許を取ったものと特許を取っていないものとが分けて書いてあるのです。これを調べてみると、水晶宮での万国博覧会に出品された発明品のうち、特許を取得していたのはわずか一一％しかなかったそうです。このことが本当ならば、特許制度があったから発明が行われたわけでは必ずしもないということになります。発明のインセンティブとしてはほかのことを考えなければならないというわけです。

③コーエンらの研究

特許制度が提供する研究開発に対するインセンティブはそう大きくないということを示唆するものとして、アンケート調査の結果もあります。ウエズリー・コーエンらが、特許制度とイノベーションの関係を調べたところ、国によって、また産業によってかなり異なっているという結果を得ています。(3)

まず米国でのアンケート調査結果によると、イノベーションによる利益を確保するための手段として、特許制度は余り評価されていません。むしろイノベーションを守るには、企業秘密にしておくことが大事だという結果になっています。また、産業別で見ると、科学産業や製薬産業では特許制度の評価が高いのですが、情報通信機器産業などでは評価は低いという結果になっています。

日本についてのアンケート調査結果では、特許制度も含めて、どのような手段も余り評価されていません。あえて言えば、特許制度については、情報が公開されるという面が評価されているようです。情報が公開されることによって、競争相手の技術水準が分かる、あるいは何をやろうとしているかが分かるということを評価しています。日本では、R&Dに関する情報のスピルオーバーが高いと言われていますが、その裏づけとなるような結果となっています。

このように、特許制度の評価は、国によっても、産業によっても異なっています。そうだとすると、知的財産権、特に特許制度があれば、必ずイノベーションが促進されるとは一概には言えないということになります。

もっとも、ここで紹介したアンケート調査は、その対象が主として大企業でした。もし中小企業や政府、大学をも網羅したアンケート調査が行われれば、少し異なった結果になった可能性があることは念頭に置いておく必要があります。

例えば、発明にとって、特許制度以外では何が大事でありそうかを考えてみると、一つの候補は、リードタイムです。他の企業に先んじて新しい発明をし、製品開発をして、それを売り出すことです。他の企業がそれを模倣するのには時間がかかります。それまでの時間に儲けてしまうことが大事だというわけです。

しかし、そういう限られた期間内に儲けることができるのは、たぶんその発明を補完するようないろいろな設備を既に持っている、あるいは設備投資をするための資金調達が容易であるような場合に限られるように思われます。そうだとすると、それは大企業だからこそできるようなことかもしれません。中小企業だと、なかなかそうはいかないのではないでしょうか。発明をしても、銀行がなかなか融資をしてくれないかもしれません。そうなると、実際に製品にして売り出すまでに随分と時間がかかってしまう可能性があります。その間に、他の企業がキャッチアップしてくるかもしれません。そうだとすると、中小企業にとっては、やはり特許制度が大事だという可能性があるわけです。

(2)　知的財産権不要論

仮に知的財産権がなくてもイノベーションが損なわれることはないとする考え方もあります。まず、イノベーションは、何も金銭的な対価だけを目的に行われるものではないという考え方です。そのことを示す具体的な事例として、「オープン・ソース・イノベーション」というのがあります。これは、お互い見ず知らずの人たちが、無報酬でプログラムの改善を行っていくLinuxのようなイノベーションのあり方を指します。これについては後述したいと思います。

また、先ほども触れたように、イノベーションの模倣には時間がかかるので、発明家が十分なリードタイムを取ることができさえすれば、利益を確保できるし、そうであれば、知的財産権がなくても、イノベーションは起こるはずだという考え方もそうです。

(3)　知的財産権否定論

さらに、知的財産権はむしろイノベーションを阻害するだけだという考え方もあり得ます。その裏づけとしてよく引き合いに出されるのが、かの有名なジェームズ・ワットに関する逸話です。

ジェームズ・ワットは、皆さんご存じだと思いますが、蒸気機関を発明した英国人です。彼はその発明について、一七六九年に特許を取得しました。しかし、特許を取った後に彼はどうしたかというと、一生懸命に議会に働きかけて、特許の延長を認めてもらおうとしたのです。彼は、最終的には、一八〇〇年まで特許の延長を勝ち取ることに成功したのです。

その間、彼は、ライバルたちが彼の発明を脅かすような発明をしようとするのを一生懸命妨害したといいます。他方、自分のほうも、ライバルたちの特許のために技術の改良を阻害されることになったようです。蒸気機関を基にした新しい発明がようやく出てくるようになったのは、一八〇〇年にワットの特許が切れた後のことでした。このように、むしろ知的財産権はイノベーションの妨害要因になっているというのが、このことから引き出される教訓とされています。

さらに積極的に知的財産権の意義を否定する経済学者たちがいます。(4) 先ほど、オーソドックスな経済学者は、知的財産権のマイナス面を「必要悪」と捉えていると言いましたが、知的財産権に批判的な人たちは、知的財産権のことを「知的独占」と捉え、それは「必要悪」どころか、「不必要悪」であるとし、こうしたことは認められるべきではないと主張します。

彼らの主張は、具体的には次のようなものです。何であっても、自分がつくったものを売ることはあってていい。それに資金を投下しているわけだから、その資金を回収するためにも、それを売ることが必要だというのは分かる。しかし、知的財産権でしているように、例えば、ソフトウェアを買った人に対して、それをほかの人に売ってはいけないというように、その人の利用の仕方まで制限をする必要があるのか。それはイノベーションの成果が広く社会に行き渡ることを妨げるという弊害をもたらすだけではないか。他方、こうした「知的独占」がイノベーションを促進するという証拠もない。これが知的財産権を知的独占として否定する人たちの考え方です。

四　知的財産権なきイノベーション

以上の議論を通して、知的財産権にはいろいろと問題があるということは分かっていただけたかと思います。そして、そのマイナス面を強調するのであれば、知的財産権はないほうがよいということになるのかもしれません。しかし、知的所有権がなかったとしたら、本当にイノベーションは起こるのでしょうか。次にこの問題について考えてみましょう。

(1)　集団的発明

実はこの問題に関連しても、歴史的事実を掘り起こした研究者がいます。ロバート・アレンという人です。彼によると、かつて「集団的発明（collective invention）」というのがあったそうです。[5]「集団的発明」は、一九世紀半ばの英国のクリーブランド地方で見られました。そこでは、溶鉱炉の進歩が見られたのですが、それは溶鉱炉の仕事に携わっていた技術者同士が工夫をし合うことで進展していったとのことです。すなわち、自分がした工夫をほかの人にも伝え、ほかの人もそれにさらに新しい工夫を加えたら、また別の人に伝えるというようなことを、繰り返し行っていったそうです。

それは知的所有権とは全く関係ないところで行われたイノベーションでした。

アレッサンドロ・ヌボラリによると、同じような例は、一九世紀前半の英国のコーンウォール地方でも見られたそうです。(6) コーンウォール地方では揚水エンジンの進歩が見られましたが、そこでも先の例と同じように、技術者同士が情報を交換し合い、イノベーションを重ねていったとのことです。もちろん、これだけ聞いたら、これは一九世紀の話ではないか、産業も未熟で、単純でもあった時代の話ではないかと思われるかもしれません。しかし、実は、同じようなことが現在でも起こっているのです。それが最近のソフトウェア業界における動きです。

(2) オープン・ソース・イノベーション

①オープン・ソース・イノベーションの歴史

ソフトウェアの基となる、コンピューターに指示を出すためのプログラムのことをソースコードと言いますが、そのソースコードは、かつてはプログラマーたちの間で自由に交換し合って共有されていました。一九六〇年代の初頭から八〇年代の初頭までは、会社が違ってもそういうことをやっていたようです。

ところが、八〇年代の初頭に、AT&T社が知的財産権の主張を始めました。それに対して、今まで自由にソースコードを共有していた人たちは、不満を持ちました。その結果、一九八三年にフリーソフトウェア財団（Free Software Foundation）が設立されることになります。彼らは、知的財産権を逆手にとって、ライセンシングを認める代わりに、そのソフトウェアを自由に修正したり頒布したりすることを求め、利用の独占を排除しようとします。具体的には、「私がつくったものを自由に修正して頒布することを認めます。その代わりに、それを使うのだったら、あなたもソースコードの公開をしてください。修正プログラムにも元のプログラムと同一条件でライセンスを与えてください」ということを約束させるのです。知的財産権に基づく手続に則っていますが、それによって結果的には自由な利用の促進を図ったのです。

著作権のことを英語ではコピーライトと言いますが、こうした動きは著作権を逆手に取っているので、コピーレフトと言われています。あるいは、自由なソースコードの流通を求める動きなので、フリーソフトウェア運動とも言われます。この場合のフリーというのは、「無料」という意味ではなくて「自由」という意味です。

九〇年代初頭以降になると、インターネットの普及とともに、オープン・ソース・イノベーションが急速に発展してきます。有名なのは Linux ですが、それ以外にもいろいろあります。多様な分野で、ソフトウェアが急速にオープンソースの形で発展するようになります。さらに、そういったプロジェクトに大企業が参入し、ベンチャー企業への投資を拡大したりするようになります。

②オープン・ソース・イノベーションの特徴

ここで、オープン・ソース・イノベーションの特徴を整理しておきましょう。その特徴を一言で言うと、利用の独占を求める知的財産権に依存することなく、新しい工夫の内容を自由に交換し合うことによってイノベーションが進展することにあるのですが、具体的なポイントを挙げると次のようになります。

まず、ソースコードを公開して、プログラムの頒布を自由に行うことを許します。頒布は多くの場合は無料ですけれども、有料の場合もあるようです。また、プログラムを修正した場合には、原プログラムと同様に自由に頒布することが求められます。

そのプログラムの修正ですが、それは「バザール型」で実施されます。バザール型の修正とは、会社的な組織が存在せず、指示をする人もいない中で、不特定多数の人が自由意思で、しかも無報酬で参加して行われる修正です。修正は、ほかの参加者のアイディアの恩恵を受けながら、それぞれが新たなアイディアを提供し、それを共有する、という形で行われていきます。

③オープン・ソース・イノベーションの経済学的理解

このような運動は、実は経済学にとっては理解しにくい現象です。どこが謎かというのをジョシュ・ラーナーとジャン・ティロールという人が整理していますので、それを参考にすると、次のような点が謎です(7)。

まず、個人にとってアイディアを提供することのインセンティブになっているのは何かという点です。参加者は無料で自分の能力や技能を提供しているわけですが、それは利他的な動機に基づき、他の人の役に立ちたいという一心でやっているのか。もしそうだとしたら、それは利己的な経済人のパラダイムと矛盾することになります。

また、大企業も参加するようになったと言いましたが、なぜ無料頒布されるようなオープン・ソース・イノベーションのプロジェクトに大企業がわざわざ資金を投下して参加してくるのか。これも企業が利潤最大化原理に基づいて行動しているとすれば、分かりにくい現象です。

さらに、組織の行動原理も謎です。指示をする人がいないと言いますが、もしこれが本当だとすると、組織はどのようにその目的を果たしていくのでしょうか。それは新しいビジネスモデルを意味するのでしょうか。普通の企業には株主がいて、その下で働く経営者がいて、その間にコーポレートガバナンスの問題が介在するわけですが、どれもが存在しない中で、組織が維持されていることは、従来の企業論では捉えにくい問題です。

これに対するラーナーとティロールの経済学的な理解は、以下のようなものです。

まず、ソフトウェアの開発者からすると、開発協力者からの改良点のフィードバックによって、開発コストを節約することができることになります。これにはこういうバグがあったが、これはこういうように直せばいいのではないか、といったアイディアが次から次へと出てくるので、わざわざ自分が資金を投下しなくてもすむというメリットがあることになります。

それでは、開発協力者のほうはどうかというと、実はそこで名を上げることが新しい仕事につながるかもしれないのです。ステップアップのための転職に役立つかもしれない。あなたは、あのときにこういう工夫をした人かということで、次の仕事がもらえるかもしれない。単に名声を得るだけでなく、その名声が経済的な利益につながっている可能性があるということです。

ユーザーにとっては、このようなオープン・ソース・イノベーション方式が採用されているということは、そのソフトウェアが長く生き残る可能性が高いと判断させる材料になります。すぐ消えるかもしれない小さな企業が提供するソフトウェアは、仮にいいソフトウェアであったとしても、購入するにはリスクがあります。買ったはいいけれども、後でアフターケアとかメンテナンスができないかもしれないからです。しかし、オープン・ソース・イノベーションというのは不特定多数の人が、自由意思かつ無償で改善をしていこうというものですから、これは長続きする可能性が高い。そうであれば、安心して買うことができることになります。

大企業にとっても、このユーザーの安心感というのは大事です。そこには確実に需要があることを意味するからです。それは、大企業が、知的財産権を主張する権利を放棄してでも参入していくことの根拠になります。

最後に、開発者や大企業は投下した資金をどのように回収するのか、どのようにしてビジネスとして成り立たせるのかということですが、当然、それをプログラムに対する対価によって回収することはできません（それができないのがオープン・ソース・イノベーションです）。しかし、このプログラムが有望であればあるほど、そのプログラムを使った周辺事業が大きく成長する可能性があります。開発者や大企業は、こうした周辺事業で資金を回収するものと考えられるのです。

(3) 知的財産権なきイノベーションの可能性

以上、知的財産権がなくてもイノベーションが進展し得る例として、ソフトウェア産業を見てきました。それによって、単なる歴史上の特異な事例ではなく、現代的な現象としても、こうしたことがあることが分かりました。しかし、まだ残る疑念は、ソフトウェア産業というのは特殊な産業なのではないかということです。果たしてソフトウェア産業以外でも、知的財産権に依存しないイノベーションがあり得るのか。普遍的に知的財産権がなくてもいいと言いきれるのかどうか。

特にバイオテクノロジーなどの分野を例に考えると、現在の最先端技術分野では業務を十分に細分化することは困難だという事実があります。例えば遺伝子を解読するというような作業を本当に個人に切り分けすることができるのか。やはりチームワークと多額の投資が必要になってくるのではないか。そうだとすると、先ほどソフトウェアで見たような、個人が自由意思で参加するようなバザール型イノベーションがバイオなどで発達するというのは考えにくいように思います。こうした問題は、今後の研究課題として残されています。

五　研究開発の代替的促進策

これまでは、知的財産権を巡る様々な問題についてお話をしてきました。それは、現在、知的財産権というのが研究開発を促進するための主要な手段になっているからです。しかし、知的財産権に代替するような促進策もあり得ます。最後に、こうした代替的な研究開発促進策について見ておきましょう。(8)

(1)　賞金方式

まず、賞金の提供というのがあります。

賞金の種類にも、ターゲット賞金とかブルースカイ賞金とかいうのがあります。ターゲット賞金というのは、あらかじめ課題を設定しておいて、この課題を解決した人に賞金を与えるというものです。他方、ブルースカイ賞金というのは、どのようなものでも画期的なアイディアを持ってきたら、それに賞金を与えるというものです。いずれの場合にも、どのように賞金額を設定するかという問題があります。また、ものすごい発明をしても賞金が支払われないかもしれないということになると、実際に発明を促進することにはなりません。したがって、賞金は必ず支払われるということを保証することが必要です。しかし、こうした条件をクリアしさえすれば、こういった仕組みも理屈上は考えられるわけです。

例えば、これも古い話ですが、一七一四年に英国議会が経度の測定法に関して賞金を出したことがありました。当時はまだ船で大航海をしてやっと新大陸にたどり着くような時代でしたが、航海の頼りになる緯度は、北極星を基にして星の位置を測定すれば分かりました。しかし、当時はまだ、経度を知ることは極めて難しい問題でした。経度の測定法が分からないために数多くの遭難も起こりました。それが当時のイギリスでは問題になって、経度の測定法に関する画期的なアイディアを持ってきたら賞金を与えるということになったのです。様々な提案が出てくることを想定して、天文学者を中心とした経度委員会という組織もつくって応募を待ちました。

すると、一人の発明家が来たそうです。そのアイディアとは何かというと、天文学とは全く関係ないものでした。彼は、風雪にさらされても正確に動く時計をつくってきたのです。その時計を、グリニッジ天文台の時計に合わせておいて、それを持って航海に出るとします。航海の最中でも、太陽の動きでその地点での時間が分かるはずです。その時間と、その時計が刻むグリニッジ天文台の時間とを比較することによって、現在、自分はどういう時間帯にいるかが分かり、それによって経度を知るというアイディアだったそうです。

先ほど言ったように、天文学者をそろえて経度委員会というのをつくって待っていたので、天文学に関連した画期的な発見、発明がやって来るかと思いきや、それとは無縁のものが来てしまったので、委員会はすごく当惑したそうです。そのため、賞金もなかなか出そうとしなかったようです。しかし、最後には国王が仲裁に入って、賞金が支払われることになりました。この逸話は、賞金が支払われるといっても、いかにその約束が危ういものかを示しています。

アイディアに対して賞金を出すというのは歴史上のことだけのように思われるかもしれませんが、実は現在でもあります。例えば、これは、政府ではなく、民間組織が与えるX PRIZEという賞金の例ですが、ここでは、いくつかのプロジェクトを設定して、それに賞金を与えるということをしています。一例としては、高度一〇〇キロの軌道に三人の人を二週間のうちに二回送り出して、そして回収するというアイディアがあったら、それに一、〇〇〇万ドルの賞金を支払うという約束が挙げられます。実際、二〇〇四年にそれをもらった人がいるそうです。今、ホームページを見ると、月にロボットを着陸させるというプロジェクトに賞金が出ているなどいろいろなプロジェクトに賞金が出ています。興味があったら見てみてください。

(2) コンテスト方式

このほか、賞金にコンテストを組み合わせたような方法もあります。課題を設定して、複数の応募案から最も課題の解決に近いものに賞金を支払うという方法です。この場合も、賞金額の設定とか、賞金が支払われることの保証は非常に大事です。

この方法をうまく利用した例として次が挙げられています。一九六〇年代において、米国の戦闘機の発注は、複数の会社から提出された仕様書に基づいて一社を選んだ上で、それにプロトタイプをつくらせ、その上でそれを採用するかどうかを決めるという方法をとっていたそうです。しかし、この方式だと、結果的に費用が大きく膨らんでしまい、強い非難を浴びることになってしまいました。そこで、この方式を改め、プロトタイプをつくるところまでは複数の選択肢を残し、そのプロトタイプの性能を見た上で、いずれにするかを決定するという方式に変えました。これによってコストの節約ができたそうです。

(3) 公的関与モデル

国が研究に関与するという方法もあります。これには、国の機関そのものが研究開発をするという方法もあれば、国が研究開発に対して補助金を出す方法、あるいは政府が課題を設定して民間企業に研究を委託するという方法もあります。

政府自身がやるにしても、補助金を与えるにしても、どういう分野を対象にするのかが問題になります。また、効率性をどのように確保するのか。あらかじめ補助金を与えるということを約束しておいて、本当にそれが効率的に利用される保証はあるのかということも考えなければなりません。また、政府が関与する場合、どのように財源を調達するかということも問題です。財源の調達方法によっては経済に大きな歪みをもたらす可能性があるからです。さらに、前述したように、公的資金で開発した研究を特許権の対象として認めるのかどうかという問題もあります。

おわりに

以上、イノベーションを促進するための方策をミクロ経済学の観点からいろいろと考えてきました。最も大きなテーマは知的財産権をどう評価するかで、知的財産権に頼らない方法もいろいろあるということも見てきました。これは現実の政策にも直結する問題で、まだ様々な検討課題が残されています。興味がある人はぜひこの問題に取り組んでほしいと思います。

最後に、イノベーションに関する三つの章の締めくくりの意味も込めて、イノベーション・システムというものに触れておきたいと思います。

今も述べたように、イノベーションの促進策としては知的財産権という制度が中心になって考えられてきましたが、イノベーションを促進するということで考えると、実はそういう狭い意味での制度だけを考えていたのでは不十分なのかもしれません。

企業や大学が研究開発をする主体ではあっても、研究開発を進めるにあたっては、それ以外の様々な主体が関係してきます。例えば企業や大学で研究開発をする場合にも、研究開発するのはあくまでも人です。そうなると、その人材がどのように育成されるのかは大きな問題です。また研究開発には当然資金が必要になりますが、その資金がどのように調達されるのかも大きな問題です。こうしたことは日本の雇用システムや、金融システムに関係してきます。

そのように考えてくると、イノベーションが促進されるか否かは、実は一国の経済システムのあり方全体にかかっていると言えます。そのような観点からイノベーションを考えようというのが、クリストファー・フリーマンという英国のサセックス大学の教授が提唱したイノベーションのナショナル・システム（以下では、イノベーション・システムと省略）というアプローチです。

フリーマン教授が最初に提唱して以来、このイノベーション・システムというアプローチは確実に定着してきていますが、実はフリーマン教授が最初にこの問題を提起したときに研究対象にしたのは日本でした。本の副題が"Lesson from Japan"となっているように、日本が非常にうまくいった例として取り上げられていたのです。日本のどのような側面が評価されたのか、その後、日本のイノベーション・システムはどうなったのか、これらは非常に重要なテーマですが、これについては別の機会に論じましたので、ここではそれを指摘しておくだけにとどめておきます。(9)

注

（1） Joel Mokyr, "Intellectual Property Rights, the Industrial Revolution, and the Beginnings of Modern Economic Growth," *American Economic Review*, May 2009 を参照。

（2）Petra Moser, "Innovation without Patents – Evidence from World Fairs," *Journal of Law and Economics*, February 2012 を参照。

（3）Wesley M. Cohen, Richard R. Nelson, and John P. Walsh, "Protecting Their Intellectual Assets: Appropriability Conditions and Why U.S. Manufacturing Firms Paten (or Not)," *NBER Working Paper* 7552, February 2000; and Wesley M. Cohen, Akira Goto, Akiya Nagata, Richard Nelson, and John Walsh, "R&D Spillovers, Patents and the Incentives to Innovate in Japan and the United States," *Research Policy* 31, 2002 を参照。

（4）Michele Boldrin, and David K. Levin, *Against Intellectual Monopoly*, Cambridge University Press, 2008（『〈反〉知的独占』山形浩生、守岡桜訳、NTT出版、二〇一〇年）を参照。

（5）Robert C. Allen, "Collective Invention," *Journal of Economic Behavior and Organization*, March 1983 を参照。

（6）Alessandro Nuvolari, "Collective Invention during the British Industrial Revolution: the Case of the Cornish Pumping Engine," *Cambridge Journal of Economics*, May 2004; and "Open Source Software Development: Some Historical Perspectives," *First Monday*, 3 October 2005 を参照。

（7）Josh Lerner and Jean Tirole, "The Simple Economics of Open Source," *NBER Working Paper* 7600, March 2000; "The Open Source Movement: Key Research Questions," *European Economic Review*, May 2001; "The Economic of Technology Sharing: Open Source and Beyond," *Journal of Economic Perspectives*, Spring 2005; and "The Empirical Impact of Intellectual Property Rights on Innovation: Puzzles and Clues," *American Economic Review*, May 2009 を参照。

（8）Suzanne Scotchmer, *Innovation and Incentives*, 2004（『知財創出』青木玲子監訳、安藤至大訳、日本評論社、二〇〇八年）を参照。

（9）樋口美雄・駒村康平・齋藤潤（編著）『超成熟社会発展の経済学』（慶應義塾大学出版会、二〇一三年）第五章を参照。

（二〇一三年一一月一五日）

第Ⅱ部　産業分野とイノベーション

第四章　超成熟社会日本を牽引する健康・医療産業の成長戦略

木村廣道
（東京大学大学院薬学系研究科
ファーマコビジネス・イノベーション教室）

はじめに

この五〇年間で日本の人口構成は随分変わりました。図1の中央のグラフは二〇〇五年の日本の人口を示したものです。このとき日本の総人口はピークを迎えました。その二五年前の一九八〇年と、二五年後の二〇三〇年とを比べると、総人口はほぼ同じです。ところが、年齢別の構成比を見ると、実は全く違っています。したがって、人にかかわる事業や産業は、今後は全然違う戦略を考えなければいけないような状況にあることがわかるかと思います。

特に、社会に対していろいろなインパクトをもたらす七五歳以上の高齢者の割合は、一九八〇年には二・七%に過ぎませんでしたが、二〇三〇年には二〇%近くにまでなると推計されています。高齢

図 1　日本の人口構成：50 年で別の国へ

2005 年が人口のピーク、75 歳以上人口は 50 年で 7.3 倍に増加

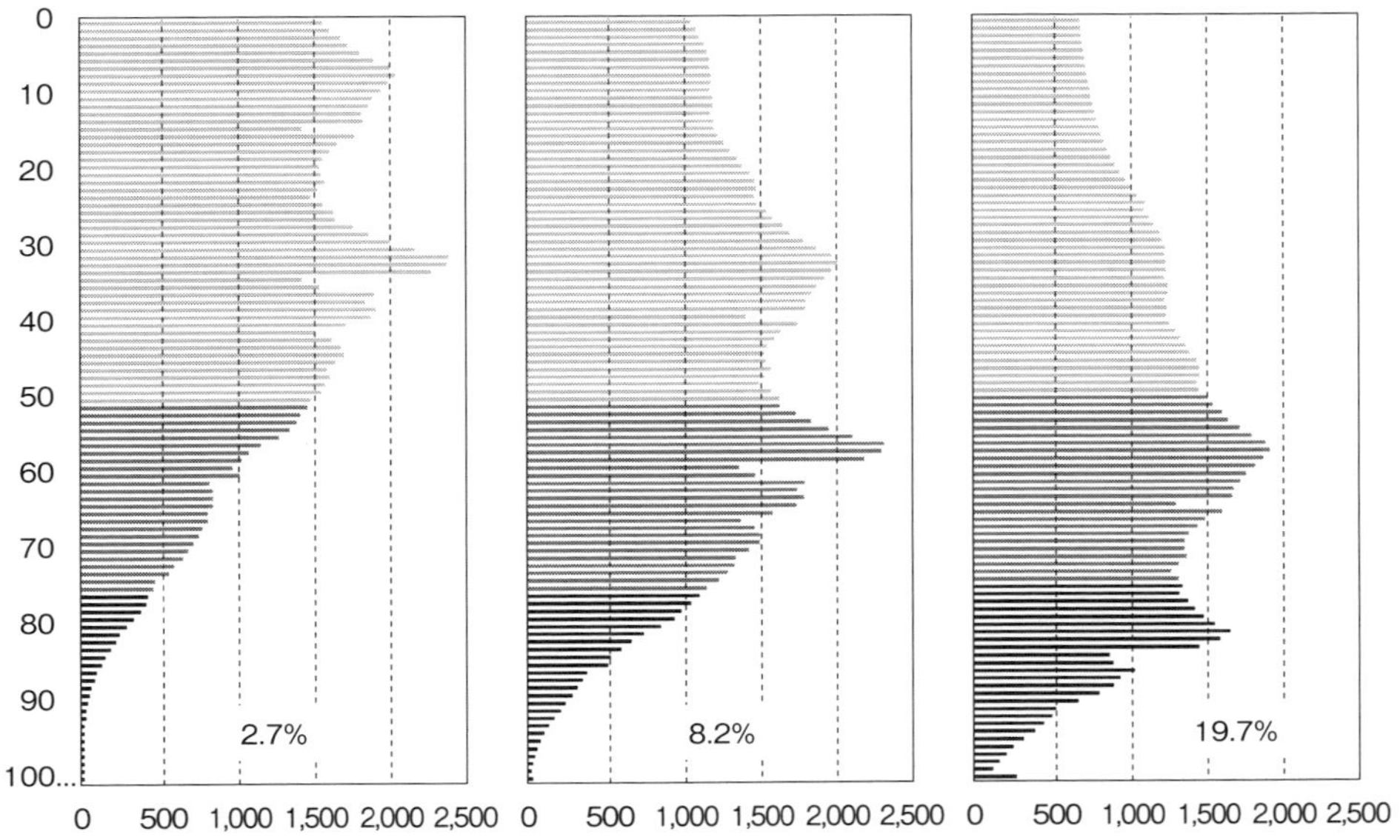

化は他の国でも今後起きることですが、日本では世界に先駆けて起きています。人類史上初めてともいえる高齢化に対応して、社会の仕組みを作り替えるという課題を日本がどのようにマネージするのか、世界も注目しています。

高齢者が社会に与える影響の中でも大きいものは医療費への影響です。図2は、一九七〇～二〇一〇年の四〇年間における各国の医療費の推移です。国民一人あたりの医療費と医療費の対GDP比の両方で、一番上昇率が高いのがアメリカで、一番低いのが日本です。

アメリカでも、医療費が伸びている原因は、高齢者の増加です。若い人より医療が必要になることからくる自然増に加え、高額な医療が増加していることもあります。医療費は、多くは医師など医療関係者の人件費ですが、そのほかに医療機器や医薬品にかかる費用もあります。特に医薬品と医療機器の産業のシステムがアメリカとその他の先進国とでは大きく違います。

医薬品や医療機器の分野では、科学の進歩によって新製品が出てきます。技術革新の遅い産業分野だと、価格がどんどん低下していって、平準化されていきます。このため、産業や市場の大きな伸びを期待することはできません。

しかし、人間には長生きしたいという思いがあり、そのためには金に糸目をつけないという人たちが多くいます。彼らは、新しい技術があったら真っ先に飛びつき、さらに新しい技術が出てきたらまたそれに飛びつきます。その結果、どんどん医療費の単価が上がっているのです。

つまり経済活動の中で医療の比率が高まっているということは、科学技術あるいは社会のイノベーションに応じて医療の重要性が高まっていることをも意味しているわけです。

図２　医療費の“堅実な”成長

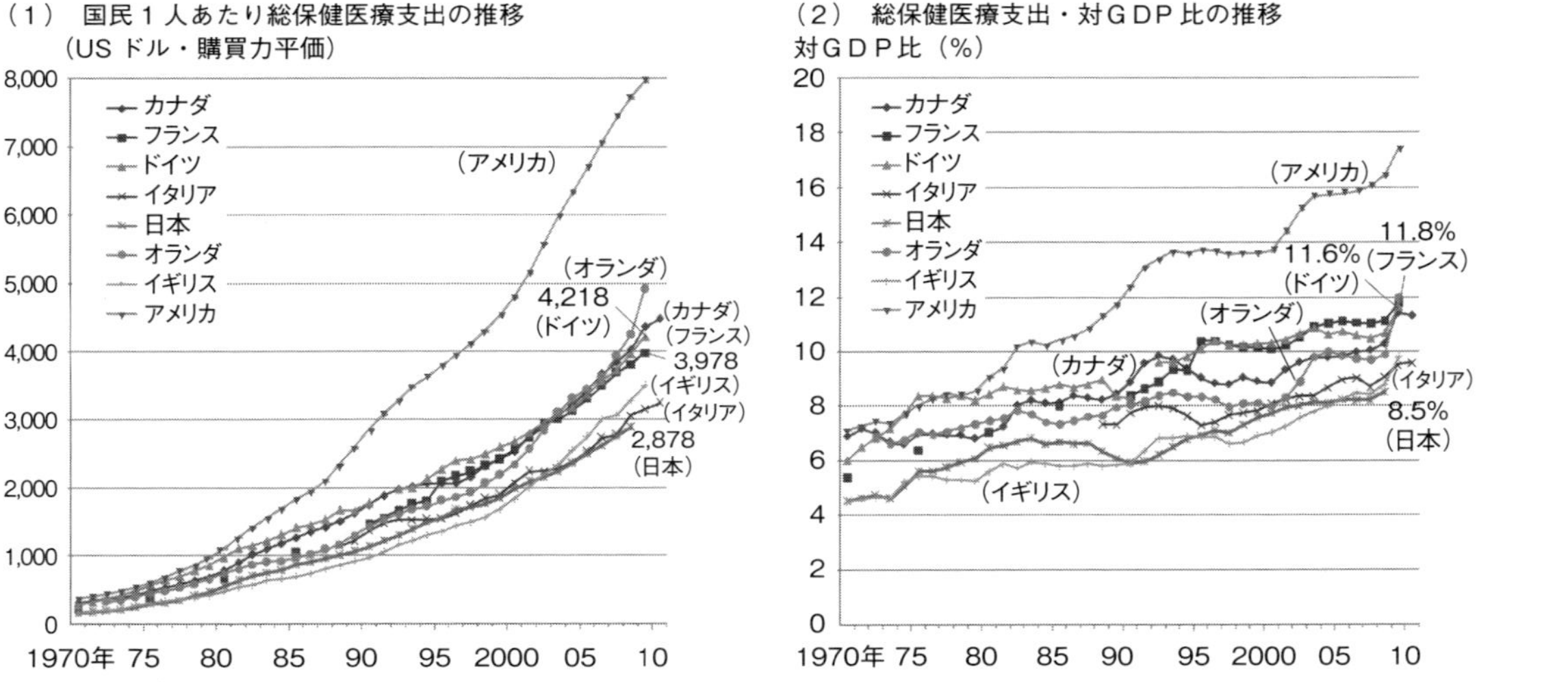
（１）　国民１人あたり総保健医療支出の推移
（US ドル・購買力平価）
8,000
7,000
6,000
5,000
4,000
3,000
2,000
1,000
0
1970年 75 80 85 90 95 2000 05 10
カナダ
フランス
ドイツ
イタリア
日本
オランダ
イギリス
アメリカ
（アメリカ）
（オランダ）
4,218
（ドイツ）
（カナダ）
（フランス）
3,978
（イギリス）
（イタリア）
2,878
（日本）
（２）　総保健医療支出・対ＧＤＰ比の推移
対ＧＤＰ比（%）
20
18
16
14
12
10
8
6
4
2
0
1970年 75 80 85 90 95 2000 05 10
カナダ
フランス
ドイツ
イタリア
日本
オランダ
イギリス
アメリカ
（アメリカ）
11.8%
（フランス）
11.6%
（ドイツ）
（オランダ）
（カナダ）
（イタリア）
8.5%
（日本）
（イギリス）

出所：健康保険組合連合会資料。

一　健康・医療産業への期待と課題

政府は、二一世紀の日本経済は医療イノベーションが主役になるだろうと考えています。このことを明確に言い始めたのは、小泉政権です。健康増進を科学創造立国の中核分野に位置づけました。その後を継いだ第一次安倍政権も、製薬産業を成長分野の「一丁目一番地」と位置づけました。それまでの製薬産業というのは、日本経団連の中でも小さな産業で、鉄鋼とか自動車よりずっと格下の位置づけがされてきたのですが、「一丁目一番地」だと言われたわけです。その後、民主党政権時代も、現在の第二次安倍政権においても、医療産業は成長戦略の中核に位置づけられています。

これまでは医療というのは百パーセント公共の福祉事業でした。産業と言ってはいけなかったのです。医療でビジネスをして儲けるということは、人の道に外れているという価値観に支配されていました。それが、小泉政権になって、新しい価値観を導入して、医療を産業として位置づけ、医療は産業の中核であるということを言うようになったわけです。

このところ、健康・医療関連産業においては、政府への期待が高まるばかりです。二〇一三年の六月に閣議決定された「日本再興戦略」の中で、健康・医療は、新たな市場創造の筆頭に位置づけられています。「戦略市場創造プラン」は、国民の健康寿命を延ばしていくことをテーマに、具体的には、健康管理・予防・介護サービスなどを充実し、医療の国際展開、医療機器・医薬品の創出加速などの戦略を立て、それにもとづいた施策をしていこうというもので、各方面からの期待が高まっています。

これまで医療産業というと、医薬品産業、医療機器産業が代表でした。これらを私たちは「従来型」医療産業と呼んでいます。それには次のような特性がありました。

まず、一つ目には、医薬品産業や製薬産業には公共事業であるという特性があります。なぜかというと、一つには、とても強い規制がかけられているからです。医療は国民の命にかかわる産業なので、その安全性を政府が担保する必要があります。安全性について政府が規格をつくって、それに合ったものしか世の中に出しません。そのために、許認可、承認審査などの強固な制度が設けられています。これは世界中どこでもそうです。

政府が価格を決めるという、公定価格である点も公共事業としての特性です。診療も医薬品も価格は政府が決めています。このような特徴は、水道や電気、電車でも見られるような、公共事業としての特性です。

また、国家安全保障としての面も公共事業と共通しています。国民の生命を守るという、非常にベーシックな役割を持つ点で、軍備と並んで医療というのは非常に重要です。昨今、防疫だとかパンデミック対策が非常に重要な問題になりつつあります。このような社会インフラを整備するために多額の公費が必要とされるわけです。

「従来型」医療産業の、もう一つの大きな特性は、非常に利益率が高いビジネスであることです。医療費が公定価格でない国も含めて、世界中で高い利益率を上げるのです。普通の日本の産業、例えば化学業界とか自動車業界ですと、営業利益率は三%とか四%ではないでしょうか。ところが「従来型」医療産業の営業利益率は大体二〇%であり、一桁違います。したがって、医薬品産業を他の産業

図3　健康・医療分野の成長領域

消費者への決定権移行が新たな成長領域を創出

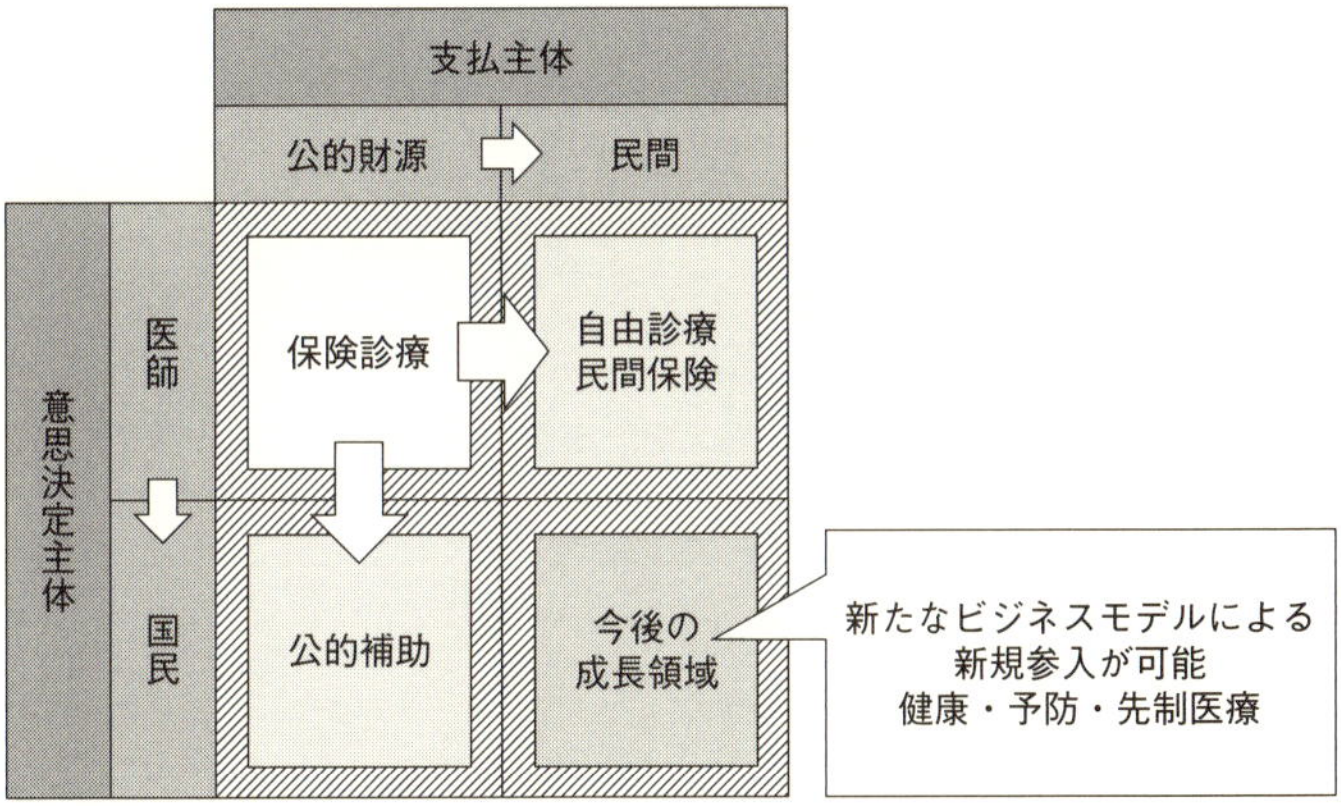

から見ますと、価格は政府が公定しているのだから、まるで補助金を与えられているようにも見えます。いろいろな議論があると思いますが、政府の枠組みの中で行われている産業だという認識は重要だと思います。

しかし、現在、安倍政権が注目している健康・医療産業というのは、この部分が中心ではありません。規制の枠組みの中ではなく、むしろ、消費者のコントロールの中のビジネスを中心に戦略が立てられています。

図3は、支払主体と意思決定主体の違いで医療産業を分類したマトリックスです。「従来型」の医療産業は、図の左上部分です。公的財源をもとに、医師が意思決定をする領域です。例えば医薬品や医療機器を買うときに、最終的な受益者は患者ではあっても、購買の意思決定をしているのは医師です。この領域が増えると、日本では七割が公的負担なので、政府の財政負担がますます増えることになります。

そこで、図の右下部分の領域、「今後の成長領域」に重点を移行させていく政策が考えられています。こ

図4　拡大する医療の役割

医療は多くの人々の“日常生活の一部”へと変化

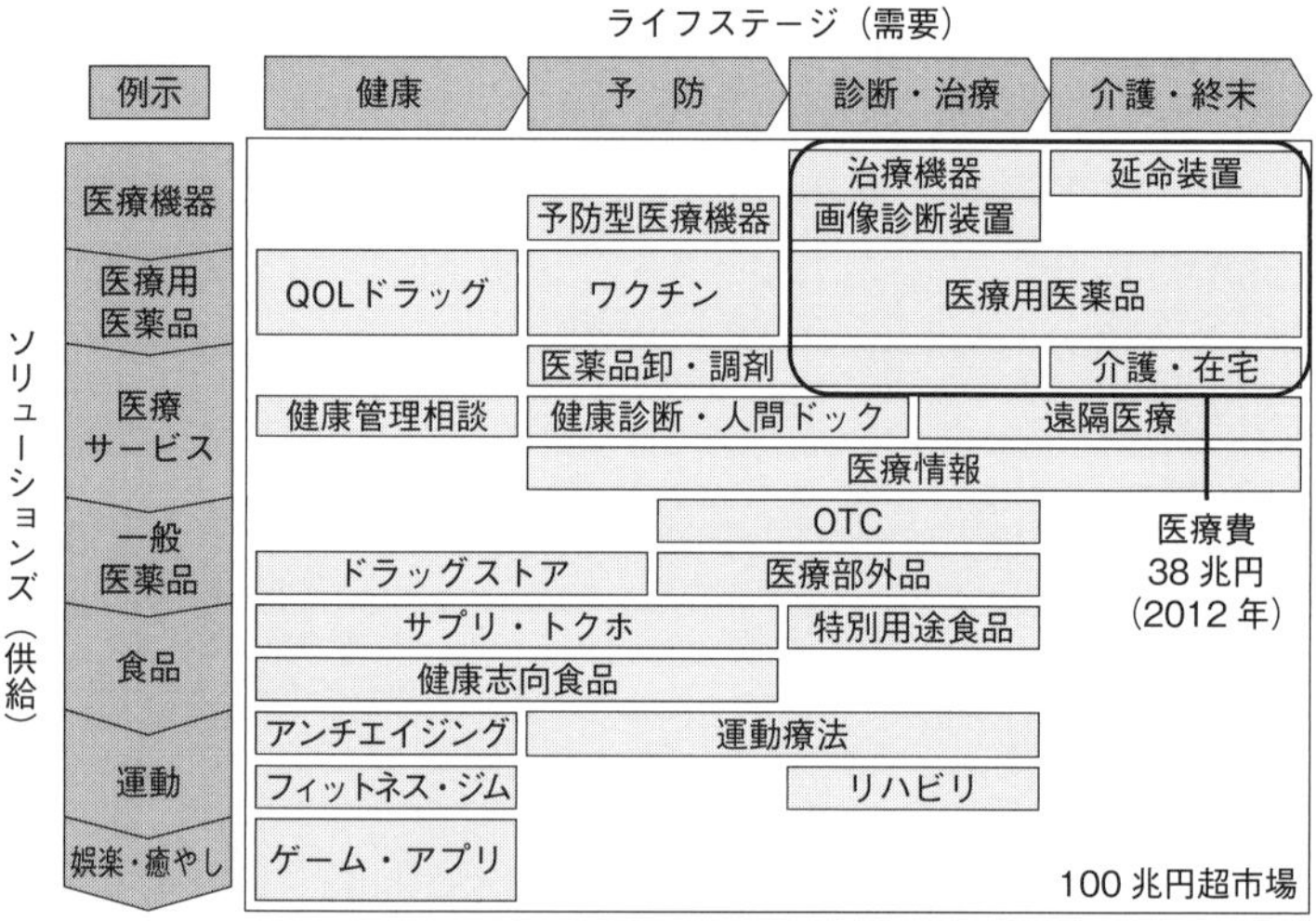

の領域は、購買の意思決定は国民が行い、支払いも民間です。自分たちの必要なものは国民がそれぞれで考え、そのためのお金を自分のポケットから出して買う、そういう領域です。具体的には、健康、予防、先制医療が含まれます。

例えば、皆さんは病気になると、病院に行って治療を受けます。これには、実感がないかもしれませんが、結構お金はかかっているのです。例えば、火事になってから消防車を呼ぶと、火を消すにも結構お金がかかります。そうなる前に、たばこの不始末に気を付けたり、フライパンから炎が出たときには消火器で消すほうが、ずっと安く済むわけです。健康・医療の分野でも、そういう方向に持っていこうということです。予防や先制医療は個人的レベルでは当然やっていることですが、世界中でどの国も社会の仕組みとしては成功していません。これを何とか社会全体の仕組みに持っていこうというのが、日本のチャレンジなのです。

それでは、どのようなビジネスがあり得るのでしょうか。図4では、横軸にライフステージをとっています。図の右上の枠内にあるものが、「従来型」の医療費にあたるものです。皆さんの直接の負担は非常に少ないですが、勤めている企業の保険組合や国が七割負担していて、全体で四〇兆円ぐらいの市場規模があります。

この周辺には、健康だとか予防を対象にしたビジネスが既に存在しています。例えばフィットネスも、運動で健康の維持をしようというビジネスです。Wii のようなフィットネスゲームも広い意味で健康・医療産業であると考えられます。こうした分野の市場規模は、日本全体で一〇〇兆円超はあるだろうと言われています。アメリカでの市場規模は既に約四〇〇兆円あります。

アメリカの市場がそこまで伸びている理由は、アメリカは国民皆保険ではないからです。保険で医療費がカバーされていない人が非常に多い。たとえ自分で保険に加入していても、その保険でカバーできる範囲が一部でしかないとか、保険料が非常に高いという理由で、医療費は高いものになっていますす。そうなると、特に保険に入っていない人たちを中心に、自分の身を守るために予防意識が非常に強くなるのです。

アメリカでは、ある程度教育を受けた人たちは、自分の健康は自己責任で守るという意識が非常に高く、例えば一日のカロリーを非常に気にしています。メニューにも、カロリーがよく書かれています。これに対して、実は、日本のほうがカロリーをあまり気にしていないですね。日本の生活習慣は伝統的には、かなりヘルシーですが、教育の面でシステマティックに健康を自分で守ることが教えられていません。今後、健康を自分で守ることのリテラシーが高まると、こうした新しい医療のビジネスが、日本でも広がってくるだろうと思います。

医療にかかわる社会基盤についてはアクセス、クオリティ、コストの三つを考えろとよく言われますが、それぞれに課題があります。

第一に、医療へのアクセスにおいて、課題になっているのは、都市部における独居老人の問題、そして地方における限界集落に住む人たちの問題です。こういう人たちは、医療へのアクセスについて非常に不安があります。しかし、アクセスをよくするには、大変なお金がかかってしまいます。

また、物流のあり方も重要です。例えば薬を届けるには、物流システムがちゃんと完備していなければいけないし、情報も必要な人にちゃんと届かなければいけない。例えば東日本大震災のときのように、緊急時にどうするのか。あのときは医療が本当に必要だったわけですが、薬と情報を届けられなかったところがたくさんありました。そのとき、非常に活躍したのがヤマト運輸で、彼らのデリバリー能力というのが再認識されました。薬と情報の物流システムをもっと拡充しなければいけません。高齢化が進み、今後は人があまり出歩かなくなります。そうなると、物流の役割がより重要になってきます。

さらに、情報流のあり方も重要です。情報流の中で問題になってくるのが、対面の原則です。現在、医療サービスには、対面の原則という、非常に重要な原則があります。医者とフェイス・ツー・フェイスで対面して初めて医療というものが成立する。それ以外は医療ではないことになっています。

薬の処方の場合もそうです。薬剤師が薬を処方する場合、対面でないといけません。病院で薬剤師から説明を受けてから受け取るとか、調剤薬局に行って受け取るといったことをしなければいけません。病院から処方箋をもらったら、あとは物流に頼み、自宅に届けてもらえれば便利になると簡単に思うかもしれませんが、実はそれは現在の法律では禁止されているのです。

第二に、医療のクオリティです。がんや認知症、難病、希少疾患といったまだ十分な治療法がない疾病や、子供や高齢者の生活習慣病の問題をどうするのか。健康寿命を延ばし、「ピンピンコロリ」を実現するにはどうしたらいいのか。課題はたくさんあります。

第三は、コストです。医療費の削減という大きな課題があり、このために診療報酬や薬価をこれからどうするか、議論しなければいけません。

医療にかかわる社会基盤については、以上のような課題があるわけですが、今後は日本の医療産業が日本経済を牽引することが期待されているわけです。

日本における「従来型」の医療産業は、医薬品産業と医療機器産業がその代表です。その代表的企業の、世界の中での企業規模を見たのが図5です。この図は、医療産業に従事している企業の売上高ランキングを表しています。最上位は、ファイザーとかジョンソン&ジョンソンといった有名企業です。その次が、サノフィーやロッシュです。ヨーロッパやアメリカの企業が大部分を占めています。アジアの企業で唯一トップ20に入っているのが武田薬品です。医療産業は科学技術の粋を集めた産業です。そのような産業のトップ10に日本の企業が一社も入っていないというのは非常に珍しい。これがなぜかということを、一緒に考えてほしいと思います。

日本の医薬品産業は、国内では頑張ってきましたが、実は海外進出の機会を随分と逸してきたので

図５　医療産業では、日本企業は影が薄い

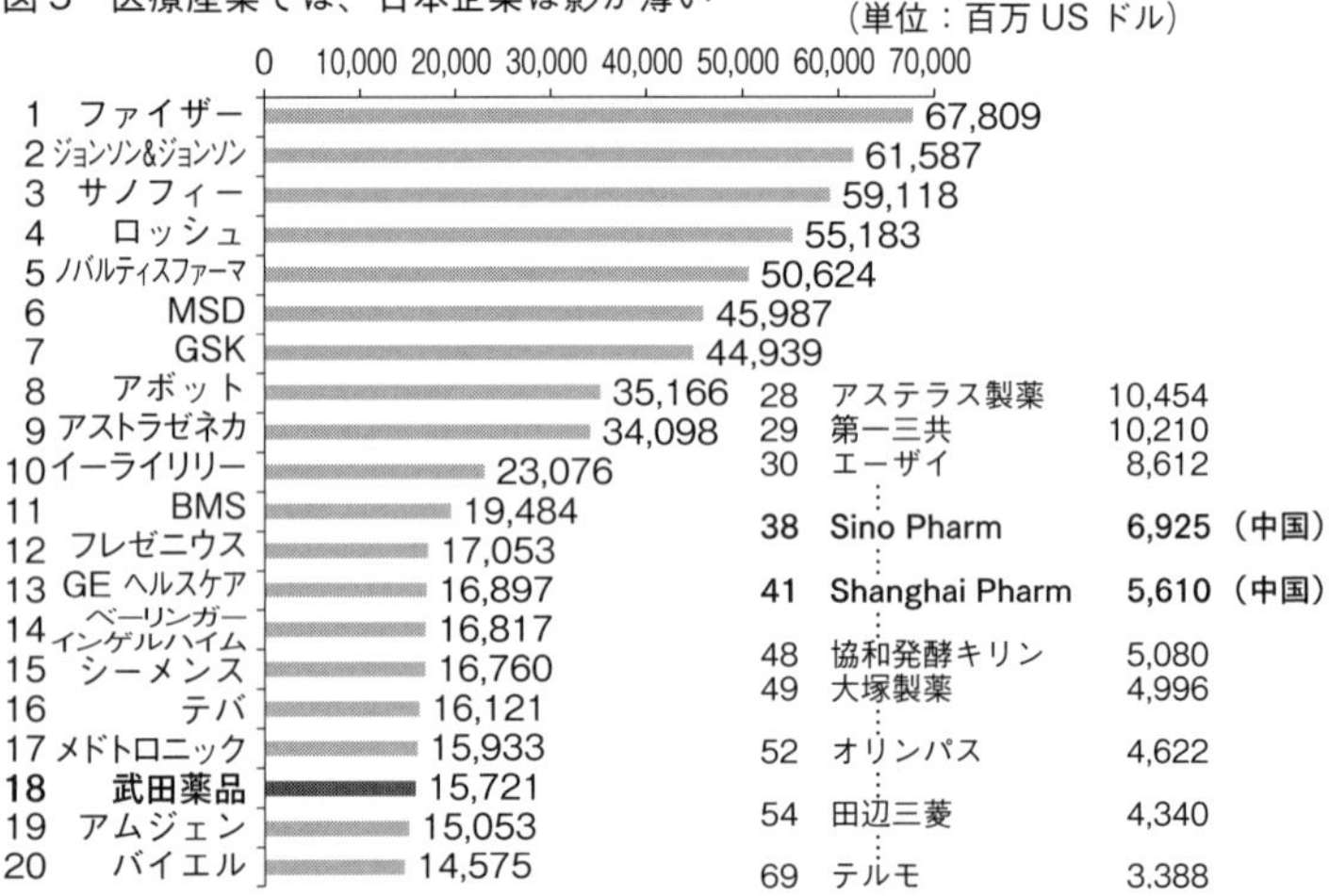

出所：Bureau Van Dijk Orbis を編集。

す。私は、一九八〇年代後半にＪＰモルガンでＭ＆Ａをやっていました。当時は、グローバル・メガマージャーといいまして、大手企業同士の合併が始まった時期です。世界全体を一つのマーケットとして、グローバルカンパニーが席巻していったのです。しかし、日本は、グローバル・ワンマーケットに入らなかった。別なマーケットをつくったのです。その結果、日本の代表的な製薬会社は世界マーケットへのアクセスが非常に困難になってしまいました。気がついてみたらトップ10に日本の企業が一社も入っていない状態になっていたのです。

今、世界の医療産業の中で日本の市場規模は世界全体の約一〇％しかありません。ですから、日本の企業がグローバルカンパニーになるためには、グローバルマーケットへのアクセスが必須です。しかし、そういうことを先行的にやってきた自動車産業などと比べると、戦略が随分と違っていました。「今さら成長産業になれと言われても困る」というのが現状です。

そうした中で、今、ひたひたと中国やインドの会社が成長してきています。これからどうなっていくのか。このランキングを見ていて、何か似たようなランキングを見たことはありませんか。実は、世界の大学ランキングとよく似ています。トップ10には日本の大学は一校も入っておらず、トップ100になってようやく何校か入っている、というのが日本の大学の実状です。こうした知的産業において日本がどう上位に食い込んでいくのかは、これからの大きな課題だと思います。

今後、企業が生き残っていくためには、勝ちパターンをつくっていくことが大事だと思います。それはやはり海外進出ではないでしょうか。そのうちの一つは海外企業の買収です。武田薬品を例にとりますと、二〇一一年にナイコメッドというヨーロッパの会社を九、九〇〇億円で買収しました。それ以前の二〇〇八年には、ボストンのミレニアムという会社を八、九〇〇億円で買収しています。三年間に約二兆円を買収に使っているのです。

第一三共も、インドの会社を五、〇〇〇億円で買収しています。すごいなと思うでしょうが、ではそのお金はどこから出ているかというと、実は診療報酬です。皆さんが病院に行ったときに、七割分を払った保険のお金なのです。日本政府の立場からすれば、高い薬価の下で、日本の製薬会社が利益を出し、その利益をもとに研究開発のために再投資するということを期待しているわけです。政府や納税者はそういう期待をしているわけですから、貯めたお金で海外企業を買収するということについては議論があります。買収資金は誰のポケットに入っているかというと、例えばミレニアムの場合には大きな買収ファンドです。ナイコメッドの場合もそうです。このように、日本からの巨額の資金が買収ファンドのポケットに入っていくとなると、経済循環としてはうまくいっていないのではないかという議論が結構あります。今後、海外進出をどのような形でしていくのかについても、議論が分かれていると思います。

他方、日本の製薬会社が生き残るために海外に進出しているとなると、海外の企業が日本に投資をする必要もあります。「Why must I have to invest in Japan?」これはジョンソン＆ジョンソンのCEOが、私に言ったことです。ジョンソン＆ジョンソンというのは研究開発投資を世界四カ所、ロンドン、ボストン、サンフランシスコと上海でやっています。日本は入っていません。なぜか。彼は、日本では投資しにくいと言います。もともと医療産業というのは利害関係が複雑なのですが、日本は特に硬直化して、生産性が高くないと言います。新しいビジネスモデルやベンチャー企業も生まれにくい。日本の市場は非常にダイナミックでおもしろいのだが、それに日本の規制が追いついていないと彼は指摘します。

日本の製品を創出する科学力・技術力はすばらしい、ファーストクラスである。市場のポテンシャルも、高齢化が世界一進んでいて、こんなおもしろい市場はない。両方ともすばらしい。しかし、この二つが、規制とか規格とかいうものも含めて、つながっていない。これを何とかしてくれたらいつでも投資しましょうと言うのです。

では、何をすればいいのか。一つは科学技術のイノベーションを盛んにすることです。研究は随分やっている。ノーベル賞をとる人もたくさんいる。しかし、それを製品につなげるようなサイエンスがない。それを Translational Research と言いますが、科学者にとって、この分野はなかなか論文にならなくておもしろくない。でも、社会の仕組みとしては必要なのです。今、世界中でこういうTranslational Research が進んでいるのですが、日本ではなかなか進んでいないのが現状です。

もう一つは、市場ニーズに応える Solution Mix の構築ということが足りないことです。日本という国は、研究者、技術者が非常に充実しているので、自分はこんなものを発明・発見した、しかし、それをどう使っていいかよくわからない、そう言っている人がたくさんいるのです。

例えばクラゲの発光タンパク質でノーベル賞をとった下村修先生も、その発見が役に立つとは思っていませんでした。しかし、世界の人たちが目を付けて役立てたので、彼はノーベル賞を受賞できたのです。そういう例はたくさんあります。

また今、世の中では、アルツハイマー病が大問題になっています。アルツハイマー病を解決するためにはどんなサイエンスが必要かということで、カスケード的に下まで降りていって研究をする、そういうのがアメリカやヨーロッパでは主流になりつつあります。そうすることで、無駄球はなかなか打たないようになります。日本もそういうスタイルに変えられないか、という議論があります。これが科学技術の面で必要とされるイノベーションです。

社会基盤の面におけるイノベーションでは、日本は規制先進国を目指すべきだと思います。例えば新しい再生医療の分野では、規格や規制がまだ決まっていません。せっかく山中伸弥先生がノーベル賞をとって世界をリードしているのだから、再生医療のための規格を日本が世界に先駆けてつくっていくべきです。これができれば、世界中が日本に投資をして再生医療の研究を加速させ、製品化を促進することになります。

また、医療の生産性向上のためには、どうしても自動化、ＩＣＴ化が必要になります。全ての産業が、生産性を上げるための自動化、ＩＣＴ化の道を通ってきました。幌馬車から自動車に替える、それでトランスポーテーション（輸送）の生産性は桁違いに上がりました。こうした自動化、ＩＣＴ化は、医療にもなくてはなりません。先ほど言った、例えば医療の対面の原則というのは、ＩＣＴ化を否定しているわけです。それを変えていかないと生産性は上がりません。新しい市場におけるニーズに応えられるような規制や法律をどうつくっていけるかが非常に大事です。

こうしたことができて初めてニーズとシーズのギャップが解消されることになります。科学技術が市場まで届く社会になっていきます。

医療ニーズに対応する新たなソリューションに取り組む際には、医療ニーズをまず規定して、それを解決する手法にはどのようなものがあるかという発想で考えていきます。そこには、医薬品、診断法、治療機器など、いろいろなものが解決手法に含まれてきます。

例えば、睡眠時無呼吸症候群という病気があります。寝ている間に呼吸がとまってしまう、そういう病気です。それを解決するものとしては、ＣＰＡＰ（シーパップ）という医療機器があり、呼吸器の専門医のところへ行くと提供されます。ほかにも、マウスピースをはめて解決する方法もあります。しかし、このためには歯科に行かなければなりません。患者にとっては解決できればどちらでもいいわけですが、医者同士は、全然お互いのことを知りません。さらに、根本的に解決するためには、体重を減らすという方法がありますが、そのためにはまた別な栄養学の専門家のところに行ってくださいと言われます。

これでは課題解決になっていません。医療の分野も縦割りになっています。それを解決するようなソリューションを導き出せる社会を目指すべきだと思います。

二　医療分野のオープンイノベーション

経営学が専門の人はオープンイノベーションという言葉を聞いたことがあると思います。一社単独では実現困難なことを、他社のインフラ・技術を活用して実現することです。あるいは利害が異なる複数の企業が、共同関係をつくって新たな製品価値を創造することです。日本は、こういったことは本来的に非常に得意です。成功例もどんどん出ています。最近では、大学との連携も盛んに行われています。

例えば、AKプロジェクトというのがあります。AKとは、アステラス製薬と京都大学のことです。このプロジェクトのために、京都大学のキャンパスの中にアステラス製薬がビルを建て、アステラスの研究者と京都大学の研究者が共同で製品研究をしています。政府もこのプロジェクトに約一〇〇億円の投資をしています。今、大学の新しい産学連携の方式として非常に注目されています。

医療機器の分野で日本のトップメーカーの一つにテルモという企業があります。テルモでは、かつて、開発中の補助人工心臓の性能にいろいろな問題がありました。特に、血栓ができてしまうという致命的な問題がありました。それを解決するために、NTNという、ボールベアリングの分野の世界トップメーカーと共同開発をして、回転のムラがないような補助人工心臓をつくり、「デュラハート

（DuraHeart）」として製品化しました。非常にうまくいった例です。

重要なことは、複数の技術を集めてきて、今まで解決できなかった問題を解決するということです。これにはいろいろなパターンがあります。技術の根っこを持っているような大学や企業と、市場の出口に接点があるような企業とが共同して行うパターンが一つです。前述の京都大学とアステラス製薬の共同研究がこれに当たります。このほか、医療ロボットのように、複数の会社が持っている技術を集めて、一社が世界に販売していくというようなパターンもあります。それから、ｉＰＳ細胞の科学技術のように、京都大学という一つの大学の技術を、複数社が利用して、診断に利用したり、創薬に利用したりといろいろな利用の仕方を考えていくパターンもあります。

今後、取り組むべきこととして議論されているのは、以上とは異なる、複数社と複数社の連携です。複数社が技術を持ち寄り、それらの技術を利用して複数社が世の中に製品を売り出していくというものです。これはオープンイノベーションの最上級者コースです。これができる国はほんのわずかです。技術の裾野が非常に広い国でなければできないことですし、また、いろいろな市場へのアクセスが可能で、市場で新製品を試すことができる国でなければなりません。そうした国は、先進国の中でもほんの少しです。

そういう意味では、シンガポールや韓国、中国が頑張っているといっても、技術の裾野はそれほど広いわけではありません。必要な技術だけを導入して、世界一になっているのかもしれません。しかし、日本は、ありとあらゆる分野で技術開発を行っています。そのおかげで複数対複数のオープンイノベーションをやるとなったら、日本はとても強いと思います。今まで日本は、苦節百年いろいろなことに投資してきましたが、それが今、花開く時期なのです。医療は、医薬品でも医療機器でも、医療サービスでも、複数の科学技術の集積です。こういう世界で本気でやれば、日本は、本来は地力が非常に優れているはずです。これに皆さんがようやく気がつき、やってみようということになってきました。

オープンイノベーションは、今までできなかったことが「早く、安く、うまく」でき、製品開発の生産性を劇的に上げる手法だと言われています。今、この分野ではどんな議論がされているかというと、オープンイノベーションで医療関連のデータプラットフォームをつくろう、それも地域ぐるみでつくろうということになっています。

病院に行けば皆さんのカルテのデータがあります。また、皆さんは健康診断を受けています。このデータも、集積されてきています。さらに、コンビニなどでは、ＰＯＳデータを蓄積して、購買行動をずっと見ています。

確かに、この三つはそれぞれ単独でも価値があります。しかし、現在、これらはつながっていません。今後、例えばマイナンバー制度がもう少し弾力的に運用されてくると、全部のデータがつながっていきます。そうなると、とんでもなく価値の高いデータになっていきます。これを利用すると、例えば健康増進のための製品のマーケティングや、生活習慣を改善するような生活指導、在宅医療などにも使えるということで、このたび、このデータプラットフォームをつくるためのオープンイノベーションの勉強会が発足しました。

今、世界では、このオープンイノベーションの仕組みをつくることに向け、取り組みが随分と進ん

図６　ヘルスケア領域でのプラットフォーム構築

海外ではヘルスケア領域のプラットフォームが次々と構築されている

Intel が主導する健康・医療機器の通信連携規格のプラットフォーム

Google が医療情報に再参入

Google

米グーグル、医療ベンチャー「Calico」を設立

2013年09月19日 12:53 発信地:サンフランシスコ/米国 ブログ

【9月19日 AFP】米グーグル（Google）は18日、健康問題を扱うベンチャー企業Calicoを設立したと発表した。新会社はグーグルのライバル、アップル（Apple）と協力する可能性もありそうだ。

グーグルの声明によると、Calicoは特に「老化とその関連疾患」を扱い、新会社に出資したアーサー・レビンソン（Arthur Levinson）氏が最高経営責任者（CEO）に就任する。

レビンソン氏は現在、アップルと米バイオ医薬品大手ジェネンテック（Genentech）の会長、スイスの製薬会社ホフマン・ラ・ロシュ（Hoffmann-La Roche）の取締役を務めており、新会社設立後もこれらの役職は続ける。

グーグルのラリー・ペイジ（Larry Page）CEOは、「病気と老化はすべての家族に影響を与える。長期にわたって影響を及ぼす場合もあり、ヘルスケアとバイオテクノロジーについて一見不可能なことを現実にするためのアイデアがあれば、数百万人の生活をより良いものにすることができると考えている」と語った。

発表前にペイジ氏にインタビューした米誌タイム（Time）は、新企業の詳細はまだ明らかにされていないがグーグルのデータ処理機能を活用するのではないかと報じた。ペイジ氏はこのインタビューで、新会社は「まだごく初期の段階にあり、公表できることは少ない」と語っていた。(c)AFP

図７　再生医療産業化のオープンイノベーション

産官学・周辺産業を巻き込んだ再生医療の産業化

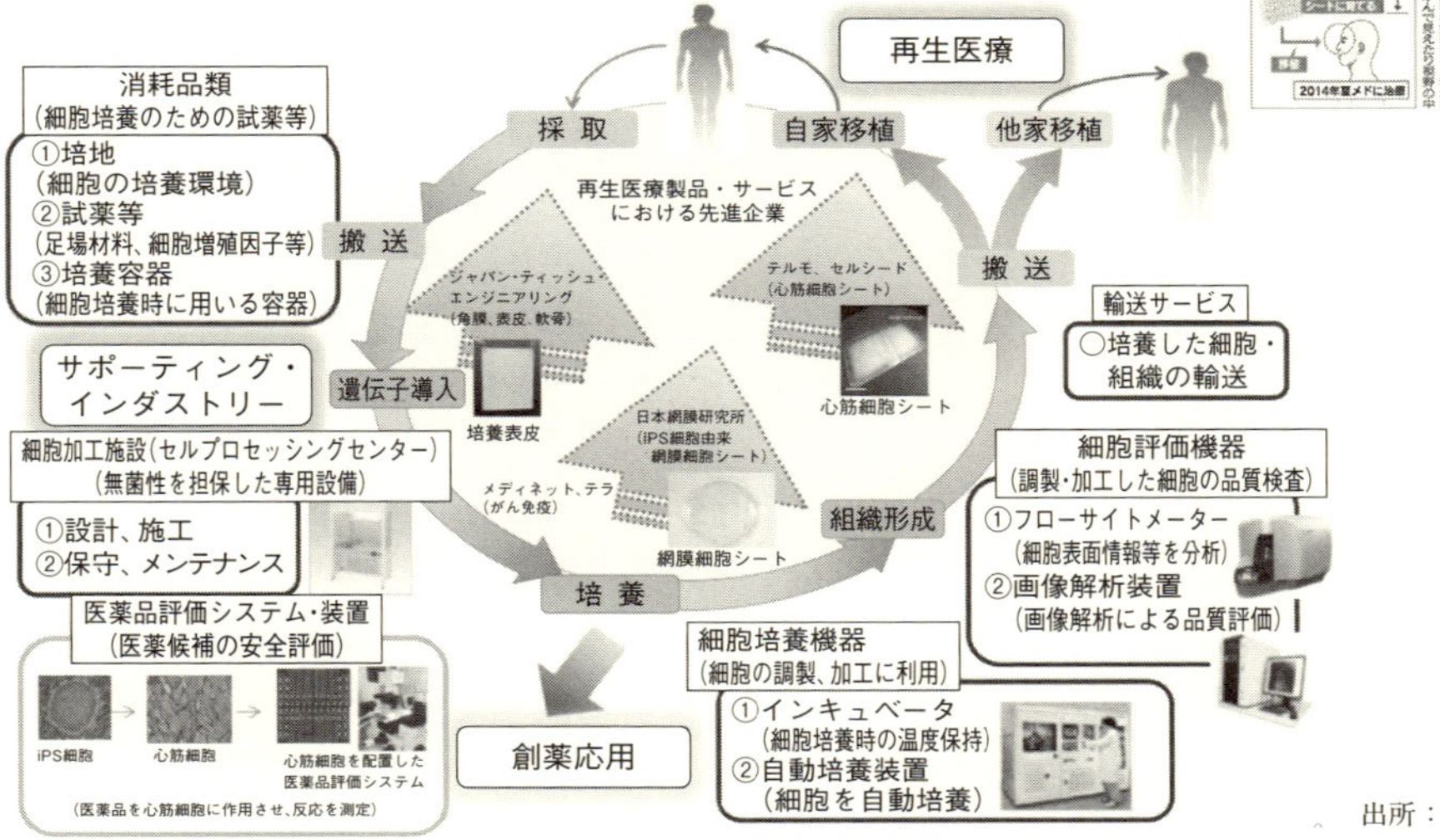

出所：日本経済新聞。

出所：経産省レポート。

図８　アカデミア医工薬オープンイノベーション

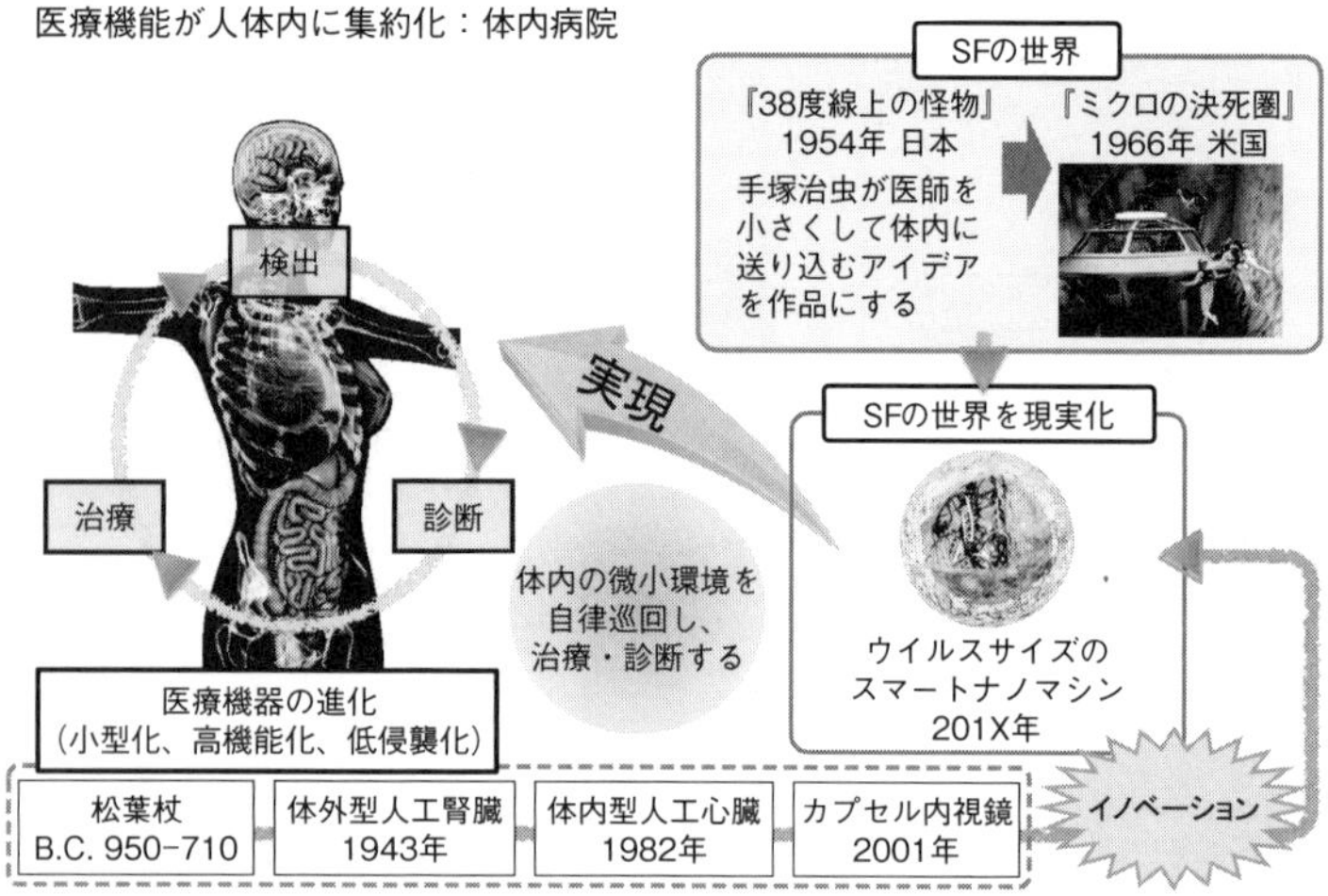

できています。図6にあるように、例えばインテルが主導して、健康・医療機器の通信連携規格のプラットフォームを構築するために、名だたる企業が数多く参加してきています。日本からも、富士通、オムロン、ソニー、シャープなどが入っています。グーグルも同じようなプラットフォームをつくろうとしています。このように、健康・医療情報プラットフォームというのが今世界中でつくられてきています。日本もそれに負けないようにしなければなりません。

また、図7にあるように、再生医療の分野でも、オープンイノベーションの動きが広がりつつあります。政府主導の下で、今まで再生医療にかかわるビジネスを立ち上げてきた企業が集まって規格基準を統一し、それをビジネスにつなげていこうとしています。

さらに、図8にあるような、アカデミアの医工薬オープンイノベーションです。ＳＦ映画で『ミクロの決死圏』というのを見たことがある人がいるかもしれません。これはもともと手塚治虫のアイデアですが、アメリカの映画会社が映画化して大成功したものです。病気を治そうというときに、医者たちが宇宙船に乗り宇宙船ごとすごく小さくなって、血管の中に入っていき、それで病気を治すというものです。

これにヒントを得て、SFを実際にできないかというコンセプトで考えられたのが、「体内病院」です。体の中に病院が組み込まれていれば、どんなに面倒くさがりの人でも診断をしてもらうことができる。治療が必要ならば、自動的に薬が出てくる、そういうことができるだろうということなのです。このようなプロジェクトを、私がプロジェクトリーダーをやって、今、申請しているところです。採択されれば、このプロジェクトは一〇年計画で進みます。これをやるのは、複数の企業と複数の大学、それに神奈川県川崎市です。川崎市が場所を提供してくれて、研究を行っています。

三　異分野融合の進展

今、医療には、異分野からの参入が大変進んでいます。特に目立った動きをしているのは、大学の医療産業への参入です。それが非常に成功しているのはスタンフォード大学です。これに負けないように東京大学も参入してきています。大学にはそれぞれのお家の事情もあります。図9を見てもわかるように、日本の大学の収入は、半分が政府の補助金です。東京大学が法人化された後も、資金の半分が文部科学省から出ているのです。これを改革し、自立した教育研究ができるようにするためには、

図9　大学が「医療産業」に参入

医療のオープンイノベーションの場を提供

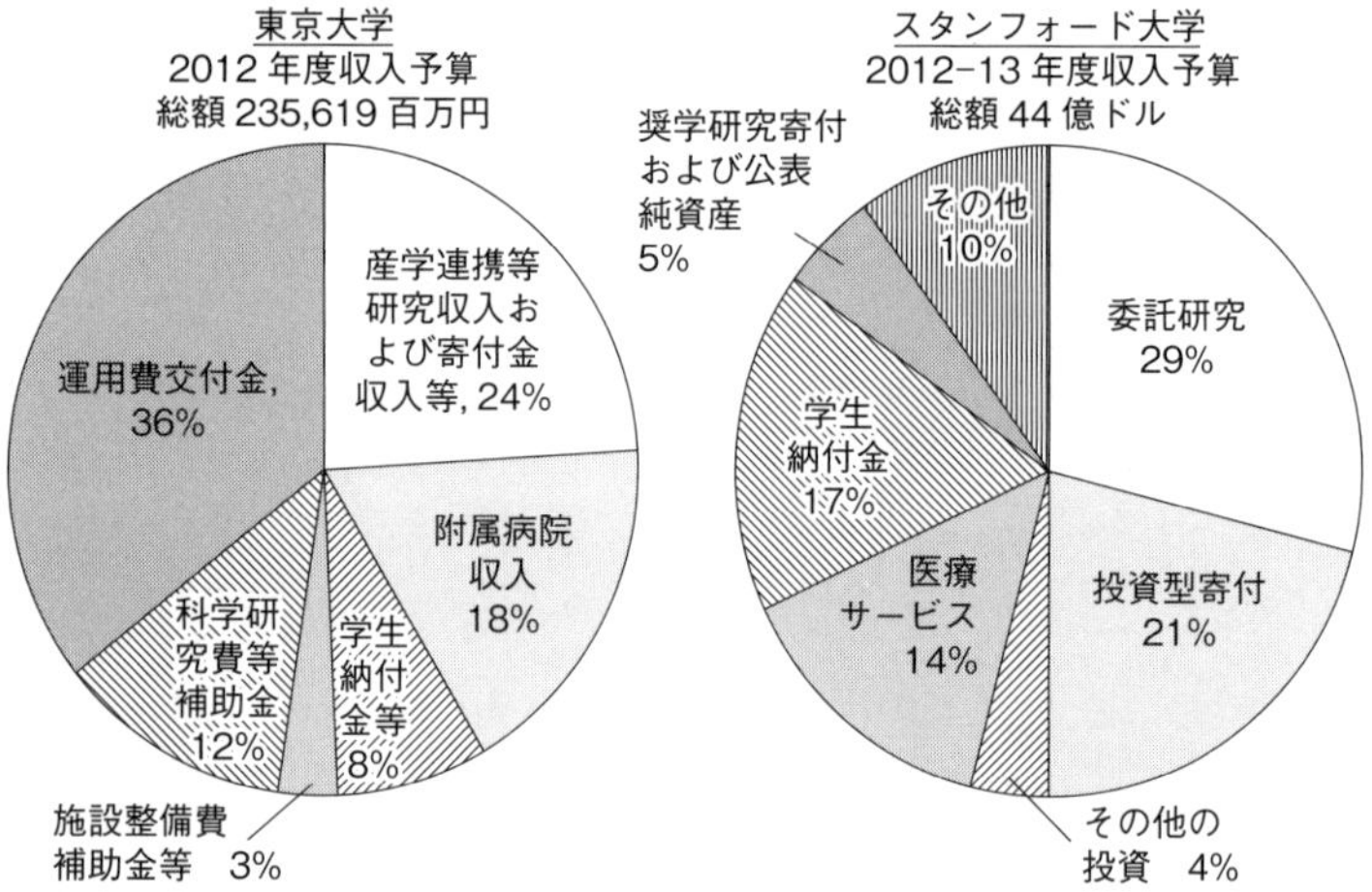

出所：東京大学の概要 2012 Databook 資料編および Stanford University ウェブサイトから作成。

授業料を飛躍的に引き上げるか、病院収入を増加させるか、研究を売るか、この三つの選択肢しかないのです。

　このうち最初の二つはなかなか難しいので、結局、研究を売る、つまり産学連携ということになります。産学連携の対象は、一昔前まではインフォメーションテクノロジーが主流でした。しかし、今は、ほとんどが医療になっています。

　異業種参入で新分野を切り開くということも重要です。ある化学系の会社が、「マイクロニードルアレイ」という技術をつくり出しました。剣山のようにとがったニードルですが、太さも長さも自由に設計できます。しかも、これは生分解性で、体の中に入れたら溶けてなくなります。

　そこで考えた使い道が、ニードルの先にワクチンを塗ることです。ワクチンの溶液の中に針先だけ浸ければ、先端にワクチンがつく。そのワクチンを特殊な乾燥に耐え得るものにして、これをアフリカなどに送れば、ぺたっと貼るだけでワクチンの接種ができます。私たちの研究グループは薬のほうを持っていたので、両者でこういうプロジェクトを始めました。

また、味の素は、アミノ酸に関する全てのことをやりたいと思っている会社です。その味の素が、血液中のアミノ酸の比率を見ると超早期のがんが診断できるかもしれないというアイデアから、ほかの検査では全然引っかかってこなかったがんをある程度の確率で診断できるシステムをつくりました。それがアミノインデックスです。

異業種参入を何例か紹介しましたが、今、究極の医療ビジネスといえば、やはり病院経営です。日本企業による病院経営の試みは、海外を舞台に始まっています。日本では営利目的での病院の開設が厳しく制限されていて、会社にとっては病院経営がしにくいのです。そこで、セコムが二〇一四年三月にインドで病院をオープンしました。セコムに、どうしてインドですかと尋ねたら、株式会社が病院経営をできるからという理由でした。三井物産も、海外の病院を随分買収しています。日本郵船という日本の企業の中でも最も保守的なイメージの会社も、実は病院経営をやっています。

以上のほか、医療産業の再編には、今、金融関係が随分と参入しています。カーライル・グループとかKKRという名前には聞き覚えがおありでしょうか。いずれも買収ファンドです。シオノギ製薬から、カプセル剤の外皮をつくる子会社を買って、三菱ケミカルに売却して、大もうけをしました。

もっとおもしろいのは、ソラストという会社です。ここが日本医療事務センターという会社を買収しました。この会社は、日本で病院の事務を一手に担っている大手二社のうちの一つです。これをカーライル・グループが買収して、経営陣を送り込みました。私のスタンフォード大学留学時代の同級生が、ヘッドハントされてこの会社にトップとして入りました。二年で上場するそうです。

KKRも有名な買収ファンドです。そこがパナソニックの医療部門を買収しました。パナソニックは、医療産業に業務拡大することにはソニーと同じくらい真剣でした。これまで随分と買収を繰り返してやっていましたが、パナソニック本体が今や経営難です。そこで医療部門を売却することになったときに、いくつかの買収ファンドが手を挙げた中で、KKRが買収したのです。KKRはこれから内部を整理した上で、売却をしていく予定です。

四 イノベーションを加速する社会基盤の変化

日本の医療ビジネスにとって、今後、基礎研究、医療産業、医療現場、消費者の四つのファクターが重要だと思います。日本は、どれをとってもすばらしい力を持っています。

基礎研究では、日本は世界一流です。医療産業でも、ものづくりという意味では世界最高峰と言えます。医療現場では、おもてなし、いわゆるホスピタリティで世界一です。消費者としての面で見ると、高齢者の人口では世界で四番目です。しかも、持っている資産は世界で一番です。日本でビジネスをやらなくてどうするのか、と思います。

ただ、医療というのは究極のローカル産業です。では、世界に通用する総合的なサービスをどうやったら提供できるのか。和食が世界遺産に登録されたからといって喜んでいる場合ではありません。

医療産業をビジネスとして成功させなければなりません。

官庁も、今、そのための体制づくりをしています。安倍政権肝いりの日本版ＮＩＨ（米国国立衛生研究所）という組織が、課題解決型研究を集中的に支援できるように、つくられようとしています。これによって、文部科学省、厚生労働省、経済産業省、総務省の各省に縦割りにされている研究費あるいは研究振興活動を一本にまとめて、効率よく行うことを目指しています。各省庁は、それぞれ自分の分野でイノベーションを起こすような体制づくりをすると同時に、官邸主導でＮＩＨをつくり、両者の合わせ技で日本の発信力を高めていこうというのが、成長戦略の大きな柱になっています。

それから、特区構想というのもあちらこちらで行われています。そのうちの一つが京浜臨海部ライフイノベーション国際戦略総合特区という、神奈川県川崎市と横浜市からなる地域です。羽田空港をハブとして京浜工業地帯の再生を図るものです。その中でも今一番注目されているのが、殿町という、多摩川を挟んで、羽田の国際ターミナルの対岸にある地域です。ここを医療センターにしようという構想があり、さまざまな施設が移転してくる計画になっています。先ほど言った体内病院を研究するセンターもここにつくることになりました。私もそこに移転するかもしれません。

地方も頑張っています。先ほど紹介したアミノインデックスは、鳥取県の平井伸治知事がすごく有望視していて、県民の健康・医療に生かしていく計画で、今や国のモデル地域になっています。医療データとアミノインデックスを組み合わせてやっていこうとしています。鳥取県は小さいので、まずここで成功させて、それから全世界に持っていくという戦略のようです。

オリンピック、パラリンピックも何かの機会になるかもしれません。東京のブランド病院の一つである聖路加病院は、ご存じのとおり、一〇〇歳を越える日野原重明先生が院長です。ここは産院としても非常に有名です。この産院で赤ちゃんを産むと一生涯健康管理をしてもらえるので、妊婦さんはまず間違いなく自分の産んだ子供たちのデータ管理を聖路加病院に頼みます。そこで聖路加病院では、そういう新しい医療ビジネスモデルをつくることができるのではないかと考えています。しかも、病院がたまたまオリンピックの競技会場地域のど真ん中にあるので、この機会をとらえてやっていきたいようです。

イノベーションを創出するためには投資基盤も必要です。日本にはベンチャー企業が少なかったと言われてきましたが、それを増やそうということで、経済産業省が官製ファンドをつくろうとしていて、内閣府も官製ファンドを主導しようとしています。さらに、民間のベンチャーキャピタルファンドも動員されて、文部科学省とのコラボで、大学発のベンチャーを新たに育てる案件が急に増えてきています。私がやっているベンチャーキャピタルファンド、ファストトラックイニシアティブも文部科学省に選ばれて、今、大学のベンチャービジネスを育成するお手伝いをさせていただいています。

五　健康・医療産業での新産業創出

ベンチャー企業の経営と資金調達のお話をしましょう。ベンチャーキャピタルをやっている立場から見ますと、現在は、「アベノミクス万歳」と言いたくなる状況です。アベノミクスのおかげで、バイオベンチャーは、一〇カ月（二〇一二年一月～一〇月）で五〇〇億円もの資金調達ができています。

図10　ベンチャー企業の株価変動

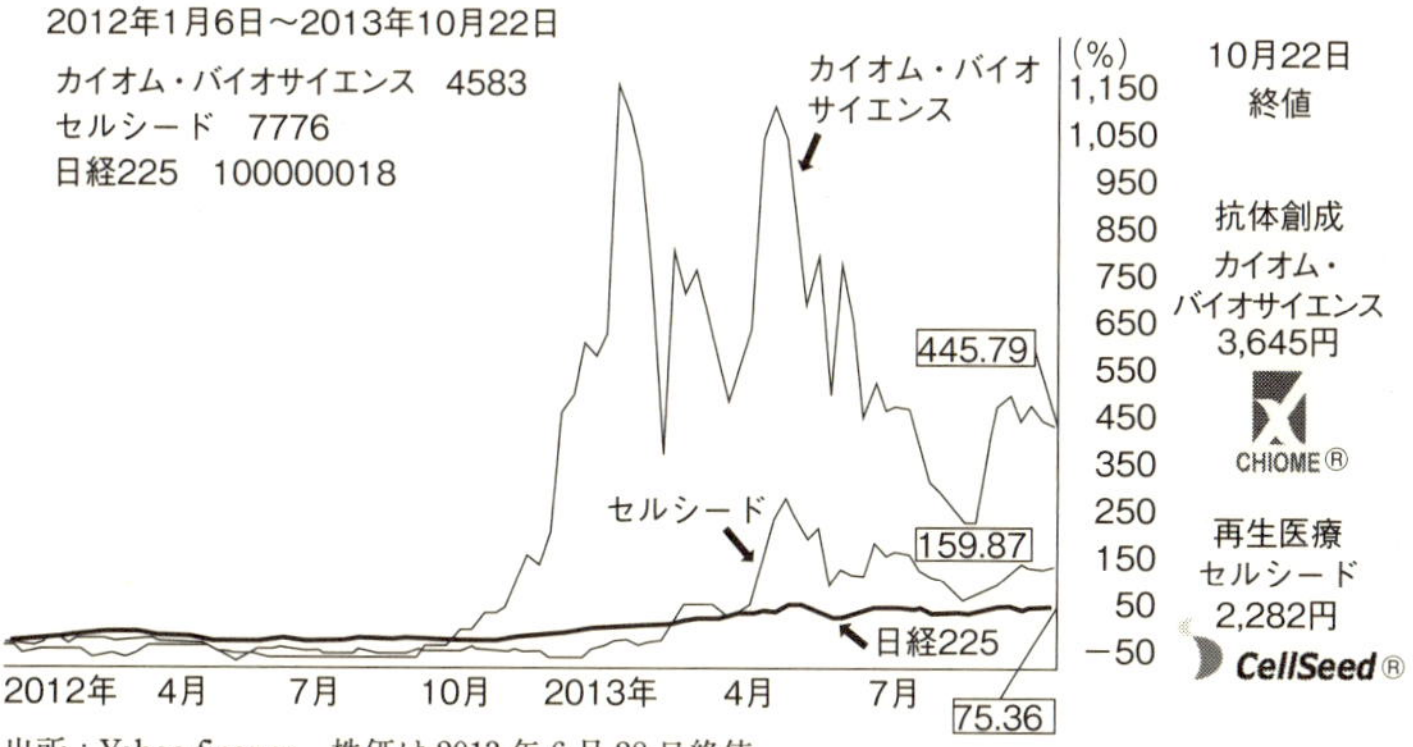

出所：Yahoo finance、株価は2013年6月28日終値。

今までこんなことはありませんでした。これまでバイオベンチャーは、ほとんどが死に体だったビジネスです。それが、資金が流入してきたことで元気百倍になったという感じです。

図10を見ると、バイオベンチャーの株価は二〇一二年一〇月頃から急上昇を示し、現在に至っています。特に、図の上部で激しく変動している線は、カイオム・バイオサイエンスという会社の株価です。その下の線が、セルシードの株価です。最も下のなだらかな線が日経二二五です。安倍政権に入って株価は全体的に上がり、ベンチャー企業の株価はさらに敏感に反応しています。このことには、二つの要因が重なったようです。まず二〇一二年の一〇月八日に山中先生のノーベル賞受賞が発表されて、株価が上昇しました。その後、株価に火をつけたのがアベノミクスです。

今の大学の研究者は助成金に依存しています。しかし、助成金というのはせいぜい一年に一億円とか二億円で、超大型と言われているものでも五年で三〇億円、一年あたり五億円です。前述の産学連携のようなプロジェクトの場合、大きなグループでは一〇年間で一〇〇億円、一年あたり一〇億円の予算になりますが、一人ひとりに入ってくるのはそんなに大きくはありません。だから、何かやりたいと思ったら、企業からの投資を受け入れるか、銀行からの融資を受けることを考えるべきです。

それでは、ベンチャーの成功とは何か。先ほど私は、ベンチャーが成功したような口ぶりをしましたが、これは投資家として成功したという意味です。一億円投資をして、一〇〇億円になったとしたら、それは投資家としては成功です。しかし、まだ製品が出たわけではありません。製品が出なければ、患者さんにとっては意味がありません。また、株主は経営者と対立することがしばしばです。私はベンチャー企業に投資をして、社長を何回首にしたことでしょうか。ベンチャーの成功と言うときに、それが誰の立場に立っての成功なのかをよく考える必要があります。

六　健康・医療産業を興す人材イノベーション

最後に、人材について触れましょう。医療産業にかかわる人材には、いろいろな立場の人がいます。政府、自然科学者、社会科学者、産業界、弁護士、会計士など様々の立場があり、それぞれが力を合わせてやっているのです。新しい医療産業をつくろうとしたときに、これらさまざまな立場の人たちが同じぐらいの歩調で発展していかないと、産業としては成り立たないのです。どれか一つが欠けてもアウトです。その意味では、成熟社会だけが発展させられる産業なのです。したがって、日本には非常にチャンスがあると思いますが、問題はこれをどうやって進めていくかということです。

一つ重要なことは、現代はネットワーク社会だという認識です。二〇一二年にNHKで放映された『スーパープレゼンテーション』という番組を見て非常にびっくりしました。「When ideas have sex」と題された回があったのです。新しい科学技術の社会は、いろいろな知恵を寄せ集めて初めて新製品ができます。ここで sex と言っているのは、いろいろなアイデアが交わるという意味なのです。それが非常に重要だということを言われました。私はなるほどと思いました。

「Heterogeneous（異質）な個のネットワークの中からイノベーションは誕生する」という言い方もします。しかし、Heterogeneous な人たちが一〇〇万人集まっていても、縦割りでコミュニケーションがとられず、ネットワークもなかったらだめなのです。

では、イノベーションを生むブレイン、要するに一人ひとりが脳細胞だと思ったとき、それらのネットワーク、バーチャルブレインはどうやってできるのでしょうか。

まず、一人ひとりは、ちゃんとした専門を持つと同時に、いろいろな幅広いのりしろを持つことが必要です。リテラシーがあるとか、multi-disciplinary（複数の専門領域にわたること）であるとか、人と話すことができるとか、こういうものが必要でしょう。専門ばかではだめ、タコつぼに入ってもだめです。

一昔前に比べたら、今は、個人間のネットワーク形成が爆発的に早くなっています。ツールも、SNSなど、いくらでもあります。また、「場」としては、特区だとか、メディカルクラスターだとかが考えられます。これらを活用して、シリコンバレーみたいなものをつくることが可能です。そして、機会にしても、フェイス・ツー・フェイスの機会をたくさん提供することができます。

他方、イノベーションを生む多様性を阻害する要因というのは、社会にはたくさんあります。それをどうやって壊すのか。縦割り社会というのは、阻害要因の代表例です。このほか、阻害要因としては、過剰規制、身分差別、女性軽視といったものが挙げられます。また、沈黙というのも、ネットワークをつくらないという意味で阻害要因です。こういったものを壊していくことが、イノベーションを生む社会をつくるということです。

したがって、皆さんは、まず自分の専門を極めるということも大事ですが、もう一つは、他の専門の人と話すことができるようなスキル、マインドを持つこと、人の話を聞いてなるほどと思う機会を増やすことが大事です。このことは全てのイノベーションにとって重要ですが、医療イノベーションにとってもそれしかないということを、知っていただければと思います。

最後に、そういう教育を意図的にやっているところがあることを指摘しておきましょう。東京大学だと柏キャンパスというところが一生懸命に融合教育ということをやっています。慶應義塾大学ではSFCです。また、スタンフォード大学には、医療機器についてはバイオデザインという教育プログラムがあり、医薬ではSPARKというプログラムがあります。今度、このプログラムを日本にも取り入れます。複数の大学がこれを輸入しますが、私は東京大学の責任者になっています。

また、東京大学の取り組みとしては、未来医療研究人材養成というものがあります。文部科学省の補助金を使って人も採用できることになりました。これを通じて、専門知識プラス、マネージメント力あるいはリーダーシップのある人材を育てていきたいと思っています。

（二〇一三年一〇月二五日）

第五章　環境・リサイクル・エネルギー技術で世界に貢献を

大下　元
（ＪＦＥエンジニアリング）

はじめに

まず自己紹介をします。私はＪＦＥエンジニアリングという会社で、都市環境本部の副本部長をやっております。都市環境本部はいろいろなことをやっていますが、その中で私が主に担当しておりますのは、リサイクル分野、バイオマス発電分野、それにアクアと呼んでいる上下水道の分野です。大学を卒業した後、日本鋼管（当時）という、製鉄・造船・エンジニアリングを中心とする会社に入社しまして、新入社員のときは六年間、造船所で仕事をしました。その後、電力会社にプラントをおさめる営業の仕事を一〇年ぐらいやり、それから企画部門等のいろいろな仕事を経て、現在こういう仕事をやっております。

簡単にＪＦＥという会社の説明をしておきましょう。もともとは、日本鋼管（ＮＫＫ）と川崎製鉄という二つの製鉄会社が二〇〇三年に合併してできた会社です。実は私は、その合併のときの仕事をいろいろやっていたのですが、当時は世紀の大合併と言われました。資本金一兆五、〇〇〇億円同士ぐらいの合併でしたが、なかなか絵に描いたようにはいかなかったと記憶しています。経営統合してちょうど一〇年たちましたが、今は非常にうまくいっているほうではないかと思っています。

合併会社の事業のメーンがいずれも鉄鋼事業でしたから、それぞれの持っていたエンジニアリング事業、プラント事業を再編して、ＪＦＥエンジニアリングという会社をつくりました。我が社の事業領域の特徴ですが、今年の売上高予想は約三、〇〇〇億円のうち、半分が環境分野と自然エネルギー分野の売上となっております。そういう意味では非常に特徴のある会社ではないかと思っています。エネルギー／パイプライン分野も手掛けていますが、これは主に最近話題のＬＮＧ（液化天然ガス）です。この他に、橋梁などの鋼構造分野や、産業機械分野もあります。

グループには造船事業もありましたが、最初はＮＫＫと日立造船で統合し、二〇一二年からはＩＨＩの造船部門も加え、今はジャパン マリンユナイテッドという会社になっています。日本の企業でも最近は統合再編が盛んに行われていますが、そういう意味では割とドラマチックな統合再編を繰り返してきたグループではないかと思っています。

図表1　技術の変遷

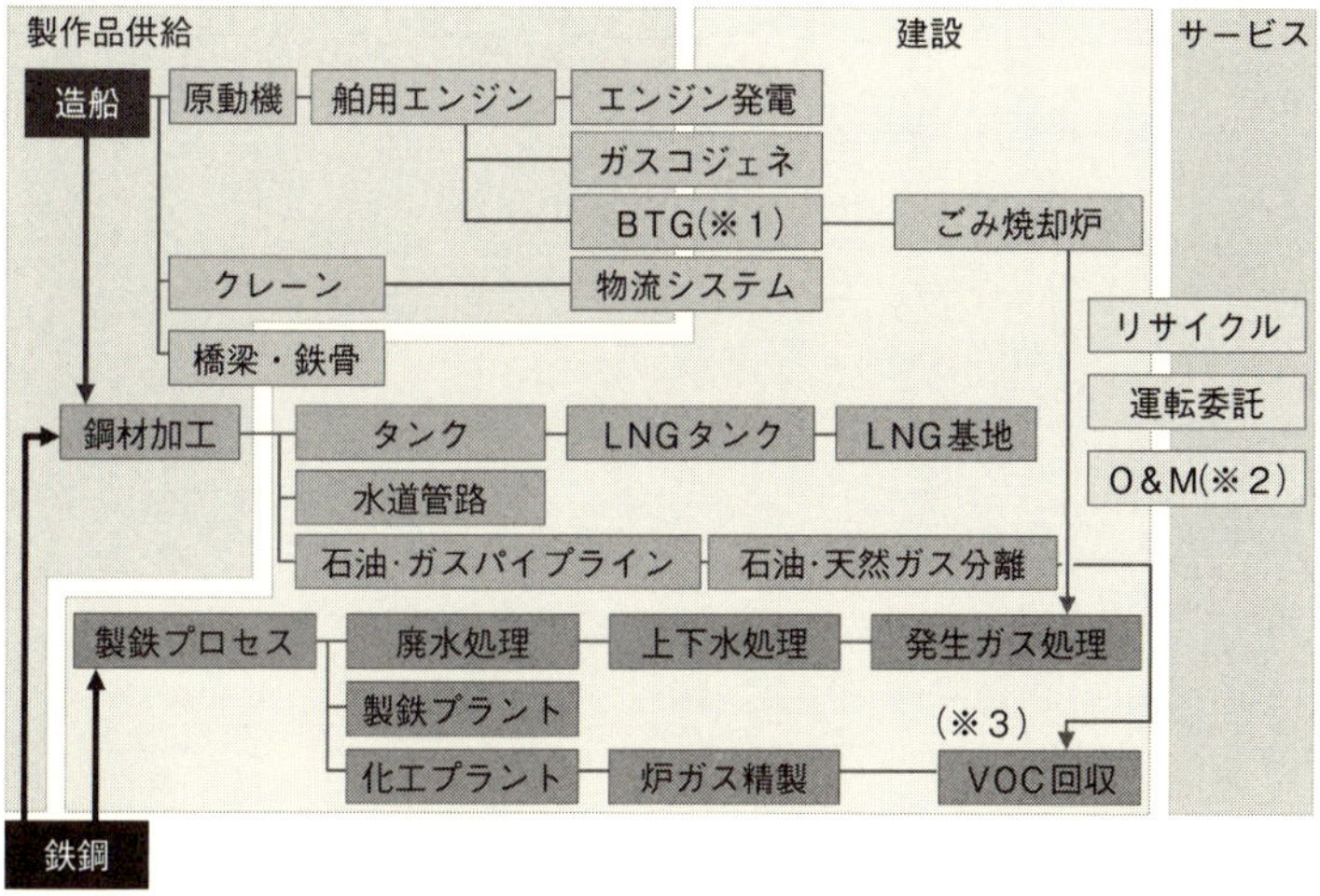

※1　BTG はボイラータービン発電の略。
※2　O & M はオペレーション&メンテナンスの略。
※3　VOC は揮発性有機化合物（Volatile Organic Compounds）の略。
出所：筆者作成。

一　技術の変遷

今ある技術がどこから発生してきたのかということを示した技術マップのようなものを考えてみますと、図表1にありますように、もともと造船という技術と鉄鋼という技術がありました。この二つの技術がそれぞれ発展を遂げ、融合されて、現在の環境分野を中心とする私たちの会社ができたと言えます。

船というのは非常にオールドファッションな商品だと思われがちですが、船の中にはエンジンがあり、発電のためのタービンがあり、クレーンもある。実はごみ焼却炉というのはそういう技術の複合体としてできています。ですから、ごみ焼却炉をメーンでやっている会社は、多くは造船をやっていた会社です。

　他方、鉄鋼はまさに鋼材を生み出すわけですが、そこからタンクをつくります。そのタンクも、単なる石油のタンクからＬＮＧのタンクに移ってきています。ＬＮＧの温度はマイナス一六二度ですから、普通の石油をためるタンクと違いまして非常に特殊な技術を必要とします。それから、鋼材からパイプもつくりますので、石油・ガスのパイプラインも手掛けています。今は石油のパイプラインの新設はほとんどなく、ほとんどが天然ガスのパイプラインに置きかわっています。

　製鉄所で鉄鋼をつくるプロセスでも、いろいろな技術が生まれました。一つは、製鉄プラントという巨大なプラントをつくるノウハウがあります。それから、出てきた水をどうするかという技術もあります。それに、ガスが非常に出るので、その出てきたガスをどう処理するのかという技術も持っています。後述しますが、実はこの高温の発生ガスの処理技術が、ごみ焼却炉に適用されているのです。

　そして、このごみの技術と様々な処理技術をあわせて、新たに二〇〇〇年から本格的に始めた事業が、リサイクルです。日本ではリサイクルが発達しており、世界のトッププレーヤーであるようなことが言われますが、実は歴史はまだ一〇年ちょっとしかないのです。リサイクルに関してはドイツが先進国で、当初、日本のリサイクル施設に入れた機械のほとんどはドイツ製でした。もっとも今はもうほとんどが日本製に置きかわりつつあります。

　ここで申し上げたいのは、いろいろな事業展開を行うときに、やはり基礎となる技術が必要だということです。しかも、全く違う分野の技術を持ってくるのではなく、もともとあったオリジナルな技術を応用しながら進めていくというのが、企業にとっては非常に重要です。もちろん、廃れていった技術や手をつけなかった商品もありますが、辛うじて今まで残ってこられたのは、そういった技術を自社で保有していたからではないかと思っています。

二　自然エネルギー分野

自然エネルギー分野では、固定価格買取制度（ＦＩＴ）が始まる前から、バイオマス発電や地熱発電、風力発電に、細々ながら取り組んでいました。なぜ細々だったかといいますと、昔の制度では、結局は電力会社に買ってもらうしかなく、一キロワット時当たり九円ぐらいでしか買ってもらえなかったのです。つまり事業採算が成り立たない状態だったのです。

ところが今は、どんどん下がってきてはいますが太陽光だと、三七円くらいで買ってもらえます。地熱発電に至っては四二円で、バイオマス発電でも二四円、風力発電は二十数円です。今まで九円でしか売れなかったものが一気に二十数円台で売れるようになったわけです。そうなると、設備投資をしても事業としてペイできるようになるので、にわかに脚光を浴びてきたのです。

では、そのお金は一体誰が負担しているのかということになりますが、それは皆さんが負担しているのです。皆さんが電気をどれぐらい使っているかわかりませんけれども、自然エネルギーの買取価格が今まで九円だったのが二四円ということになると、プラス一五円になるわけですが、その差額は国民の皆さんから一キロワット当たりプラス〇・三五円で徴収されているのです。電力料金の請求書を見るとわかります。つまり、国民の皆さんが広く薄く負担することでこの制度が成り立っているのです。ただし、太陽光はつくり過ぎてしまっており、四二円というのは余りにも高過ぎます。これは恐らくあと一～二年で下がっていくと思います。

(1) バイオマス発電

最近、バイオマス発電という言葉をよくお聞きになると思います。バイオマスというのは、木くずとかPKSのことです。PKSとはパーム・カーネル・シェルの頭文字で、ヤシ殻のことです。インドネシアやマレーシアではパーム油がよくつくられていますが、ヤシ殻はほとんど捨てられています。ところが、そのヤシ殻は、石炭ほどではないにしても、石炭に近い発熱量を有しており、それを活用して発電しようという動きが広がっているのです。今では廃プラスチックなども使うようになっています。特に、FITが始まってから増加しており、最近でも、昭和シェル石油が日本最大のバイオマス発電を計画し、その仕事を受注することになりました。石油会社までもがこういった分野に乗り出すということでもわかるように、日本の産業界全体がバイオマス発電に目を向け始めているのです。

(2) 地熱発電

地熱発電を見たことはまずないと思いますが、約五〇年前の一九六六年に、岩手県の松川に日本最初の地熱発電所が建設されました。しかし、それ以降は、前述したように電気が高く売れなかったので、プロジェクトが進みませんでした。この一〇年間、地熱発電所の新設はゼロでした。ところが、地熱が一キロワット時当たり四二円で売れることになって、今では、続々と新しい地熱のプロジェクトが出てきています。

ただ、地熱というのは掘ってみないとわからないところがあります。温泉を掘るのと同じで、二、〇〇〇メートル掘るのに七～八億円はかかります。それでも、蒸気がうまく出てくればいいのですが、失敗したらそのお金が全部吹っ飛んでしまうというようなところもあって、非常にリスキーなのです。しかし、今は、失敗すると日本政府の補助もあるということで、新規プロジェクトが増えてきています。

実は地熱の熱力保有では日本は世界で第三位です。第一位がインドネシア、第二位がアメリカです。しかし、現在は、その保有している熱量の一％ぐらいしか使っていません。理論的に言えば、残り全部を使うと原発一〇基分ぐらいの発電量はあるのです。このように、非常に特殊なものではありますが、長い目で見たとき、こういうことも地道にやっていかなければいけないのではないかと考えています。

(3)　太陽光発電

太陽光発電についても、私たちは、やれる分だけはやろうとしています。中心となるのはメガソーラーと呼ばれるもので、主にはお客さんからつくってくれと言われたものをやるわけですが、ＪＦＥグループでも各所に遊休地があります。土地というものは、大体はちゃんと売れるのですが、地方にある大規模な土地を買ってくれる人はなかなかいません。そういう遊休地の八カ所ほどに、現在、約四〇メガワット分のメガソーラーを建設しています。

固定買取価格が最初は四二円だったということもあって、太陽光発電には、いろいろな金融ファンドが権利だけを獲得するために名乗りをあげてきました。ところが、なかなか建設ができないということで、実際に着手されているところは非常に少ないというのが現実です。そこで、その権利が売買されるようになり、いわば金融商品のような取引になっています。恐らく投資に対してはリターンが六%か七%ぐらいあるのでしょうか。こうなると、変なところに預けるよりもいいということになって、今は、アメリカのファンドも中国のファンドも入ってきて、数百億単位の投資が行われています。これを見て我々は、自ら事業をするのは現計画の一〇〇億円ぐらいの投資でいいという感じになっています。

三　環境分野

環境分野と一言で言っても、非常に幅が広い分野です。皆さんに一番なじみがあるものとしては、都市のごみ焼却炉があります。他方、恐らくなじみがないと思われるのは、上下水処理です。実は下水処理場から大量の廃棄物が出ているのです。それから、これはリサイクルの一環として、生ごみ消化ガス発電というのがあり、ペットボトルなどのリサイクルもあります。私たちが取り組んでいる環境分野の仕事は、こういったものから成り立っているのです。

(1) ごみ焼却と下水処理

まずごみ焼却炉ですが、私たちは、この三〇年間ぐらいに、日本各地に一五一の工場を建設しました。焼却炉には、いろいろなタイプがありますが、それらを全国に展開しています。

それから下水処理です。下水というのは皆さんの家庭から出てくる排水です。それが下水の管路を通じて下水処理場に来ます。それをそのまま海に流すわけにはいかないので、下水処理場で非常に高度な処理をしております。下水のタンクの中では、上は水ですが、下には汚泥がたまっています。これは排泄物などを中心とするものですが、これが大変な量あります。そこで、その泥から発生するガスを使って発電するとか、その泥を使って燃料にするとか、いずれにしても汚泥の有効活用をするという、目立たないが、非常に重要な分野があります。

ごみの焼却とか発電については、海外でも事業を展開しています。中国では、もともとごみ焼却炉みたいなものはほとんどありませんでしたが、この五年間で急速に拡大しています。私たちは青島と上海で仕事をしていますが、いずれも順調に稼働しています。最近では、ローマでプラントを受注しました。イタリアでもローマはまだいいのですが、ナポリになるとごみが町中に散乱しているような状態です。そのごみを、イタリアでは今までほとんど埋め立て処理していました。ところが、埋立処分場がだんだんなくなってきてしまったので、イタリアは、今、ごみをヨーロッパの他の国に金を払って引き取ってもらっています。そのくらいごみの問題が大きくなっていますので、とにかくごみを処理する設備をつくろうという機運が急速に盛り上がっています。

東南アジアの中では、台湾、タイといった比較的経済成長が進んでいる国ではごみの焼却炉の建設が進んでいますが、それ以外のところでは、まさにこれからという感じです。

(2) 生ごみバイオガス発電

次に、生ごみバイオガス発電です。今、皆さんが出すごみの中で一番リサイクルされていないのが食品系です。わかりやすい例で言うと、例えばコンビニで弁当が期限切れになった、スーパーで食料品の賞味期限が切れた、という場合、そういった食品は、基本的に今まではほとんど埋め立てか燃やすだけという状況でした。食品リサイクル法というのがありますが、今、食品はリサイクル率が一番低い状態にあります。私たちは自分の家庭では余り生ごみを出さなくなりましたが、実は膨大な生ごみをスーパー、コンビニ、食堂から出しているというのが現状なのです。

これに対して新潟県長岡市が非常に先進的な取り組みをしています。ごみを発酵させて、そこから出てくるメタンガスを発電に使うために、思い切って施設を建設し、二〇一三年の七月から稼働させています。小さいものは全国にもありますが、一日六五トンを処理することのできる生ごみバイオガス発電施設というのは、日本でも最大級です。

実は、中国でも、レストランごみを使った同じようなバイオガス化プロジェクトが、計画されています。これは日量二〇〇トンですから、長岡市の約三倍あります。中国へ行ったことがある方はおわかりかと思いますが、中国のレストランではテーブルに溢れんばかりの量を注文します。大体は食べ切れないので、持って帰る人もいますが、ほとんどがごみになってしまいます。中国の遼寧省は、これではいけないということで、これは日本よりある意味進んだ考え方ですが、レストランのごみを回収して、ガス化して、発電するということを考えたのです。

食品は、リサイクルするといったら、今までは堆肥にするか肥料にするかしかなかったのですが、例えばお弁当なんかには醤油が入っています。塩分がいっぱい入っていると肥料としては価値がなくなってしまうのです。そういう意味で、実際問題としては余り有効活用されていなかったのですが、中国は、日本より進んだ意識をもってこの問題に取り組もうとしています。この施設は二〇一五年には完成します。

四　リサイクル事業

それでは、本題のリサイクル事業についてお話ししたいと思います。

皆さん、リサイクルと言われて、何を思いつくでしょうか。ビール瓶がリユースされているとか、鉄のスクラップがリサイクルされているとかではないかと思いますが、実は、リサイクルには、非常に多くの種類があるのです。

まず我が社が何をやっているかということから紹介しましょう。私たちの製鉄所にはリサイクル工場が併設されています。例えば、川崎に京浜製鉄所というのがありますが、そこにはプラスチックを高炉の原料にする工場がありますし、ペットボトルをリサイクルする工場もあります。また、家電をリサイクルする工場もあります。さらに、すぐ近くには、どうしてもリサイクルできないものを燃やして発電する施設があります。

広島県福山市にも製鉄所があるのですけれども、同じように、プラスチックを高炉の原料にする工場があります。鉄をつくるときにコークスというものが必要で、コークスと鉄鉱石を反応させて鉄分を取り出すのですが、そのコークスのかわりにプラスチックが似たような働きをするということで、それを高炉に入れて使っています。これは、日本では私たちと新日本製鐵だけがやっていることです。今、中国がこれに非常に関心を示していて、恐らく近いうちにそれを導入するだろうと思っています。

これらを中心に、割とまんべんなくやっています。やっていないのは自動車リサイクルぐらいです。自動車も、九〇%ぐらいはリサイクルされ、使わないごみは残りの一〇%ぐらいです。自動車はリサイクル率が非常に高い製品です。

(1) 日本における廃棄物とリサイクル

日本で一体、廃棄物はどれだけ出ているのかおわかりでしょうか。そしてどれだけがリサイクルされているのか、ご存知でしょうか。

図表2にありますように、廃棄物には一般廃棄物と産業廃棄物があります。一般廃棄物とは、基本的には家庭から出るごみですが、この他に大学とかオフィスから出るごみもあります。産業廃棄物というのは、工場や建設現場から出てくるものです。呼び方を分けているのは、処分法を定めた法律が違ったり、取り扱い業者の免許が違ったりするからで、日本の場合は非常に厳格に分けられています。

日本全体では、一年間に、いわゆるごみと言われるものは四億三、六〇〇万トン出ます。人口が今

図表2　日本における廃棄物はどうなっているのか

	一般廃棄物	産業廃棄物	合計
排出量	4,600万トン	3億9,000万トン	4億3,600万トン
資源化（リサイクル）	900万トン	2億1,000万トン	3億トン
減容化（焼却等）	3,200万トン	1億7,000万トン	2億200万トン
最終処分（埋立等）	500万トン	1,000万トン	1,500万トン

家庭ごみの50％は容器包装プラスチック。
出所：筆者作成。

一億人ぐらいですから、工場の分も含めますと一人当たり五トン弱、四トントラック一台分ぐらいのごみを出している勘定になります。ただ、それは産業廃棄物が多いからで、一般廃棄物は四、六〇〇万トン、このうち家庭から出るごみは大体三、〇〇〇万トンぐらいです。ですから、一般家庭から皆さんが出しているごみを全部合わせると、一年間で三、〇〇〇万トン、日本の人口が一億人だとすると一人平均年間三〇〇キロということになります。ということは、皆さんは、一日約七〇〇～八〇〇グラムぐらいのごみを出している計算です。先進国は大体どこでも一人一日一キロ弱ぐらいを出しています。

　これだけ膨大な量がありながら、実は現状でリサイクルされているのは、このうちの九〇〇万トンだけです。日本の家庭ごみでリサイクルされているのは二〇％ぐらいしかないのです。その他はどうなっているのかというと、減容化しています。容積を減らしているという意味です。例えば一立法メートルのごみがあるとしますと、これを燃やして二〇％ぐらいの容量の灰にしているわけです。

それでもどうしようもないものは、最終処分されます。埋め立てされるのです。都心近郊では余り埋立処分場というのは見ませんが、隠れた山の中などには膨大な埋立処分場があります。

ところで、日本がなぜリサイクルとか減容化に走ったかというと、日本は国土が狭いので、埋立処分場がだんだんなくなっていくという危機感があったからです。今後、年間五〇〇〇万トンずつ埋め立てていきますと、現状の処分場はあと一三年で満杯になります。だから、新たな埋立処分場をどこかにつくらなければいけないことになります。ところが、ごみの埋め立てをする処分場が近くにできることには非常に反対が多く、なかなかできません。

一般廃棄物に比べ、産業廃棄物の方は、結構資源化されています。三億九、〇〇〇万トンのうち二億一、〇〇〇万トンが民間企業等できちんと分別され、再利用されており、どうしようもないものだけが残っています。実はこの産業廃棄物三億九、〇〇〇万トンのうち、約半分が汚泥です。汚泥には、前に言ったいわゆる下水の汚泥もありますけれども、建設工事などに伴って出てくる泥もあります。現状では、日本の汚泥はほとんどが焼却等で減容化され、灰にして埋められています。

全体として見ると、廃棄物のうちで資源化されている量は三億トンということになります。全体としてはリサイクル率が高いように見えるのですが、一般廃棄物に限ってみると非常に低い、二割しかされていないというのが現状です。

先ほど、家庭から出るごみが三、〇〇〇万トンぐらいあると言いました。これは一体何がメーンかと言いますと、皆さんも自分たちでごみを分別しているとわかると思いますが、半分が容器包装プラスチックです。例えばペットボトルや食品のトレーとかがそうですし、カップ麺のビニールなどもそうです。これに対して、紙とか魚の骨とかいったものは圧倒的に減っています。ライフスタイルが変わってきているということも、日本のごみの現状からわかります。

(2)　何のためにリサイクルをするか、コストは誰が負担すべきか

少し観念的な話になりますが、何のためにリサイクルをするのでしょうか。

もともとリサイクルは、環境汚染の防止のために、埋め立てをなるべく減らすことを目的に始まりました。埋立処分場がそのうちなくなってしまうという問題意識を背景に始まったわけです。ところが現在は、枯渇が予想される資源を有効に利用すべきだということが主軸になっています。例えば、最近できた小型家電リサイクル法は、まさに不要品から資源をどう取り出すかという観点でつくられています。

最近はちょっとトーンダウンしていますが、CO_2の削減効果も重要な観点です。数年前までは、リサイクルに関するいろいろな議論の中では、それをやったらCO_2がどれだけ削減できるかということが主流でした。例えば、プラスチックを一トンリサイクルできれば、新しく石油を使ってプラスチックをつくるのに比べてどれだけCO_2が削減できるのか、そのような議論がされていたのです。

ところで、リサイクルのビジネスをしていると、必ず問題になるのが、その費用を誰が負担するのかという問題です。実はリサイクルというのは非常にコストがかかります。あらゆるごみの処理の中で一番安いのは、トラックに詰めて埋立処分場に持っていくことです。わかりやすい例で言いますと、

例えば一般の家庭から出るごみについては、自治体が収集車で集め、これをごみ焼却炉で焼却するということをやっています。しかし、これは、結局、税金を使っているということです。また、消費者が直接負担しているものもあります。わかりやすい例が、家電リサイクルです。家電を処分するときには、家電量販店などに行って、ものによりますが、四、〇〇〇～五、〇〇〇円ぐらいを払って処理してもらいます。その五、〇〇〇円の中には、家電を集めて処理場に持っていく運搬費、それをリサイクルする工場に持っていく運搬費、さらに処理工場でかかるコストなどが含まれています。これは日本特有の、消費者がきちんとまじめに負担している、世界でもまれに見る制度です。

家電リサイクルは、中国の上海でも、ぜひやりましょうという話で盛り上がりました。しかし、費用負担はどうするのかという質問があり、それはもちろん消費者が払うのですよと言うと、それでは中国では絶対できませんということになります。今、中国では、家電をリサイクル工場に持っていくと逆にお金がもらえるのです。空調とか冷蔵庫にはモーターがありますが、モーターには銅が入っていて、それに非常に価値があるので、中国のマーケットでは家電を捨てに行くとお金がもらえるのです。そういう扱いになっているので、お金を払ってまでリサイクルをするなどという発想は全くないのです。

結局コストを誰が負担すべきか、というのは制度の問題なのです。日本がいろいろな技術を海外に輸出しようとしても、技術だけでは勝てない。これは何もリサイクルに限りませんが、結局、制度を伴わないものをやろうとすると、日本の技術を押し売りするだけになってしまうという問題があります。制度が壁になっています。

図表3　日本のリサイクル法

特徴	理念だけでなく、個々の品目単位での法律の制定が大前提

法律	容器包装リサイクル法	家電リサイクル法	食品リサイクル法	建設リサイクル法	自動車リサイクル法
施行	2000年	2001年	2001年	2002年	2005年
対象	ペットボトル・瓶 プラスチック、紙製の容器包装等	テレビ、エアコン、冷蔵庫・冷凍庫、洗濯機・乾燥機	食品残渣	建設廃棄物 （木材、コンクリート、アスファルト他）	自動車
内容	・消費者による分別排出 ・市町村による収集 ・製造、利用業者による再商品化	・消費者による回収、リサイクル費用の負担 ・廃家電を小売店が消費者より引き取り ・製造業者等による再商品化	食品の製造・加工・販売業者が食品廃棄物の再資源化	工事の受注業者が ・建築物の分別解体 ・建設資材等の再資源化	・製造業者等によるシュレッダーダストなどの引き取り・再資源化 ・関連業者等による使用済み自動車の引き取り、引き渡し

補足：2012年に新たに小型電子機器リサイクル法が成立。
出所：環境省『環境白書』各年版。

以上、何のためにリサイクルをするのか、そしてリサイクルのコストは誰が負担するのかという二つの視点は、非常に重要です。リサイクルをやることは一般的にはいいことで、環境にも優しい、と言われるわけですが、実際は、何のために誰が負担してやるのかということをしっかり確定しない限り、飛躍的には伸びていかないと思います。

(3)　日本のリサイクル法

図表3に示したのが、日本のリサイクル法です。制度という話をしましたが、二〇〇〇年前後ぐらいから段階を追ってリサイクル法が整備されてきました。恐らく、このほとんどの制定に慶應義塾大学の細田衛士先生がかかわられていると思います。最初にできたのは容器包装リサイクル法ですが、その一番わかりやすい例はペットボトルです。消費者は

ちゃんと分別し、ペットボトルはペットボトルでまとめて出しなさい、というものです。集めるのは市町村がやりますが、そこからできてきた製品を利用業者はちゃんと再商品化しなさいという内容になっています。

先ほど触れた家電リサイクル法は、二〇〇一年にできました。これは、消費者による費用の負担を明確にしていること、小売店にもちゃんと引き取りなさいということを言っていることに特徴があります。

次は食品リサイクル法です。実はこれが今一番うまくいっていません。引き取り義務とか努力目標があり、例えば食品を製造している工場は四〇%以上リサイクルしなさいという目標が設けられていますが、努力目標なので、現実的にその目標を達成しなくても別に罰則はありません。それだったら捨てた方が安いということになってしまっています。恐らくこれは、見直しが図られるのではないかと思います。

それから、建設リサイクル法ですが、これはまあまあうまくいっています。これから東京オリンピックに向けていろいろなスクラップ・アンド・ビルドが行われると思いますが、恐らく今後一番出てくるのは建設廃棄物です。木材もありますけれども、コンクリートやアスファルトも出てきます。解体工事をする業者はそのリサイクルを、責任をもってやることとなっています。違反すると罰則が厳しいので、これはきちんと守られています。

最後に、自動車リサイクル法です。日本の自動車メーカーはまじめなので、こういう法律ができたらきちんとそれに沿うようにリサイクルの網の目を張り巡らせており、これもうまくいっています。

図表3に補足として書いてありますが、二〇一二年に小型電子機器リサイクル法、いわゆる小型家電リサイクル法が成立し、二〇一三年から施行されました。この法案は、細田先生が座長をされていた審議会で何度も審議された後に決まったものです。家電リサイクル法で対象となっているのは、テレビ、エアコン、冷蔵庫、洗濯機に限られていますが、小型家電リサイクル法では、トースター、ヘアドライヤー、携帯電話などが含まれます。そういった小型家電の中にはレアメタルがいっぱい入っているので、それを集めてリサイクルしていこうというものです。

皆さんも携帯電話を使っていると思いますが、年間何千万台も売れているにもかかわらず、回収されている携帯電話はわずか五〇〇万台ぐらいです。なぜかわかりませんが、皆さんは携帯電話を捨てないのです。しかし、実は携帯電話には微量の金が入っています。微量なので、回収するならば、相当台数が集まらないとペイしません。数を集める仕組みをいかにつくるかということが課題です。

(4) 再資源化

ここで、再資源化について整理しておきましょう。

図表4を見てください。3Rという言葉をよく使いますが、言うまでもなく、これはリデュース・リユース・リサイクルのことです。リサイクルというのは出てしまったごみをリサイクルすることですが、ごみの発生する量を減らせばいいではないかということからリデュースということになります。例えば、皆さんが飲んでいるドリンク類のペットボトルの重量は、以前は一本五〇グラム弱ぐらいでしたが、今は、一番軽いペットボトルで三二グラムになっています。同じ一本のペットボトルなので

図表4　再資源化（マテリアルリサイクルのみではない）

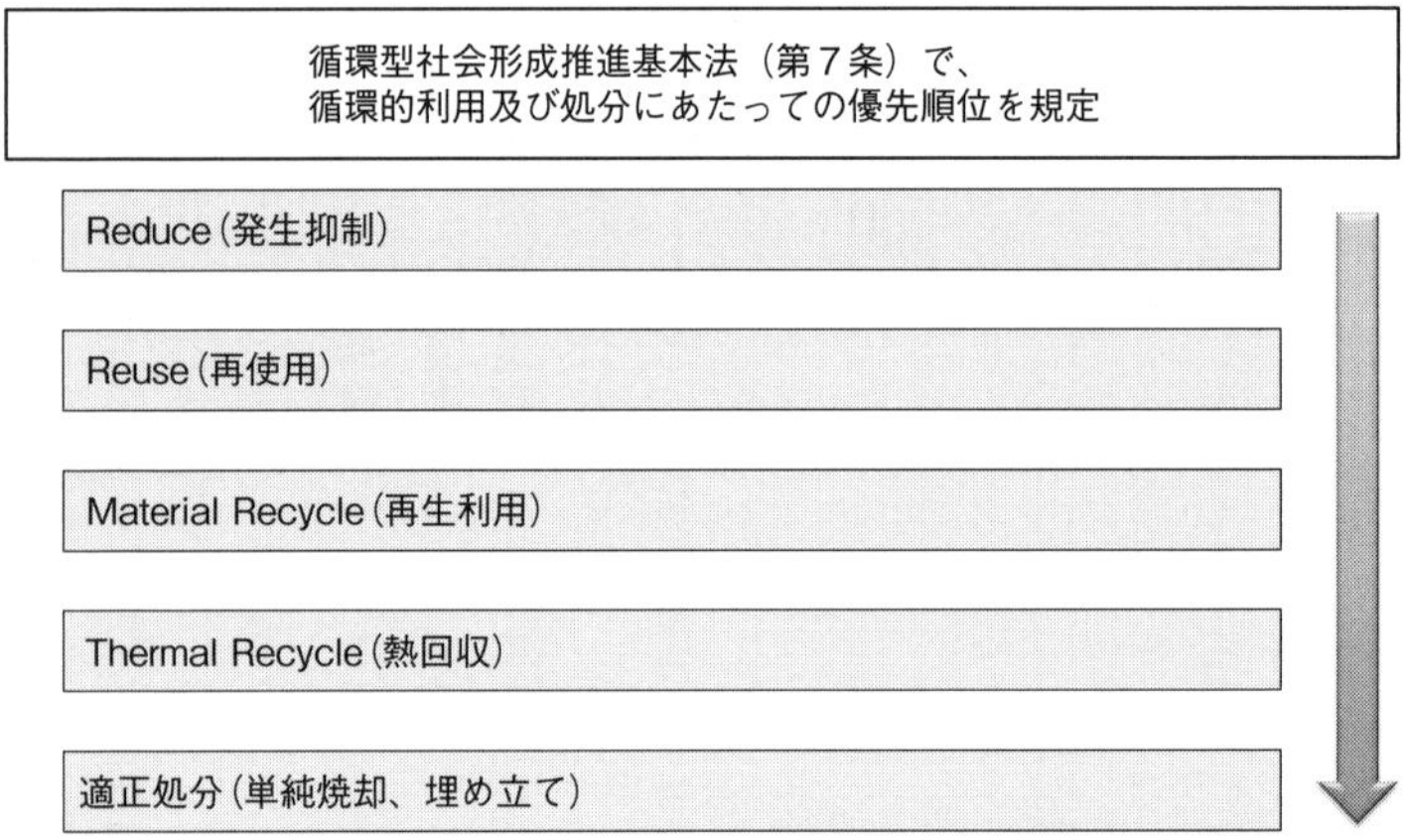

すが、それだけごみの量の発生を抑制しているということです。

皆さんは牛乳を瓶で飲むことは余りないと思いますが、昔の牛乳瓶は非常に重くて、分厚くて、瓶一本が二〇〇グラムぐらいありました。今はパックになっていますが、それだと一二〇グラムぐらいで、半分になっています。この他、発生抑制で一番わかりやすい例が、いわゆるレジ袋の削減です。京都府京都市は先進的に取り組んでいますが、かつては年間三、九二〇万枚のレジ袋が使われていました。それがレジ袋の有料化を実施した結果、今は六五〇万枚に減っています。レジ袋は石油の固まりみたいなものです。皆さんはレジ袋をもらってきても捨てるだけだと思いますが、発生抑制というのは、地道ですが、非常に大事なことなのです。

そしてリユースです。リユースというのは実は余り日本では行われていません。唯一リユースが行われているのはビール瓶ぐらいです。ところが、中国とかヨーロッパでは、自動車部品のリユースはごく一般的です。我々は、自動車が壊れたとき、リユース品を使うのには抵抗感があるので、どうしても新品を買ってしまいます。しかし、中国の自動車リサイクル会社の人と話をすると、日本の自動車リサイクル率は高いというけれども、その前に使えるものがいっぱいあるではないか、というようなことを言われてしまいます。日本人には中古品を使うというのはいま一つ浸透しないようです。

その次がマテリアルリサイクルです。これはリサイクルの中でもわかりやすい例です。例えば飲料のスチール缶とかアルミ缶がありますが、あれはほぼ九割方回収されています。自販機の横には缶置き場もあるし、ポイ捨てする人は余りいないので、九割方は鉄とアルミに戻っているという意味で、マテリアルリサイクルはちゃんと行われています。

サーマルリサイクルというのもありますが、これはマテリアル、つまり物としては再生できない、あとは燃やすしかないというようなものに関するリサイクルです。ただ燃やすだけではなくて、燃やしたものから電気を起こそうではないかということです。サーマルリサイクルでは、もうどうしようもないものは、とにかく燃やして、エネルギーに変えるべきではないかと考えております。

それもできないとなると、最後の手段は、単純に燃やし、埋立処分場に捨てるということになります。

実は循環型社会形成推進基本法という法律には、ご丁寧に以上のような優先順位が書いてあります。これは私もその通りではないかと思っています。

それに対して、我が社はどう対応しているかを示したのが、図表5です。廃家電とか建設廃棄物、家庭ごみ、下水汚泥といったいろいろな廃棄物が出てきたとき、まずこれを収集・運搬するというこ

図表５　JFE エンジニアリングのリサイクルに対する考え方

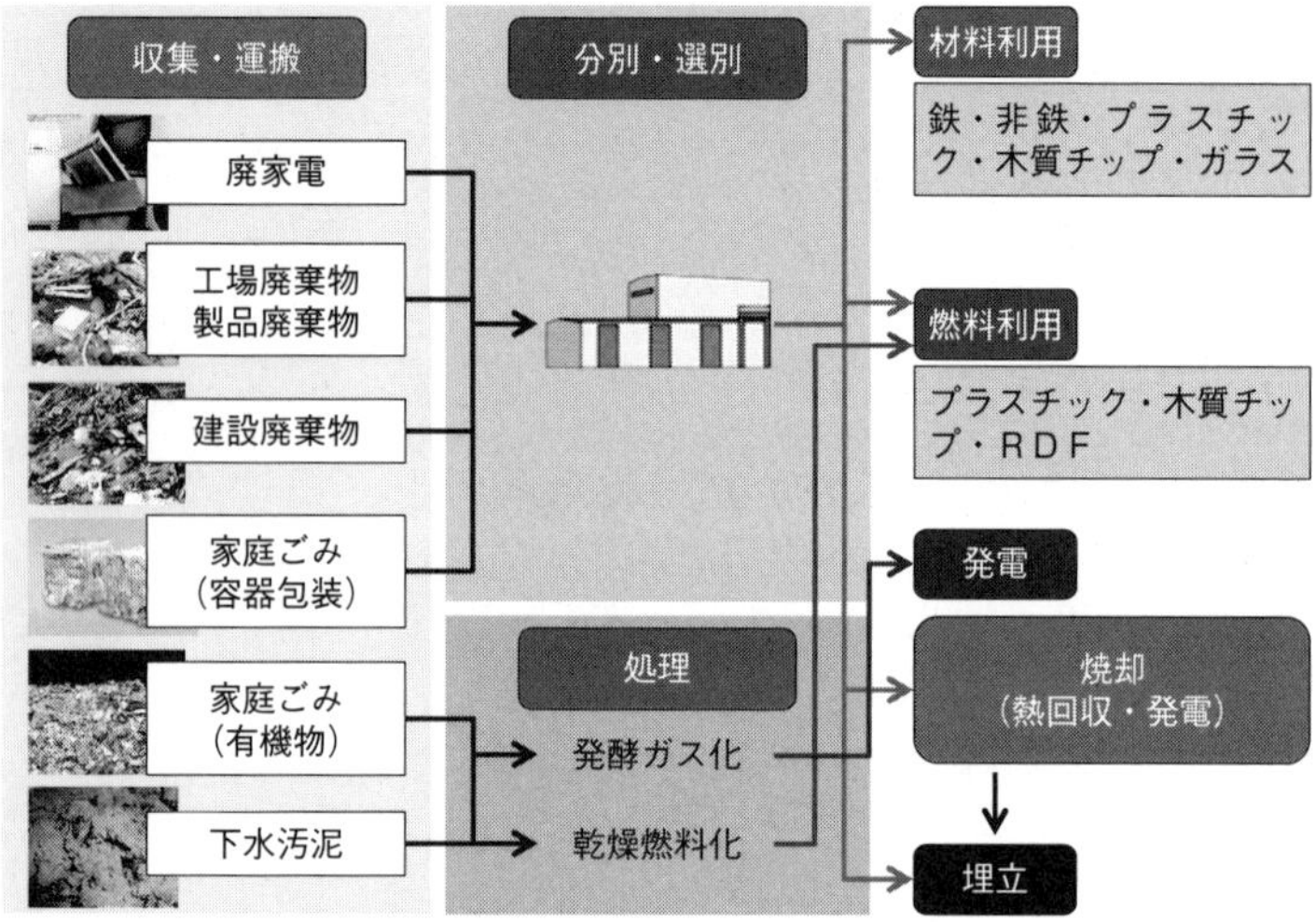

図表６　使用済みプラスチックの行方

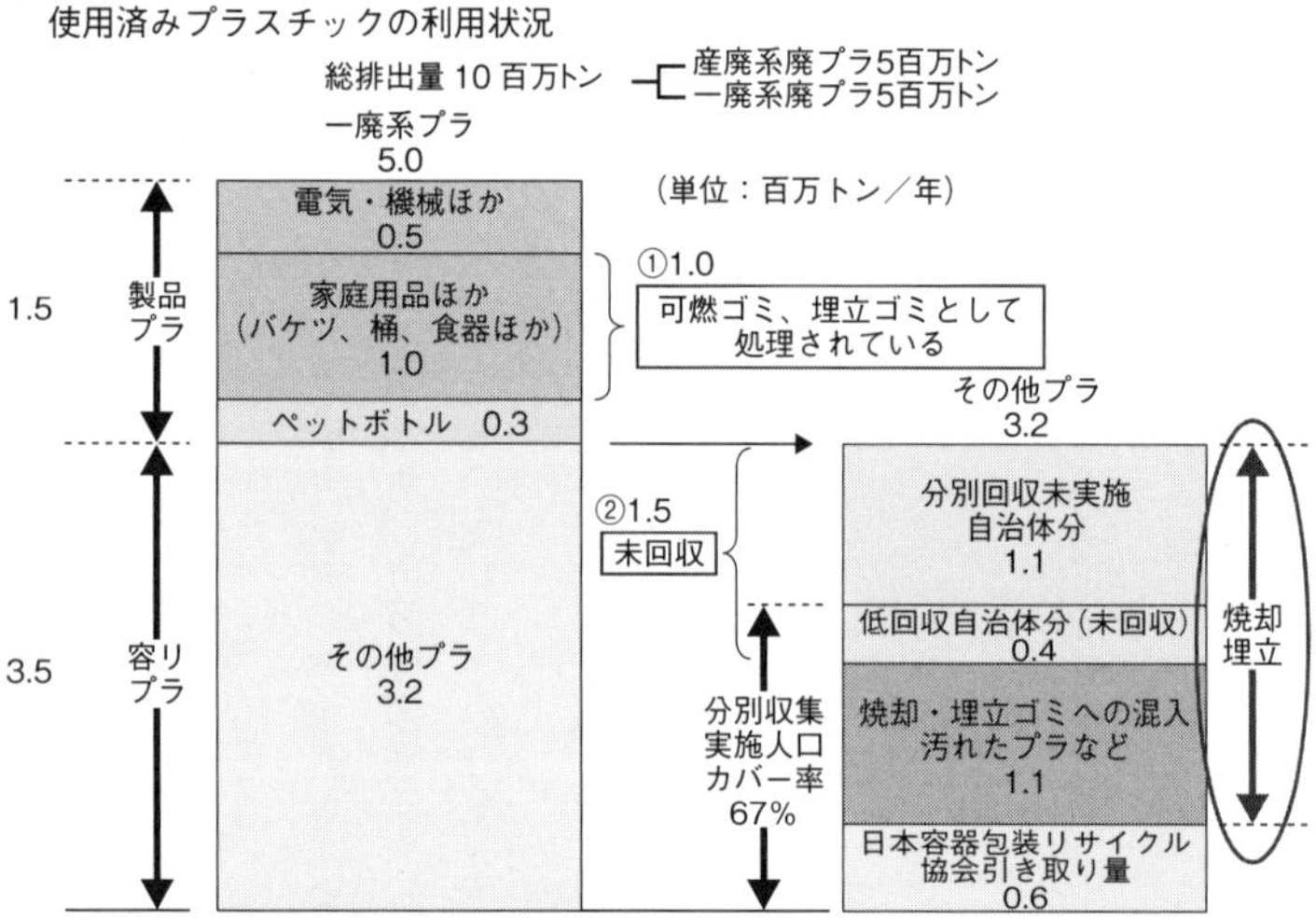

出所：社団法人プラスチック処理促進協会。

とをやっています。それから、リサイクルや廃棄物処理の第一歩である分別・選別という作業をしています。日本の家庭の分別は非常に優秀なので、ほとんどきちんと分けられていますが、それでもペットボトルを集めるビニールの中に違うものが入っていたりすることがあるので、これを分別しなければなりません。手作業でやる場合もあるし、機械でやる場合もあります。

これとは別に、分別・選別をせずに処理をしていくというものがあります。材料利用というのがマテリアルリサイクル、燃料利用や発電というのがサーマルリサイクルにあたります。そのために、我が社では、材料に使えるものと燃料にするものとに分け、下水汚泥などは乾燥させると燃料になり、石炭の半分ぐらいの熱量を持っていますので、それを発電に持っていっています。

ところで、現在、プラスチックが年間約一、〇〇〇万トン出ています。これがどのように処理されているのかを見たのが図表6です。容リプラというのがありますけれども、これを見ると、そのほとんどが焼却と埋め立てに回っていることがわかります。今、皆さんは一生懸命プラスチックを分別しているわけですが、マテリアルリサイクルされているものももちろんありますが、実は多くが焼却や埋め立てに回っているのです。

それだったらわざわざ分別せずに、最初からまとめて焼けばいいではないかとお思いかもしれません。実は、東京都などもプラスチックは全部燃やしてしまって電気を起こせばいいというような考えになってきています。そういう意味で、本当にプラスチックをどこまで分別するのか、分別してきちんとそれに合ったリサイクルができればいいけれども、そうでないものまで細かく分別をする必要があるのか、というような議論もあります。この図表はそういうことも示しています。

図表7　ペットボトルリサイクル工場フロー

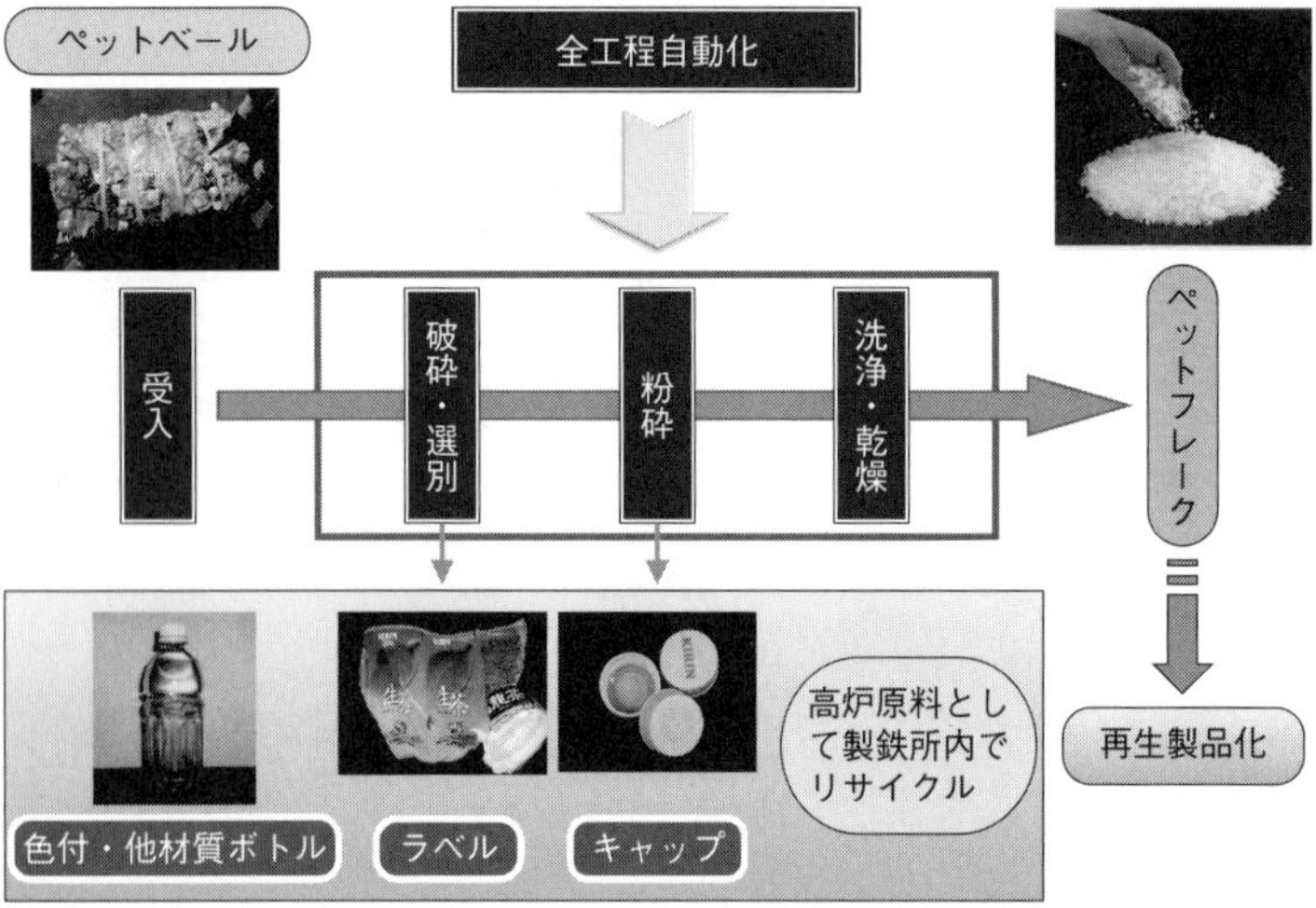

(5)　ペットボトルのリサイクル

図表7を見てください。ペットボトルというのは、左上の写真のように、ぎゅっと圧縮されて工場にやってきます。まずこれを細かく砕いて、選別して、粉砕して、洗浄して、乾燥させて、右上の写真のペットフレークという粉状のものにし、この粉を売っています。

この粉にするには不適合なものがいろいろあります。まず色がついたボトルはダメです。日本では、ペットボトルは基本的には透明にするという暗黙の了解がありまして、ほとんど透明品になっています。それはなぜかというと、最後にフレークにしたときに、色が入っていると使い道が非常に限定されてしまうからです。ところが、ペットボトルには色物もあるのです。中国に行ったことのある人はわかると思いますが、中国のペットボトルには結構色物が多いのです。

ラベルも問題です。ラベルは剝がせるようになっていて、家庭から出るペットボトルのほとんどはラベルが剝がされた状態で出てきます。ラベルがフレークに交じると、フレークの経済的価値が下がってしまうので、別にしています。

この他にキャップも交じると問題です。キャップに使っているプラスチックはペットボトルの材質と違いますので、ごちゃごちゃにしてしまうとペットフレークの値段が変わってしまうのです。そこでキャップはわざと軽いものにしています。キャップを粉々にしたものとペットボトルを粉々にしたものが交ぜてあっても、水に浮かべると、上の方にキャップの粉が浮かんでくるのです。それをすくって分けるという非常に単純なやり方で分別しています。幸い、最近来るペットボトルは、大体キャップが外れて来ています。

もちろんキャップも有価物にはなります。しかし、純粋なペットボトルのフレークに比べると値段が安くなるのです。わかりやすく言えば、ペットボトルのリサイクル事業をやる場合、ペットボトルは原料として買ってくるのです。家庭などから出るペットボトルを、中間団体を経由して買い取る際、一トン当たり二万円程度を支払うのです。これに設備費、労務費、電気代、それに利益も加え、一トン三万円ぐらいの価格で売ることになります。もっとも、これは、透明なペットボトルだけが原料で、ふたもラベルも含んでいない一番品質のいいものの値段です。ふたなどが交ざっていると、品質の悪いペットフレークということで一気に値段が下がってしまうのです。したがって、できるだけ分ける必要があるのです。

他方、キャップだけを集めれば、いわゆる同一品質のものになりますから、それだけを一トン集めればそれなりの価値が出てきます。ただし、使われるとしても、洗面器のように色がついていてもいいようなものに限られてきますので、大して高くは売れません。

日本でペットボトルは年間六〇万トン出ています。このうち、日本の工場で再生されているのは、この半分の三〇万トンしかありません。なぜかというと、別にペットボトルを全部リサイクルに回せという法律があるわけではないからです。残りの三〇万トンは実は輸出されているのです。日本のペットフレークを中国が高い値段で買ってくれるのです。先ほど、日本の業者に売る場合、ペットフレークの原料代として一トン当たり二万円になると言いました。輸出だとこれより高く売れるのです。一時中国経済が絶好調のときは、四万円ぐらいで売れたのです。中国国内ではまだペットボトルがそれほど集まらないという現状があってそうなっているということのようです。

(6) 蛍光灯のリサイクル

蛍光灯のリサイクルもやっています。だんだんとＬＥＤになってきていますので、いずれこれはなくなると思いますが、今は、図表８にあるように、日本で年間三・五億本の蛍光灯が捨てられています。三・五億本というのは、人口一億人とすると、一人三本ぐらいは蛍光灯を捨てているという計算になります。このうち現状でリサイクルされているのは四分の一だけです。あとは埋め立てとか焼却に回っています。なぜかというと、法律で規制されていないからです。蛍光灯をちゃんとリサイクルしなさいという法律はないのです。

ただし、大企業とかＩＳＯ一四〇〇〇をとっている企業では、蛍光灯の中に水銀が微量入っている

図表８　蛍光灯リサイクル

国内年間消費量　60,000トン／年（3.5億本）

蛍光管の現状の処分状況

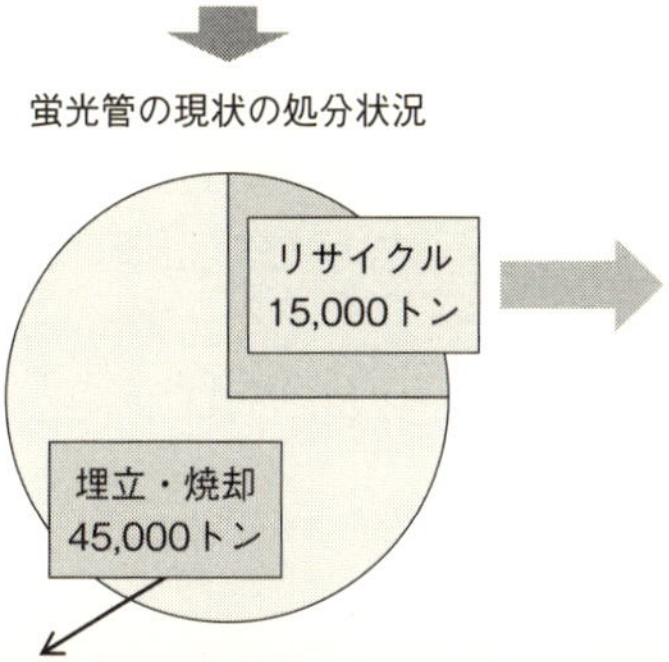

リサイクル業者	処理量（トン）
N社	8,500
JFE環境	5,000
J社	2,000

処理方法	環境影響
管理型埋立	水銀が不溶化されていれば一定の安定的管理は担保
安定型埋立	水銀は土中に溶出する恐れ
焼却	水銀は大気中に放散される

ので、少しでも環境汚染から守るために、リサイクルに回しています。実は蛍光灯は、ガラスと水銀と金属とに分ければ、ほぼ百パーセント、リサイクルできます。法律的な規制がなく、捨てる方が安いのですけれども、高い金を払ってでもリサイクルをしようという意識の会社はこれをやってくれています。我が社も日本で二番目ぐらいの量を処理しています。

(7)　福山リサイクル発電

ごみをめぐって地方自治体と民間企業とが協力した例として、福山リサイクル発電があります。この会社は、一般廃棄物を集めてＲＤＦ（廃棄物固形燃料：Refuse Derived Fuel）という固形燃料をつくり、それを燃料としてガス化溶融炉で発電をするという会社です。

ごみ焼却炉を建設するのにはコストがかかるので、全ての自治体ができることではありません。

そこで、福山市ほか広島県内の八市町の自治体が集まって、各自治体はごみからRDFという燃料をつくる工場だけをつくり、そのRDFを全部集めて発電するための施設を共同でつくったのです。しかも、この施設を市や県の税金を使わずに、日本政策投資銀行やみずほコーポレート銀行（現みずほ銀行）のプロジェクトファイナンスだけでつくったのです。これまでのところ非常にうまくいっており、一〇年足らずでこの借金を完済してしまいました。

私どもは、今後、こういうモデルが日本で増えてくるのではないかと考えています。なぜかというと、自治体も国も財政もそんなに豊かではないからです。そうなると、どちらかというとヨーロッパなどに多い、こういう形の民間主導の施設で行うような時代になってくるのではないかと思っています。ごみを焼却すると一五トン炉で一トン当たり三万五、〇〇〇円から三万六、〇〇〇円ぐらいかかっていたわけですが、発電をして電気を売れば、大体三万円ぐらいで済むことになります。そういう意味では非常にメリットがあると思っています。

五　海外での取り組み

最後に、海外での取り組みについてお話ししたいと思います。日本のすぐれた環境技術で海外に貢献するという方針が打ち出されているわけですが、実は、相当苦戦をしています。今どういうところで我々が取り組んでいるかというと、政府から支援をもらって調査をやっている段階なのがミャンマー、マレーシア、シンガポール、インドネシア、ベトナムです。それなりの人口と経済成長率がある

図表9 ごみ焼却発電のニーズ

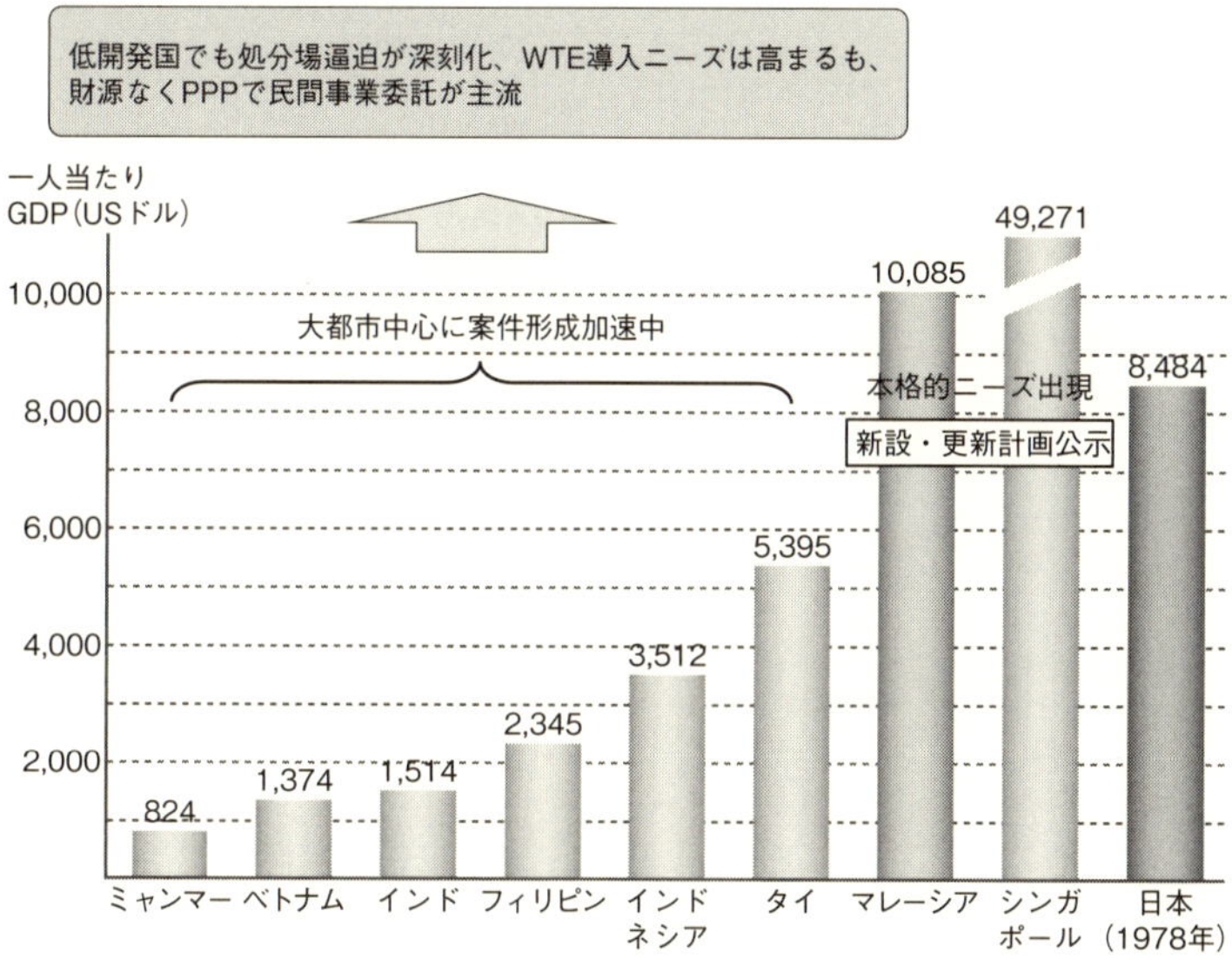

出所：2012年12月JETROを参考に作成。

国々です。

図表9は、一人当たりのGDPがどれぐらいになると、ごみ処理やリサイクルのニーズが生まれてくるかを見たものです。一人当たりGDPがUSドルベースで一万ドルというのが分かれ目となるレベルです。日本の一九七八年の一人当たりGDPが八、四八四ドルでした。現状の東南アジアの一人当たりGDPを見ますと、シンガポールが圧倒的に高く、その次をマレーシア、タイ、インドネシア、フィリピン、インド、ベトナム、ミャンマーが追っています。

多くの話が出てくるのはマレーシアです。一人当たりGDPが一万ドル近辺に来て初めて、環境やリサイクル、ごみといったインフラに投資をしようという意欲が湧いてきます。例えばインドネシアは一人当たりGDPが約三、五〇〇ドルですので、環境よりは、まだ道路や橋、水道、下水というところへの投資の優先度が高いようです。私たちは、一人当たりGDPが一万ドルラインを超えているか否かで新興国への提案を変えています。

リサイクルというのは、制度がないと事業としては成り立ちません。そういうものであるということを肝に銘じる必要があります。中国がいい例ですが、日本のリサイクル設備は非常にすばらしい、とはいえ高い、そんな高い設備をもらっても、料金徴収をできないようなところではペイしない、と五分で話が終わってしまうのです。

では、どうすればいいのか。例えば中国でも、ある特定の市に関してだけは、家電リサイクル法に一部政府補助が入るようになり始めています。したがって、彼らも変わっていくだろうし、そういうことを見据えて、小さくてもいいから参入していくことが大切なのではないかと思います。そういう意味で我々は、すごく先かもしれませんが、ミャンマーでもニーズが出てくると思っています。

実は我が社とミャンマーとの関係には歴史があります。軍政下のときからつき合いが始まり、研修生を日本に受け入れたりしていました。工場で研修するため、この一〇年間に累計三〇〇人ぐらいを受け入れてきています。

これは一銭の得になる話でもなかったので、企業の視点から、短期に利益を上げられない投資とか事業をやってどうするのだという声がありました。確かに、投資回収に長期間かかるものだけをやっていたら会社は潰れてしまうのですが、しかしそういうものも一部でもいいからやっていないと、結局は何の関係も構築できないということになってしまいます。そういう意味では、ミャンマーは、いろいろ言われながらずっとやり続けた成果が、やっと今になって出てきているということではないかと思っています。

やはり環境技術による国際貢献というのは、来年いくらもうかりますからやりますというようにはいきません。日本の環境技術がすぐれているのは事実なのですけれども、民間企業の技術だけを持っていっても絶対に受け入れてもらえません。これは私が東南アジアや中国でいろいろな事業をやった経験から言えることです。

むすび

環境問題にはまだいろいろとありますが、結局は、リサイクルだけでどう考えるかということではなくて、環境・エネルギー・リサイクルというのが不可分で一体の課題だという認識が重要ではないかと思っています。日本はこうだからこうすべき、東京はこうだから福岡でもこうすべきということではなくて、国と地域によって何が正しい解かというのは当然違ってくると思います。したがって、私は、お仕着せでこれしかないというようなリサイクルはないのではないかと思っています。北海道と東京では違うし、ましてや日本とインドネシアではもっと違う。そういうことを踏まえながら、この分野に取り組んでいきたいと思っております。

（二〇一三年一一月二九日）

第六章　市場の長期的な変化と自動車産業の取り組み

市川晃久
（日産自動車株式会社）

はじめに

本章では、前半で日産の歴史と、日産とルノーの提携後の動きをお話しします。そして後半では、現在自動車産業が取り組んでいる自動運転や、スマートモビリティといった新しい動きについてお話しします。

一　一九九〇年代の日本の自動車市場の変化と自動車産業の状況

最初にお話しするのは、一九九〇年代の日本の自動車市場の変化についてです。これは、後にお話しします日産の経営危機の時代背景です。

図表1は、日本の国内販売と輸出台数の推移を示しています。両者を合計するとほぼ生産台数に見合った数字になりますので、全体の動きは生産台数の動きを示していると考えていいでしょう。一九九七年の消費税引き上げ前の駆込み需要で一九九六年度は一時的に国内販売が回復していますが、ご覧の通り、主に輸出が減少した結果、生産台数は一九九〇年代を通じて漸減傾向にありました。仕向地別輸出を見ますと、主として北米向けが減少しています。北米向けは、通商摩擦や円高への対応による現地生産台数の拡大から、一九九〇年代を通じて輸出台数を減らしてきました。

図表2は、日本の自動車産業全体の海外生産台数です。一九九五年にかけて緩やかに拡大を続けていたのですが、一九九〇年代後半になると、アジア危機もあって停滞を続けることになります。このような生産台数の持続的な減少が、一九九〇年代後半に日本の自動車産業が危機に陥った理由の一つです。

二　日産の収益悪化とリバイバルプラン

では、自動車産業のこういった環境の中で、日産の状況はどうだったのでしょうか。

(1)　日産の収益悪化

図表3は、日産自動車の国内販売と輸出台数の推移を示しています。左側のグラフは日産の国内販

図表１　日本の自動車産業の国内登録／届出、輸出台数

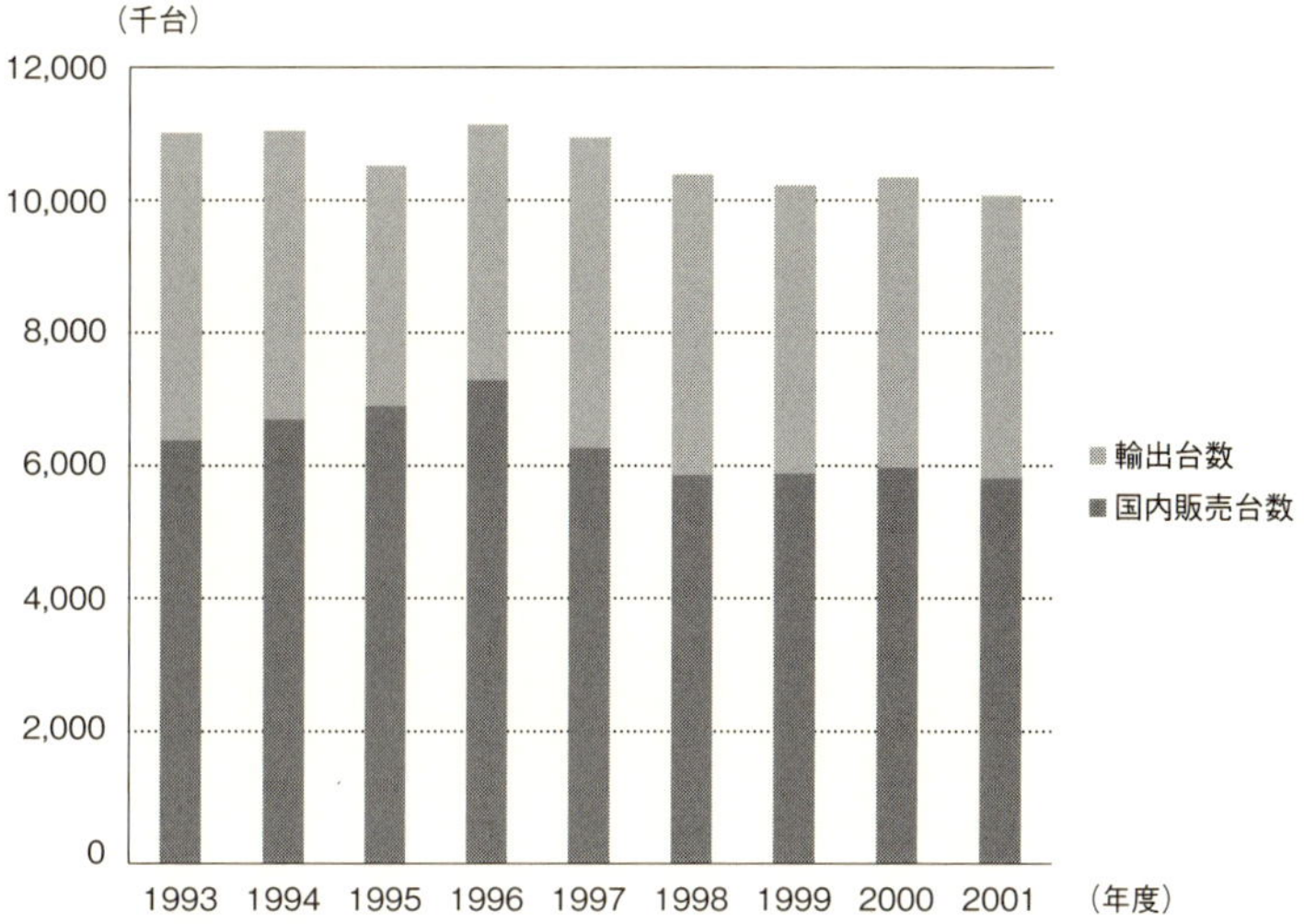

出所：日本自動車工業会。

図表２　日本の自動車産業の海外生産台数

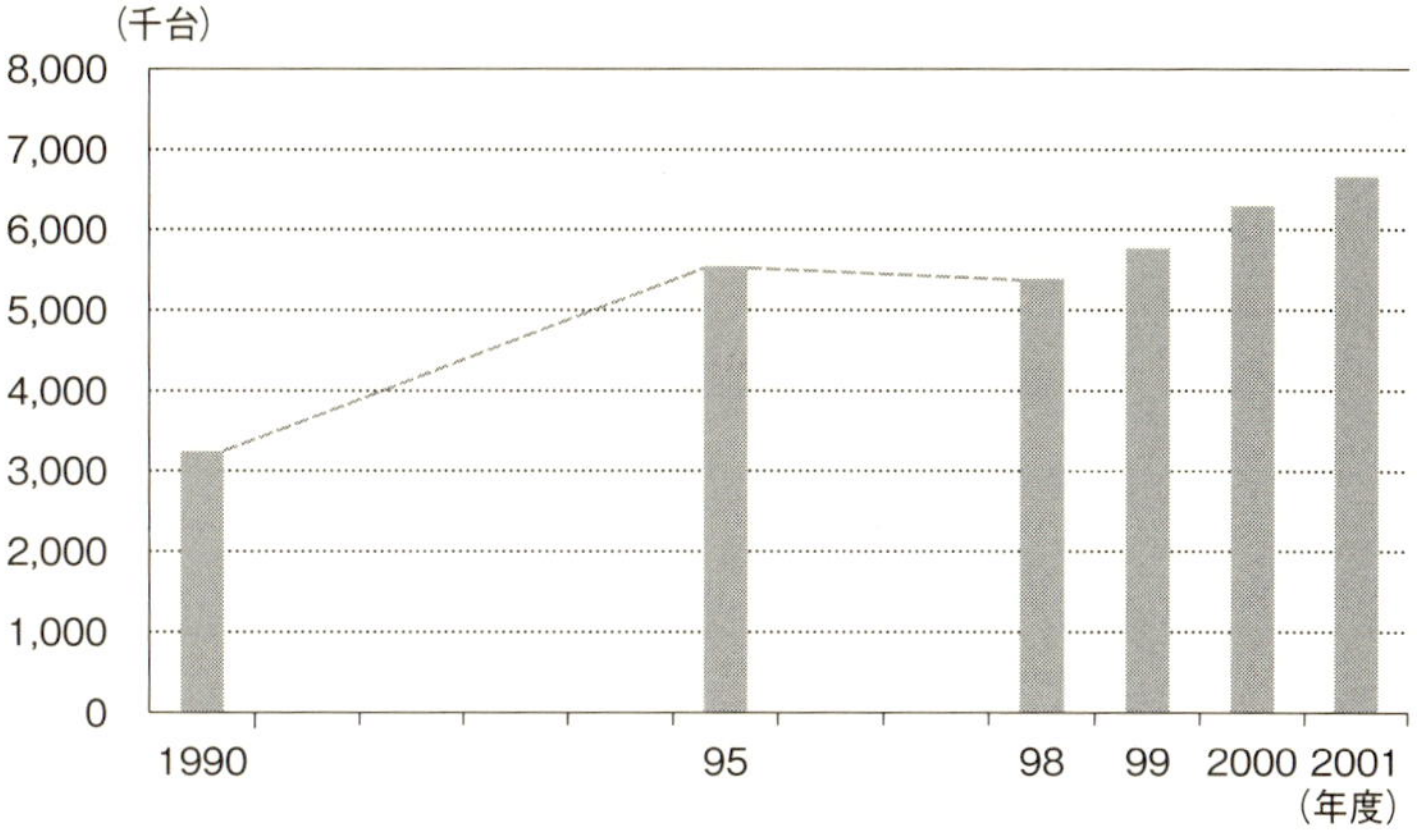

注：世界合計。
出所：日本自動車工業会。

売台数と市場シェアです。一九九〇年代後半から急激に減少していることがわかります。それに伴って市場占有率もどんどん下がっています。他方、輸出台数は、右のグラフのように、ほぼ横ばいにとどまっていました。この結果、日産の生産台数はずっと減少を続けていたわけです。

図表4は一九九〇年代の日産の収益状況を表しています。日産の利益は、一九九〇年代を通して赤字と黒字を行ったり来たりしていたのです。

しかし、一九九五〜九六年を境に、前半と後半ではかなり事情が異なっています。前半は営業利益から最終利益までの、全ての段階で赤字になっています。売上が減少したにもかかわらず、コストの削減がそれに追いつかなかった結果、収益は赤字だったのです。これに対し、一九九〇年代後半では営業利益が黒字になっています。つまり一九九〇年代前半で出してしまった赤字を埋めるために借金をした結果、後半は拡大した負債の利払い負担がかなり大きかったので、営業利益が出てはいたものの結局借金を返すのに精いっぱいとなり、最終利益はゼロ近傍になっていたのです。

こんな危機的な状態を、長く続けられるわけがありません。社債の償還時期を一九九九年に控え、提携を模索することになりました。まず交渉したのがドイツのダイムラー・クライスラーで、次いでフォードとも交渉しましたが、最終的に残ったのがルノーだったのです。ルノーは、むしろ販売台数は日産よりも少ないので、企業規模を考えると、彼らにとって日産との提携はまさに清水の舞台から飛び降りるような決断だったのではないかと思います。

図表3　日産の国内販売と輸出台数

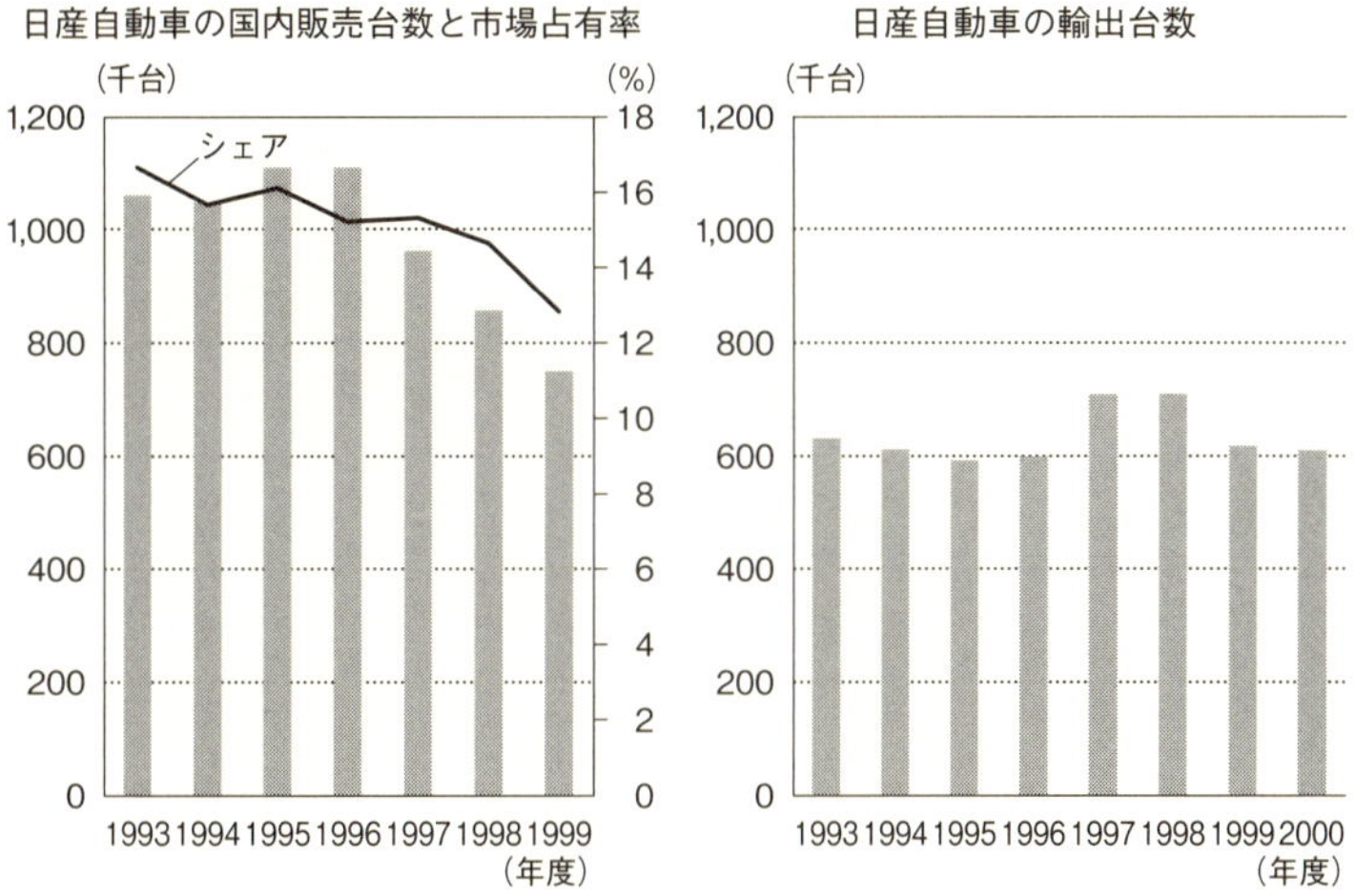

・1990年代後半には輸出台数が横ばいで推移する一方で、国内販売台数は減少を続け、売上は1997年度以降1999年度まで3年連続で減少を続けた。

図表4　1990年代の日産の経営状況

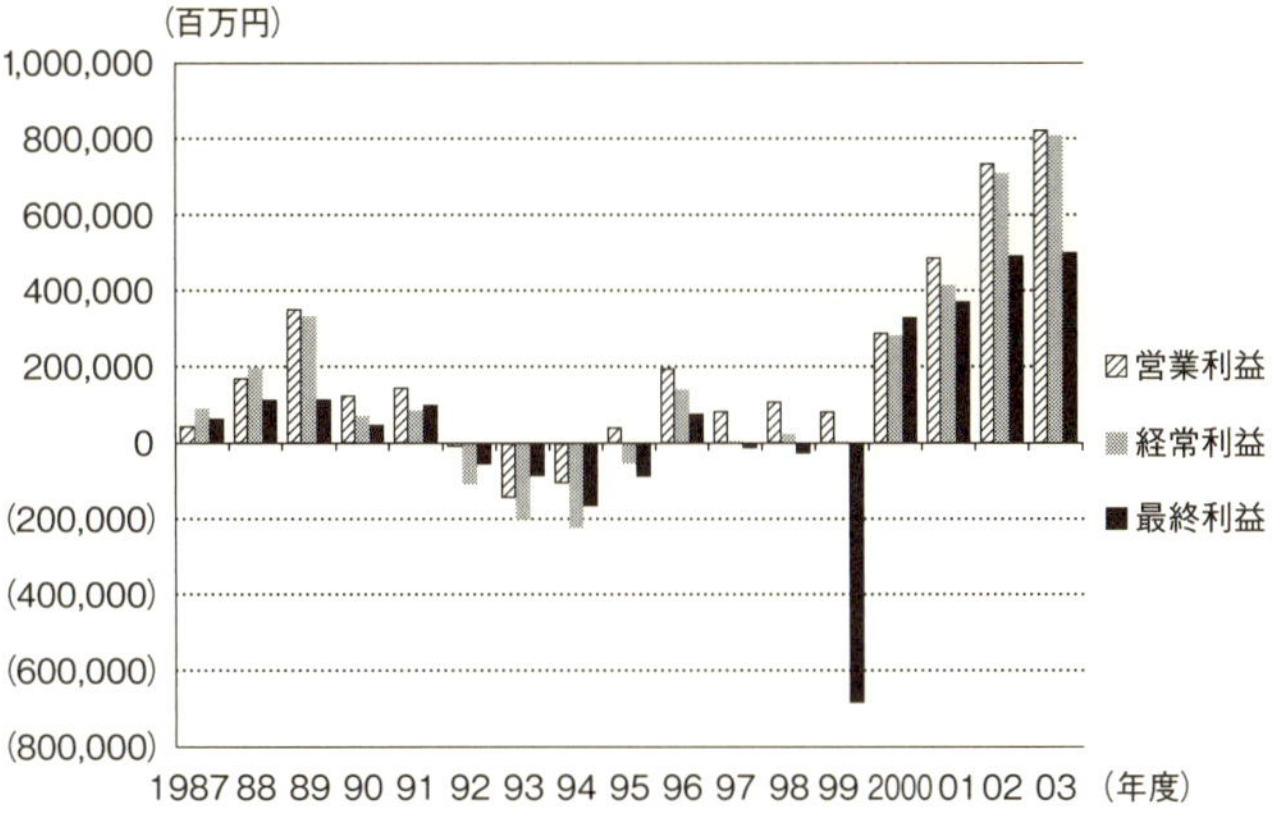

・最終利益で見ると、1996年度を除き1992年度以降、赤字を続けていた。
・ただし前半と後半とではその性格が異なり、前半は需要の減少にコストの削減が追い付かなかったが、後半は債務の拡大による利払い費拡大が大きな要因である。
出所：決算発表資料。

(2) 日産を危機に陥れた五つの問題

ところで、日産を危機に陥れた問題とはなんだったのでしょうか。私は五つ挙げられると思います。

一つ目が「Lack of Profit Orientation（利益志向の欠如）」です。当時は、その車がどのくらい売れて、どのくらいの収益に結びつくかということを厳密に詰めずに、開発をしていたのです。

二つ目が「Lack of Customer Orientation（顧客志向の欠如）」です。お客様にこの車が受けるか受けないかということを余り考えずに、自分たちのつくりたい商品をつくってきました。

三つ目は「Lack of Cross-Functional, Cross-Border Work（部門間協働の欠如）」です。当時、日産は、部門ごとにかなり縦割りの組織になっていました。官僚組織では縦割りというのは非常に効率のいい組織かもしれませんが、その前提として、各部門をまとめるマネジメントがきちんとできているということが必要だと思います。しかし、当時の日産ではそこがうまく機能していなかったのです。その結果、各部門が全くばらばらな方向を向いていたので、会社全体が一つの方向を向いて力を発揮できる状態にはなかったのです。

四つ目が「Lack of Sense of Urgency（切迫感の欠如）」です。日産はのんびりした会社でした。このことは一つ目に挙げた、収益に余りがつがつしないというところとも結びついていたのです。

五つ目が「Lack of Shared Vision & Mid-term Plan（共通のビジョンと中期計画の欠如）」です。各部門を結集するための、全社共通の戦略もなければビジョンもなかったのです。計画を決めても決めっぱなしで、進捗確認をしないような状況だったのです。

(3)　日産リバイバルプラン

その結果、ルノーと提携することになるわけです。カルロス・ゴーン氏は、来日してすぐに日産リバイバルプラン（以下NRP）を発表しました。

プランの必達目標は、二〇〇〇年度の連結当期利益を黒字化すること、二〇〇二年度の連結営業利益率を四・五％にすること、二〇〇二年度末までに連結有利子負債を七、〇〇〇億円以下に削減することの三つでした。

これらの目標の実現に向けて、事業の発展、購買、製造、研究開発といった様々な分野において、網羅的なプランを策定しその実行に取り組みました。その中で特に大きく変化したと感じられたのは、意思決定プロセスと組織の改革です。

提携前の決定方式は、ボトムアップ方式のマネジメントでした。会社が順調に成長している時には、恐らく一番効率がよかったのかもしれませんが、ひとたび危機が起こったときには、下り坂にある方向を上向きにしないといけないので、強力なリーダーシップが必要となります。にもかかわらず、「よきに計らえ」で進んでいたのでは、方向転換は不可能です。

またプランの実行に向けて、組織のグローバル化と意思決定の効率化を図るため、グローバルな戦略立案機能の強化と、実行段階における各地域への権限移譲の強化を行いました。重要な方針は全て本社で決めるとともに、欧米では枢要な意思決定機関であるマネジメント・コミッティが設置され、その実行を管理させるために地域ごとに統括会社をつくることが決まりました。

ところで、このNRPを策定するにあたり、クロス・ファンクショナル・チーム（以下CFT）という組織が設置されました。当時ここまでの危機に陥ったのは日産だけで、そういう場合には問題は必ず会社の中にあるので、解決方法も自分たちで見つけられるはずだ、というのがゴーン氏の基本的な問題意識です。このチームは各部門から選抜された人たちでチームを構成し、直接経営トップに提案をする権限を持っていました。提案がトップから承認されればこれは会社の決定となり、各ライン部署はそれを実行しないといけないという、かなり強力な権限を持ったチームでした。

NRPに含まれている各方策というのは、全てこのCFTが提案したものです。この計画の中にあったいくつかの案件は、提携前からずっと検討されていたものでしたが、決定できずに持ち越されていました。それを改めてCFTが提案し、経営陣に決断をさせたのです。

また実施にあたっては、従業員がどれだけ納得してその方策を実行できるかも重視されました。発表にあたって従業員にどう伝えるかも綿密に計画されていましたし、またNRPを形成する方策はCFTがつくったものであって、提携先から押しつけられた方策ではないということを、全ての従業員が理解していました。このため、NRPの達成に向けて従業員が努力した結果、改革の成功に結びつけることができたのだと思います。

(4) 仕事の仕方の変化

ルノーと日産の提携によって、仕事の仕方にも変化が生じてきました。例えば、戦略を考えるときの発想の仕方が日本人と、フランス人を含む外国人とでは、全く違うと感じています。

一九九〇年代までの日産の戦略構築のやり方は、現状がスタートポイントで、現状で採りうる手段を考えると五年後にはここまでは行けるはずだというように、スタートポイントから考えるものでした。しかしフランス人はまずゴールを決め、一〇年後にはこういう姿にしたいので、それを達成するための手段は中間マネジメントが考えなさい、と言うのです。

中間マネジメントから見れば、そんな勝手なことを言わないでもらいたいと思うのですが、当時の日本人チームはそれをこなしたのでした。日本人役員だったら、どうしても手段を先に考えてしまい、ここまでは行けるというように、ありふれた戦略しか立てなかった可能性があります。

なお余談ですが、英語の会議が非常に増えました。参加者に外国人が一人でもいると、通常の部内会議でも英語になります。私が現在所属している部署にもアメリカ人が一人いるので、彼女が入ると会議は全て英語になります。電子メールも、日本はグローバル・ヘッドクォーターということで、グローバルに管理しないといけないということになっているので、送られてくるメールの七割ぐらいは英語のメールです。また役員には必ず外国人がいるので、役員会議でプレゼンテーションをするときは、ほぼ百パーセント英語になります。皆さんには、今のうちから英語を習得されることをお勧めします。

三　今後の市場ニーズと技術開発

次に今後の市場ニーズと技術開発についてお話をします。今後の技術開発の課題を整理すると、先進国向けでは大きく二つあります。「知能化」と「電動化」です。また発展途上国向けの課題としては、「廉価技術」と「環境対応」があります。

まず先進国向けの課題のうち、「知能化」というのは、ＩＴの活用や、自動車が各種センサーで集める情報を使った自動運転のことです。他方、「電動化」というのには目的が二つあります。一つ目は環境対応で、いかにCO_2を出さないようにするかということです。二つ目は、電動化しないと自動運転ができないということです。ステアリングを切ったり、ブレーキをかけたりというのは、今までは人間がマニュアルで操作してきたわけですが、それを自動化するには、電気に置きかえないとできません。電動化というのは自動運転の基礎技術なのです。

発展途上国向けの課題としては、先進国同様、「環境対応」というのがありますが、現時点では「廉価技術」が必要ということがあります。日産でも安い技術をいかに開発するかということに腐心しています。

以下では、それぞれの課題について、もう少し詳しく見ていきましょう。

(1) ＩＴ技術の活用

まずＩＴ技術の活用です。道路のいっそうの有効活用や事故の防止を図るという観点から、現在、ＧＰＳや車々間通信を使って、様々な研究がされています。こういったことが自動運転にも今後必要になってきます。

例えば、テレマティクスやクラウドを活用して、もっと車を便利にできないかという研究をずっと続けてきています。ＶＩＣＳというのをお聞きになったことがあるかもしれませんが、カーナビゲーションで渋滞情報を表示するために、ＶＩＣＳという情報がＦＭ電波で車に送られています。こういったものを使って、渋滞の緩和、車の効率的な利用に生かせないかということを研究しています。また、車に取りつけた通信機器を通して情報を集め、マーケティング活動とか、車が故障する前に修理をするとか、必要な部品の交換時期が来たら交換するようにお客様にお伝えするなど、自動車の持っている情報をいっそう有効活用できないか、自動車各社とも考えています。

(2)　安全と自動化

自動運転に対するハードルの一つに、車に運転を任せて大丈夫か、また法律上の問題をどうするのか、という問題があります。例えば、車には運転者同士の意思疎通を代替することはできないのではないか、また自動運転に任せていて事故を起こしたとしたらどうするのかというのがお客様の強い懸念事項です。日本メーカーとしては、まずは安全性を優先して考え、そうしたハードルを一つずつ越えていくことが必要だと考えています。

本年（二〇一三年）の八月末に、日産自動車は、「自動運転の取り組み」を発表しました。二〇二〇年までに完全な自動運転を複数の車種に搭載します。法律的にどうかという問題はありますが、技術的にはそのぐらいを目指して自動運転を開発します。計画の実現に向け、現在、日本で初の自動運転車開発専用のテストコースを建設中です。また、つい先日は、神奈川県のさがみ縦貫道路を使って、高速道路での実証実験も開始しました。

二〇二〇年以降は、二回のモデルチェンジの中で、幅広いモデルラインナップに同技術を搭載することにしています。大体八年から一〇年ぐらいの間に、かなりの車に搭載することになります。それに向け、ＭＩＴやスタンフォード大学とも一緒に研究を進めています。

では、自動運転を実現するにはどういうことが必要なのでしょうか。例えば車線内走行を可能にするには、たいていの場合はカメラをつけて、白線を認知することによって車線内を走ることになります。しかし、実際には、分岐、自動車線変更、低速または停止車両の自動追い越し、渋滞末尾での自動停止、赤信号での自動停止など、様々な機能が必要になってきます。

それを達成するために、現在、様々な技術開発や実証実験が行われています。例えば、左側に車がとまっている横を自動運転の車が自動的に追い越すにあたっては、右側に何も障害物がないことを確認し、ステアリングを切って追い越し、また元に戻るということが必要になります。そのため、車に取りつけたセンサーカメラで周りの状況確認をしてから追い越しができるように研究を進めています。二〇一三年一一月九日には、安倍首相も国会周辺で、トヨタ、日産、ホンダの自動運転車に試乗しました。

図表5の写真が、日本で初の自動運転の公道実験車です。センサーがフロントバンパー、バンパーのサイド、ドアと、車の周囲をセンサーとカメラで囲い、安全かどうかをきちんと確認した上で運転操作を行います。お時間のあるときに YouTube を見ていただきますと、日産がカリフォルニア州のアーバインに世界中のマスコミの皆さんをお呼びして披露したときの映像があります（http://www.youtube.com/watch?feature=player_embedded&v=HDkJTijMPJM）。

図表5　日本初の自動運転公道実験車

出所：日産自動車ホームページ。

もっとも自動運転にはいろいろな課題もあります。一つ目は法制度です。完全自動運転で事故を起こしたときに、誰が責任をとるのか。現在の法律では運転者が全ての責任をとることになっているので、運転者は前方を注視して、きちんと必要な操作をするということが求められています。自動運転を認めるとしたら、これをどう変更するのかが課題になります。

二つ目はインフラづくりです。例えば、自動運転のための情報は車が集めるのですが、車単独ではできない部分があります。機械が認識するのに必要な、道路の白線とか、ビーコンといった、情報整備のためのインフラが必要です。これをどうつくり上げていくかが課題になります。

また、インフラに関してはもう一つあります。車々間通信などの通信インフラの規格の統一が必要です。現在各社はそれぞれに車々間通信を研究しているのですが、安全に運転するには違うメーカーの車とも連携がとれなければなりません。この車とは連絡がとれなかったのでぶつかりましたではすまないのです。この規格の統一が必要だと思います。

三つ目は実証実験や調査に伴う課題です。テストコースでやってもいろいろな課題がわかりますが、一般車両と混走したときにどういう問題が起こるのか、市街地で自動運転をしたときに、歩行者をどう認知するかといったことは、技術的に非常に難しい問題です。こうしたことは一般道で実証実験をしないとわからないところがあります。

(3) 環境対策

次は、環境対策です。CO_2の話はよく取り上げられるわけですが、自動車は、日本の都市交通インフラの現状を考えると依然として重要なものです。したがって、いかに環境と自動車を調和させるかが大事になってきます。

日産は、ニッサン・グリーンプログラムというものを発表しています。ここでは、将来のスマート・エリアとして、エネルギー、モビリティ、マテリアルの三つの分野を規定しています。こうした分野で、よりスマートになろうというわけです。その柱としては、四つあります。

一つは、ゼロ・エミッション車の普及です。これは日産リーフなどの電気自動車をより普及させて、走行時に排出するCO_2を減らそうというものです。

二つ目は、低燃費車の拡大です。全ての自動車が電気自動車に置きかわるということは、航続距離の問題もあって難しいと考えています。したがってそれ以外のガソリン車、あるいはハイブリット車の燃費をよくしていくことが重要になります。

三つ目は、カーボンフットプリントの削減です。車を生産したり開発したりするにあたり、どうしてもエネルギー消費が生じますので、そこで排出されるCO_2をできるだけ削減しようというものです。

四つ目は、新たに採掘する天然資源の最小化です。現在日産車で使っている部品の九九％は、再生可能なものとなっています。日産のサステナビリティレポートというのを見ていただきますと、その状況がおわかりいただけます。

ゼロ・エミッション車をいくつか紹介しましょう。最初のゼロ・エミッション車として、リーフを発売しました。販売台数、保有台数そのものは順調に増加しており、二〇一三年六月末現在で累計七万台を販売しています。現在の電気自動車保有台数の半分程度は日産リーフです。

こういった取り組みの結果、グローバルなブランド調査をしているインターブランドという会社が発表した「ベスト・グローバル・グリーンブランド」によりますと、日産は、環境維持に貢献している会社としての順位が、二〇一二年の二一位から二〇一三年には六位にまで上昇しています。

四　人口の減少や高齢化に向けて

都市を中心にモビリティをどう確保していくかという問題です。

(1)　高まる自動車の利用率

次は、都市交通に関するニーズと現状を、図表6で見てみます。このグラフでは、横軸に人口集中地区の面積をとり、縦軸に人口が集中している地区の人口密度をとっています。矢印を見るとわかる通り、一九八〇年ぐらいまでは都市部のエリアが拡大して、それに伴って人口密度が下がっていきました。つまり、都市のエリアが広がり、人々が郊外に引っ越すことによって、人口密度の低下が起こっていました。しかし人口移動も徐々に減少して、八〇年代に入ると都市部が広がるという動きに歯止めがかかってきます。さらに、一九九〇年代後半以降になると、都市部の人口密度は、むしろ都心

図表６　都市部への人口回帰

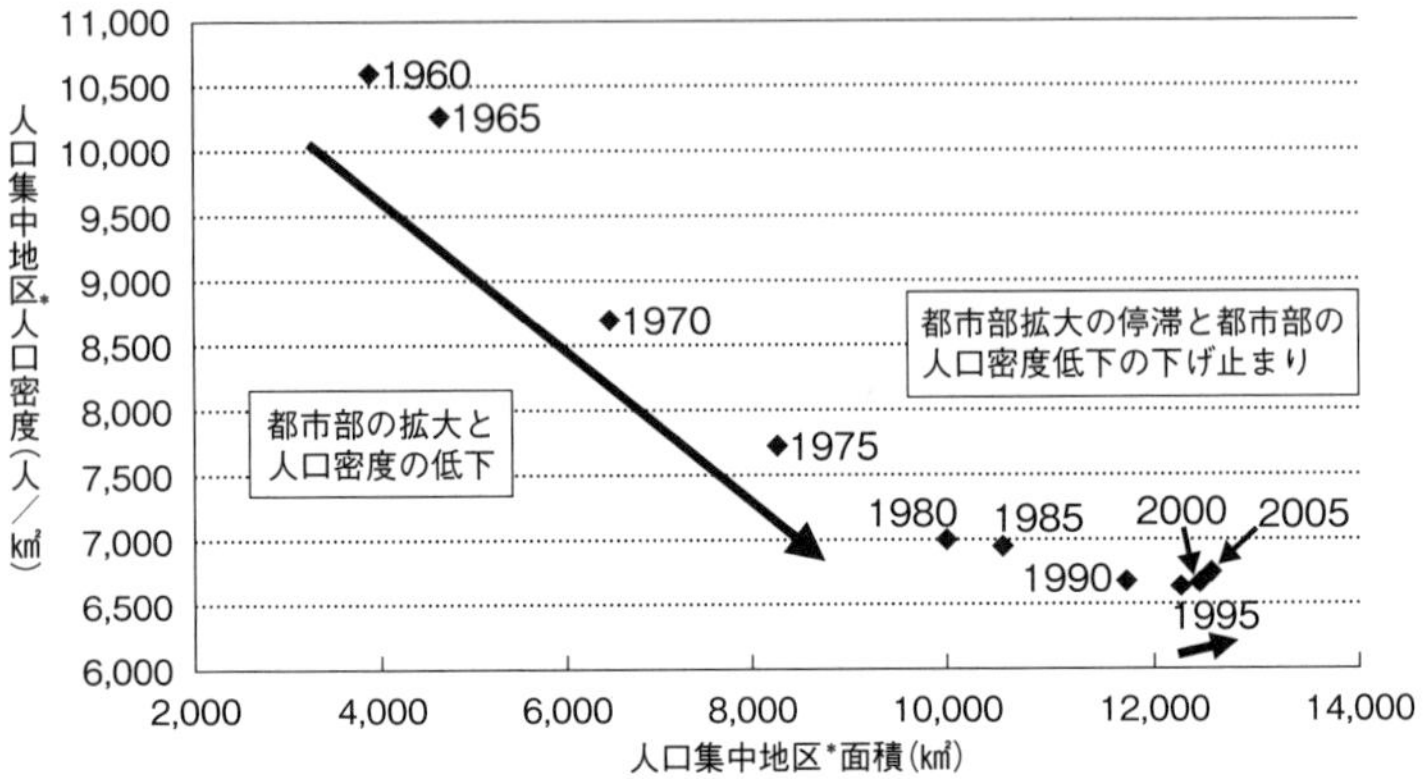

＊　市区町村の区域内で人口密度が4,000人/km²以上の基本単位区（平成２年〔1990年〕以前は調査区）が互いに隣接して人口が5,000人以上となる地区に設定される。ただし空港、港湾、工業地帯、公園など都市的傾向の強い基本単位区は人口密度が低くても人口集中地区に含まれる。
出所：総務省「国勢調査」。

に人口が回帰することによって高まっていきます。

皆さんは、どんな移動をするにあたってどの交通機関を使っているでしょうか。三大都市圏では、鉄道、バスの構成比はほぼ一定です。それに対して増えてきているのが自動車です。同様に地方都市圏でも、鉄道、バスの比率はほぼ一定ですが、自動車の比率は増えています。自動車が重要な移動手段になってきているのです。

(2)　高齢化に関連した課題

しかし、日本の人口はどんどん高齢化していますので、免許保有人口もどんどん高齢化しています。特に七〇歳以上の、運転免許保有者が急激に増えています。

図表7は、高齢者の現状について考えるためのものです。まず図表7－1は、今後の暮らしについてのアンケート結果です。これによると、「貯蓄や投資で将来に備える」というよりは「毎日の

生活を充実させて楽しむ」という人の比率が高く、かつその差が拡大していることがわかります。

次に図表7－2の表を見ると、親子が片道一時間未満の場所に住んでいるケースがほぼ半分ぐらいあります。また、図表7－3の表を見ると、老後における子供との暮らし方として、同居したい、あるいは近くに住みたいという人が高齢者で比較的多いことがわかります。

図表7　高齢者の居住地域

図表7－1　都市交通に関するNeedsと現状

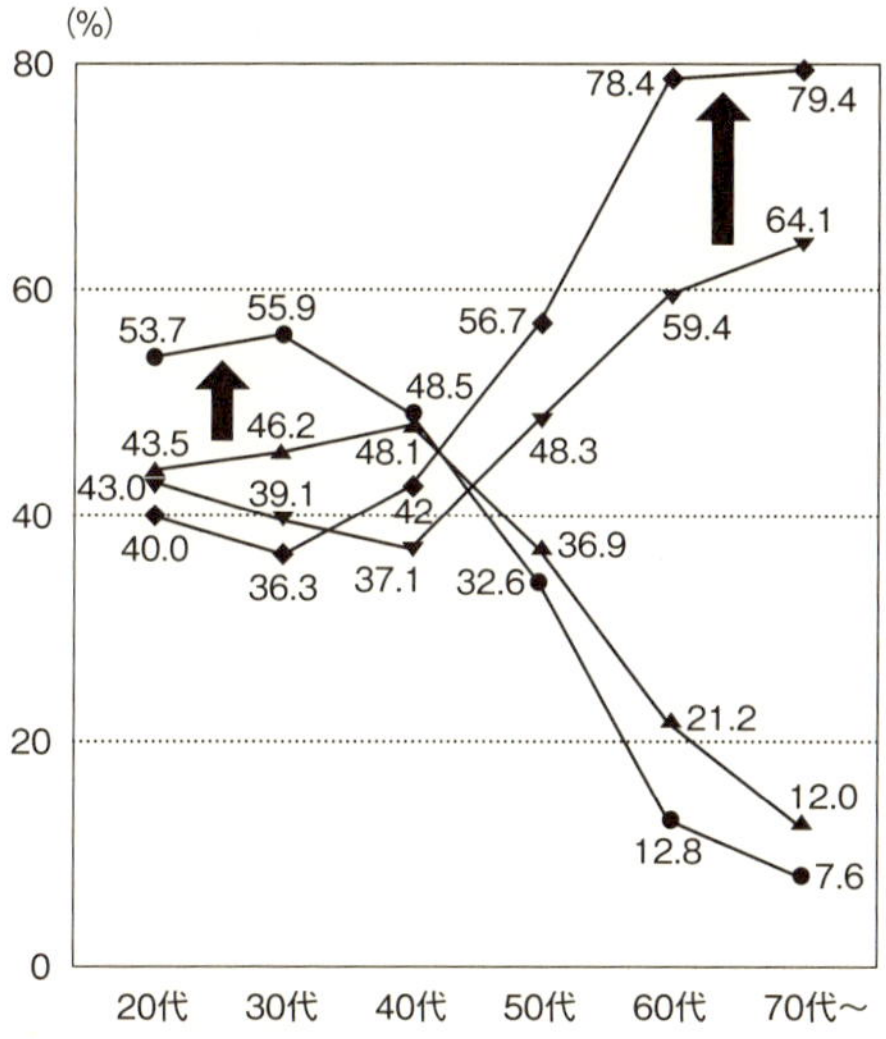

―●―貯蓄や投資など将来に備える（2009年）
―▲―貯蓄・投資など将来に備える（1989年）
―◆―毎日の生活を充実させて楽しむ（2009年）
―▼―毎日の生活を充実させる（1989年）
資料：内閣府「国民生活に関する世論調査」より国土交通省作成。
出所：国土交通白書平成21年度。

図表7－2　子供世帯と居住場所の関係

居住場所	%
徒歩5分程度の場所に住んでいる	8.2
片道15分未満の場所に住んでいる	15.8
片道1時間未満の場所に住んでいる	31.0
片道1時間以上の場所に住んでいる	38.2

注：別世帯となっている子供がいる夫婦のみ世帯について集計。
出所：総務省「住宅・土地統計調査」（2008年）より国土交通省作成。

高齢者が地域の行政にしてほしいことはなんでしょうか。上位に挙がってくるのは、外出しやすいまちづくり、公共交通の確保、サービスの充実といったことです。しかし、高齢者の外出が増えると、どうしても交通事故の問題が心配事として挙げられます。日本の交通事故件数は随分減ってきてはいるのですが、最近は横ばいになっており、しかも欧米に比べると交通事故件数が多いというのが現状です。その中で、高齢者の交通事故死者数は余り減っていないのです。

図表8で、年齢別人口一〇万人当たりの交通事故死者数の推移を見ると、一九八九年あたりまでは、若者（一六〜二四歳）と高齢者（六五歳以上）の水準が高かったことがわかります。しかし、若者の場合は、一九八九年あたりをピークに交通事故死者数は減っており、他の年齢層と同じ水準に収斂してきています。これに対して、六五歳以上の高齢者の場合には、減り方が緩やかで、かつ他の年齢層に比べて高いままで推移しているのです。

特に死亡率が高いのが、歩行中の事故と自動車乗車中の事故です。歩行中の高齢者や、自動車乗車中の高齢者をいかに事故から遠ざけるかということが重要な課題になっています。

図表7－3　老後における子供との暮らし方（単位:％）

	同居	近くに住む	別に暮らす
20～29歳	18.7	41.2	28.9
30～39歳	14.8	42.7	33.6
40～49歳	18.5	36.7	35.5
50～59歳	22.3	30.2	40.2
60～69歳	28.1	27.8	37.5
70歳以上	43.2	23.5	27.3

注：「問　あなたは、一般的に、老後は誰とどのように暮らすのがよいと思いますか」に対し、「同居」＝「息子（夫婦）と同居する」＋「娘（夫婦）と同居する」＋「どの子（夫婦）でもよいから同居する」、「近くに住む」＝「息子（夫婦）と近くに住む」＋「娘（夫婦）と近くに住む」＋「どの子（夫婦）でもよいから近くに住む」、「別に暮らす」＝「子どもたちとは別に暮らす」として集計した。
出所：内閣府「国民生活に関する世論調査（2009年）」。

図表８　交通事故年齢層別人口 10 万人当たり死者数の推移

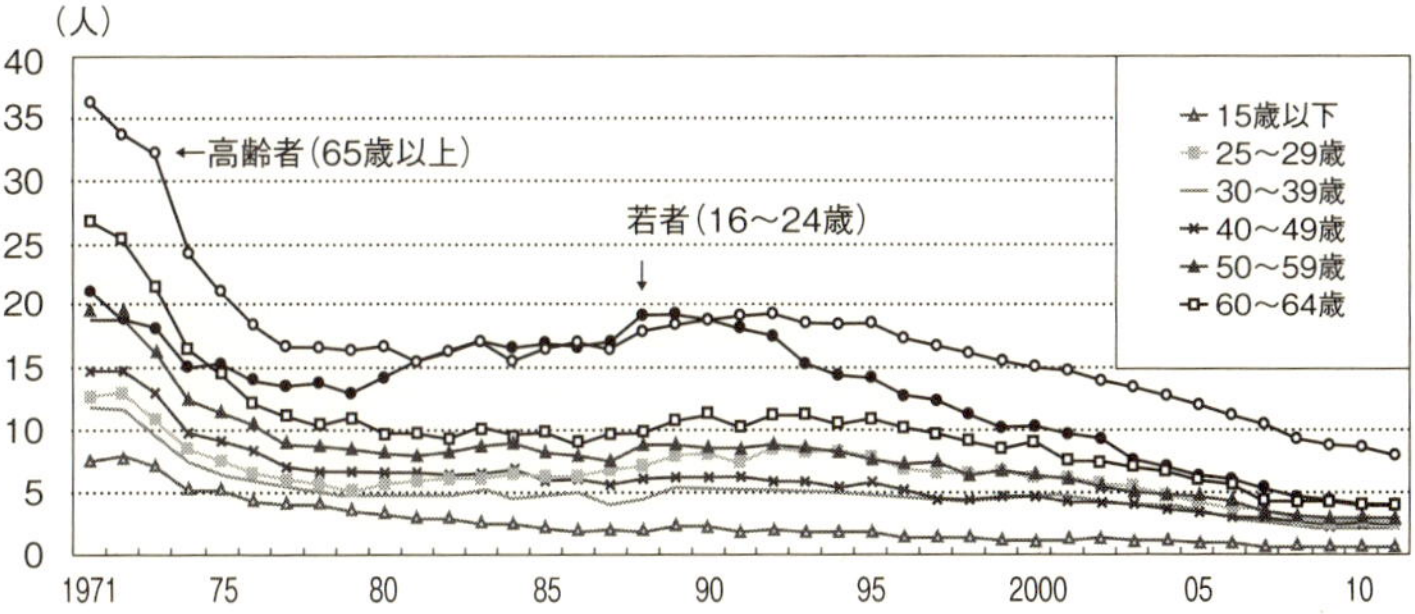

注：各年 12 月末。
出所：警察庁。

(3)　環境に関連した課題

次は環境に関連した問題です。図表９は都市圏別の一人当たり自動車 CO_2 排出量を見たものです。濃い四角のマークは三大都市圏での CO_2 の排出量ですが、これを見てもわかるように、人口がかなり集中している三大都市圏では CO_2 の排出量というのはそれほど高くないのです。むしろ、地方に行くにつれて、一人当たりの CO_2 排出量が高くなっています。地方では自動車の利用率が非常に高いのです。CO_2 の排出量を公共交通機関を使うことで抑えるなら、都市よりは地方のほうがより削減効率が高いということになります。

現在住んでいる地域にこれからも住みたいという人は大体四人に三人ぐらいいます。その理由は、「自然環境に恵まれているから」「家や土地があるから」「友人関係など人間関係があるから」と様々ですが、これからも自分が住んでいるところに住み続けたいという人が非常に多いのです。コンパクトシティという話もよく聞きますが、今住んでいるところから離れることについては、どうしてもお客様は嫌がるのではないかと思います。

一方、アンケートの結果である図表10を見ても、なるべく自家用車ではなく、「自転車を利用するようにしている」、あるいは「公共交通を利用するようにしている」という人は五〇％程度しかいません。それに対して、「自家用車として、環境にやさしい車を保有する」というお客様はもっと多いのです。したがって、車がある前提で、いかに効率を高めたり、環境にいい車をつくったりするかということが、業界としては大事な課題だろうと思っています。

(4) カーシェアリング

一つの解決方法としては、カーシェアリングというのがあります。交通エコロジー・モビリティ財団の二〇一一年一月時点の調査データによれば、カーシェアリングの会員数を二〇一一年時点のデータで見ますと、二〇一一年に急激に増えて、七万三、〇〇〇人ぐらいになっています。ただし、依然として規模が小さいことは事実です。

またクロス・マーケティングによる東京二三区、神奈川県川崎市、横浜市における調査データ（二〇一〇年七月）では、「とても利用したい」「やや利用したい」という意向をお持ちの方は、全体では大体二五％と、四分の一くらいの方がカーシェアリングを利用したいという意向を持っていることがわかります。その傾向は、特に若い人で高いということもわかります。

実際のカーシェアリング会員の年齢構成を見ると、三十代が非常に多いのです。我々も、若者の車保有の意向については調査をしているのですが、十代、二十代は車に対する興味、関心が非常に薄い。

図表9 環境負荷の低減

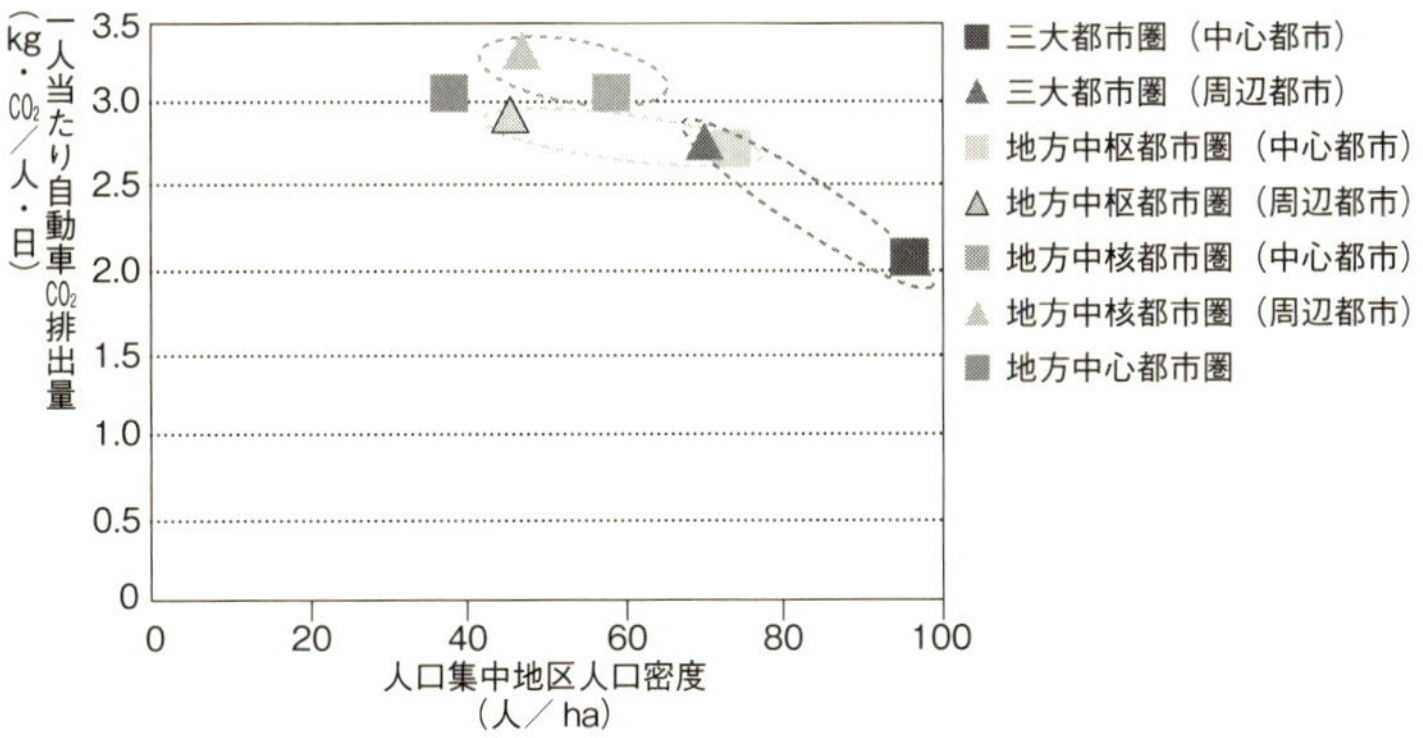

注：1 都市圏分類は、国土交通省「全国都市交通特性調査」の都市圏分類によるもの。
2 CO_2排出量とは、自動車（バス、タクシー等、旅客自動車運送事業に係るものは除く）の利用によって排出されるCO_2の推計値。

資料：総務省「家計調査」「国勢調査」「住民基本台帳」、経済産業省「総合エネルギー統計」及び環境省「地球温暖化対策地方公共団体実行計画（区域施策編）策定マニュアル（第1版）」より国土交通省作成。

出所：国土交通白書21年版。

図表10 自家用車への期待は高い

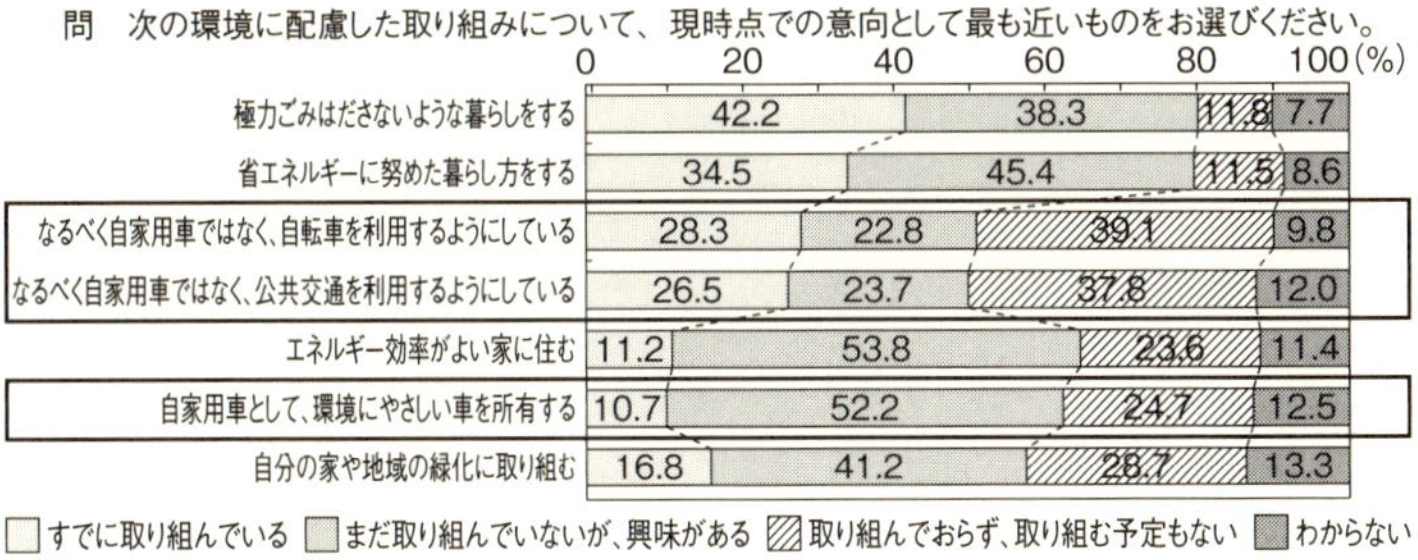

出所：国土交通白書平成21年版。

ほとんど白物家電と同じような扱いで、趣味として車を持つということは減っていますし、家に親と一緒に住んでいらっしゃる方も多いので、必要なときには親の車を使えばいいと思っている方も非常に多いようです。ただし、若い方でも、子供がいるとどうしても車で移動したいという方が増えています。三十代でカーシェアリングがかなり多いというのは、そういうところに原因があるのではないかとも考えています。

カーシェアリングの用途としてやはり圧倒的に多いのは、送迎と近距離レジャーです。一方でレンタカーになりますと、長距離が多くなるというのが現状です。したがって、カーシェアリングとレンタカーとは、基本的にすみ分けができるだろうと考えています。

自家用車とカーシェアリングとレンタカー、タクシーとでは、経済的に見てどれだけ違うのでしょうか。交通エコロジー・モビリティ財団の報告書によれば、まずカーシェアリングと自家用車の比較では、カーシェアリングのプランにもよりますが、おおむね年間走行距離が六、〇〇〇~九、〇〇〇キロメートル以上ですと車を持ったほうが得になります。逆にそれ以下だとカーシェアリングあるいはレンタカーのほうが得になります。カーシェアリングとレンタカーとの比較では、一回の利用時間が六~一〇時間以上になるとレンタカーのほうが料金は割安になります。最後にタクシーを使った場合とカーシェアリングとでは、往復をするのであればタクシーのほうが圧倒的に得です。往復にすると、行った先での駐車料金がかかってしまうからです。したがって、カーシェアリングの利用を促すのであれば、どうしても乗り捨てのシステムが必要ということになります。

その点に関連して少し宣伝させていただきますと、実は「チョイモビヨコハマ」というのを弊社で実施しています。二〇一三年一〇月から一年間の期限つきで実証実験を行っているのですが、横浜市内のあちこちに、二人乗りの小型電気自動車を置きまして、乗っていった先で乗り捨てられるというシステムになっています。車が置いてある箇所が多いので、サービス開始後一カ月後の現時点で、二、七〇〇人が登録をしてくださいました。横浜市内の弊社の周辺では、走っている姿を見かけることがあります。

どんな利用が多いのかとアンケートをとったところ、三つの用途が浮かび上がってきました。一つは、ビジネスでの効率的・経済的な移動に利用するというもの。二つ目は、より効率的に広範囲を周遊する、ヨコハマ散歩の足として利用するというもの。そして三つ目は、街とコミュニケーションする新しい移動手段として利用するというものです。電車よりこちらのほうが楽しいという声もありまして、公共交通機関に代わる手段として、こういった乗り捨て式のスマートモビリティというのは可能性があるのではないかと思っています。今後も実証実験を行っていきます。

五　新興国への対応

最後は新興国への対応です。図表11は、世界の地域別の自動車販売台数の推移を示しています。これを見ていただきますと、日本は長期的にじりじりと減っているという状態が続いています。北米（アメリカ、カナダ）もそんなには増えていません。

では、増えているのはどこかと言いますと、中国、中南米、アジア（日本と中国を除く）、中東・ア

図表 11　世界の地域別自動車販売台数

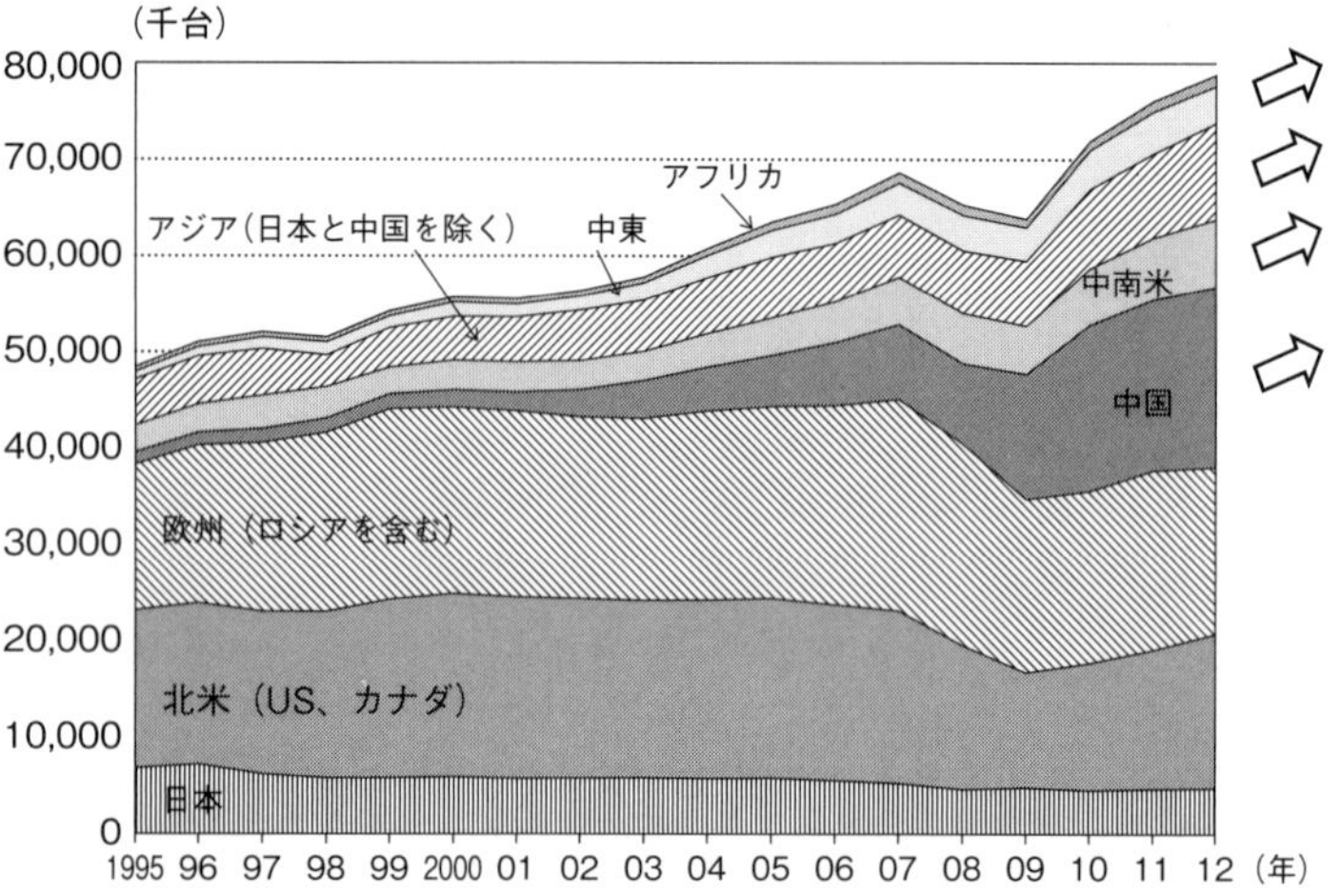

・先進国の販売台数は停滞しているが、新興国（中国、日本と中国を除くアジア、中南米、中東・アフリカ）では拡大が続き、2010 年には世界全体の 50%を超えたものと見られる。
・新興国では、所得水準の向上により、今後も販売台数の拡大が見込まれる。
注：一部推定を含む。
出所：各国自動車工業会ほか。

フリカの四つの地域です。この四つの地域が近年急速に市場を拡大させており、今後も、所得の向上に伴って市場の拡大が見込めます。したがって、各メーカーとも、この四地域でいかに販売を増やしていくかということに腐心しているところです。

(1)　日産のブランド戦略

二〇一三年、ダットサンというブランドを発表しました。日産は、今、「ニッサン」という高級車ではないチャンネルと、「インフィニティ」という、アメリカを中心とした高級車のチャンネルを持っています。これに加えて、今後は、発展途上国において「ダットサン」というブランドを構築していくということを発表したのです。ダットサンというのは、実は日産が昔使っていたブランドで、「ニッサン」として売っている車の価格帯よりちょっと下を狙っていこうというブランドです。

なぜわざわざそんなことをするのかというと、車の価格とブランドというのはかなり関係があり、安い車を売っているブランドよりは高い車を売っているブランドのほうがブランドイメージはいいからです。現在、アメリカでは、二万ドルぐらいの車を中心に売っているのですが、安い車、例えば一〇〇万円とか一〇〇万円を切るような価格帯の車を売ってしまうと、安物の車メーカーという目で見られかねないのです。そこで、価格帯に従って新しいブランドをつくるということを決定したのです。

同じように、上の価格帯についてインフィニティというブランドを持っているのですが、それも同じ理由で、ニッサンという安い価格帯の車を売っているブランドでは高級車としては認められないと言われるのを防ぐために、インフィニティという高級車ブランドを別につくったのです。

したがって、三万ドル、あるいはそれを超えるような価格帯のインフィニティ、二万〜三万ドルぐらいで売っているニッサンと、そして一万ドルかそれ以下で売っていくダットサンと、価格帯によって大きく三つに分けていくことになります。

このダットサンというブランドは、エマージングマーケット専用のブランド名で、現在計画されているところでは、二〇一四年から、インド、インドネシア、ロシア、南アフリカの四地域において販売を開始する予定です。

(2) 国内に工場を残す理由

国内に工場を残す理由としては二つ挙げられます。

一つは、生産と開発拠点が近くないと、効率的な開発ができないということです。実験をしたり、生産工場からのフィードバックを受けたりするためには、開発拠点の近くに少なくとも一つは生産工場を置いておく必要があります。

もう一つの理由は、生産方法の開発ということです。皆さんもお聞きになったことがあるかと思いますが、日本の工場では、QC（品質管理サークル活動）といった、チームで品質向上のためのいろいろな活動を行い、その実績を上げてきました。今後も、新しい効率的な生産方法の開発というのは、そういった手法を使って、日本で続けていくことになるだろうと思います。

日産自動車も、最低一〇〇万台は国内でつくり続けると言っていますが、マザー工場としては最低そのぐらいの規模は必要なのです。今後も、国内工場が完全になくなるということはないだろうと思っています。

（二〇一三年一二月六日）

第七章　３Ｄプリンティングによるモノづくりの実状

前田寿彦
（ＮＴＴデータエンジニアリングシステムズ）

はじめに

今日は、最近、世の中で非常に関心が高まっている３Ｄプリンタについてお話をしたいと思います。それで何ができるのか、あるいは本当に言われているように第三の産業革命を起こすようなものなのか、そのあたりについて皆さまにぜひ理解していただき、将来に役立てていただけたらと思っています。

私の所属しているＮＴＴデータエンジニアリングシステムズという会社は、ドイツのＥＯＳという会社の３Ｄプリンタに関する総代理店をしています。販売並びに技術サポートをしているわけですが、営業活動をしている中で、「どうしてＮＴＴデータさんがこういう商売をしているのですか」とよく聞かれます。どうもＩＴ業界が片手間に何かやっているようなイメージで捉えられているのではないかと思うのですが、実は当社は、そもそも日立造船という会社のコンピュータ部門が独立してできた会社なのです。

もうかれこれ三五年以上前になりますが、日立造船という会社は当時、メーンフレームと呼ばれている大型計算機を、造船のうち、例えばＮＣ切断だとか、パイプの曲げだとかの分野に初めて採用したくらいで、コンピュータを使う技術に非常にたけていた会社でした。そういうコンピュータの技術をぜひ外販していこうではないかということでつくられたのが会社の成り立ちです。当初は日立造船情報システムという名前の会社でした。

その会社がまず何をしたかというと、コンピュータ技術を使って3次元のＣＡＤ／ＣＡＭシステムを開発しました。おそらく日本で3次元ＣＡＤ／ＣＡＭシステムを開発した初めての会社だと思います。３次元のＣＡＤデータから、工作機械を制御するためのＮＣデータを取り出す機能が特にすぐれていたということで、主として金型業界で高い評価を得ておりました。

当時、その3次元ＣＡＤ／ＣＡＭシステムを核としてその周りを補完するようなシステム、例えば解析ソフトだとかシミュレーションソフト、あるいは生産管理ソフトといったものを充実させてお客さまのニーズに幅広く応えていくという経営方針をとっていました。残念ながら自社でそのような多様なシステムを全て自前で開発することはできなかったので、特にアメリカ、ヨーロッパから優秀なシステムを見つけてきて、それを自社のＣＡＤ／ＣＡＭシステムとインテグレートしてお客さまに提供するという活動を行っていました。

私は、欧米のいろいろなシステムを見つけてきて、契約をして、それを日本で販売する、あるいはサポートする、そういう商品発掘の仕事に携わっていました。海外事業部とか事業企画部という名前でやっていたのですが、その中の一つとして、3次元CAD／CAMのアウトプット先として当時世の中に出始めた3Dプリンタ（当時はラピッドプロトタイプ装置と言われていました）がいるのではないかということで、扱うとしたらどれがいいのか世界中を探し回りました。世界中といってもアメリカかヨーロッパなのですが、そういう中で探し出したのが、ミュンヘンのベンチャー企業であったEOSという会社の製品です。

早速日本の総販売代理店になる契約をしました。それが一九九三年の話です。私はこの仕事をもうかれこれ二〇年以上やっていることになります。普通そういう海外のシステムを見つけてきて契約すれば担当部署にシフトするのですけれども、どういうわけかこの3Dプリンタだけは誰も引き受け手がなくて、結局自分でやらなければいけないはめに陥ってしまったのです。

それからずっとこの仕事に携わっています。二〇年のうちの最初の一五年ぐらいは全然売れず、赤字続きでした。この装置を導入すれば、こういうことができる、ああいうことができるといったことを盛んにPRしたのですが、全然売れず、私の評価もどんどん下がるばかりでした。

一　加熱する報道、期待感

ところが、ここへ来て急に3Dプリンタがブームになり、一体どういうことかと私自身も戸惑っています。普通こういう新しい事業を始める場合、三年赤字が続くと、もうその事業をやめるというのが世の中のならわしです。当然この事業も、今年も赤字だったらもうやめると何回も言われましたが、結局誰もやめるという決断をせずにずるずると来て、今ここで急に世の中の脚光を浴びることになったわけです。どんなことでも長いこと続けていると、それなりにいいことがあることの見本みたいなものだと思っています。

こんなにブームになったきっかけは、二〇一二年の暮れに雑誌で取り上げられたことにあったと思います。『エコノミスト』が表紙にヴァイオリンの写真を掲げて、ストラディヴァリウスのヴァイオリンが3Dプリンタでつくることができると報道したのです。また、つい最近までベストセラーになっていたクリス・アンダーソンの『メイカーズ』という本も出ました。これは、こういうものを使うと一人ひとりがメーカーになれますよ、起業家になれますよという本です。さらに、バラク・オバマ大統領が二〇一三年の一般教書演説で、アメリカに製造業を取り戻す、そのキーとなるのが3Dプリンタだと言ったことも大きかったと思います。今までは生産拠点がどんどん海外に出ていったのですが、この3Dプリンタを核としてアメリカを世界の最先端の生産拠点にするのだという発表をし、相当なお金もつぎ込むことにしたのです。

そういうことがあったので、日本でも新聞や雑誌、テレビで、3Dプリンタはすごい、すごい機械が出てきたと、盛んに取り上げるようになったわけです。マスコミがわっと騒ぎ立てたということと、個人でも買える安い機械が出てきたということと、それから、オバマ大統領だけではなくてアベノミクスで安倍晋三首相も助成金を出すのではないかという憶測も出てきて、それらがあわさって、3D

図表1　ハイプ・サイクル

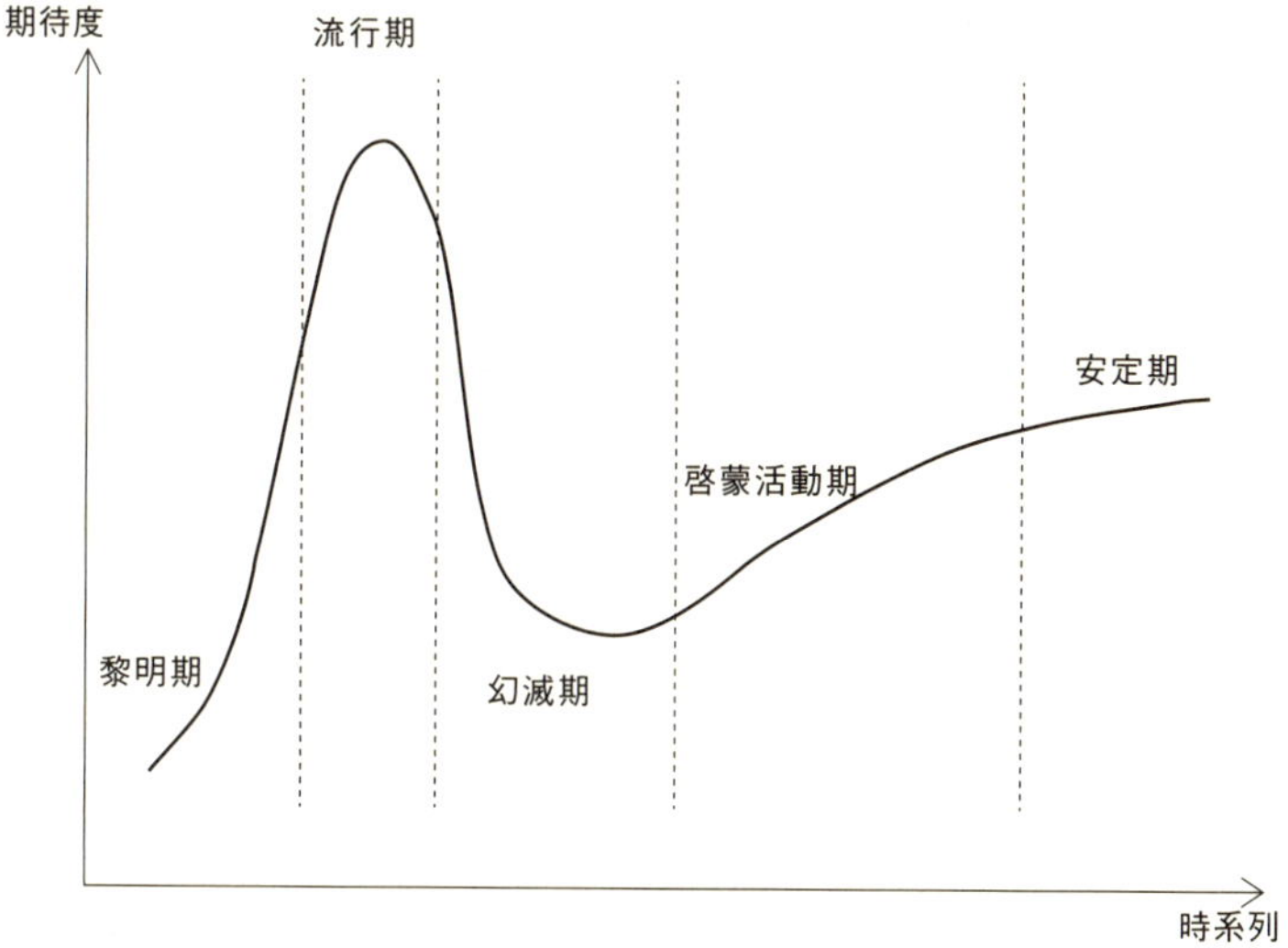

出所：http://www.gartner.co.jp/research/methodologies/reseach_hype.php を参照して筆者作成。

プリンタを買ってみようという話が、今、非常に盛り上がっているのだと思います。しかし、マスコミで報道されているほとんどの情報は余り正しいものではないようです。かなりいいかげんな話が多いので、今日はそのあたりをしっかり理解してほしいと思っています。

ガートナーというITリサーチ・コンサルタント企業が毎年公表しているハイプ・サイクルというものがあります。図表1に示すような曲線ですが、これは何を示しているかというと、何か新しい技術が世の中に出てくると、最初は世間の関心が急に盛り上がります。この技術はすごいことができるとか、この技術で世の中が変わるとか、人々の注目を集めるわけです。しかし、皆さんの期待が頂点を過ぎると、急激に熱が冷めていきます。言っていたほどできないではないかというように、落胆に変わるわけです。マスコミも見向きもしなくなります。でも、そうは言いながら、そういう技術の利点と適用方法が徐々に理解されるようになります。さらに広範に受け入れられるようになると、技術は安定し第二世代、第三世代に進化することになります。新しい技術がそういう過程をたどることをこのカーブは示しています。

だめになるのか、広範に利用されるようになるのか、あるいはニッチな市場になるのかは、それぞれの技術によるわけですが、実は３Ｄプリンタは、去年は流行期のカーブの頂点近くにいました。おそらく来年あたりは、もう誰も見向きもしなくなるような状況が来ることが予想されます。実は日本国内特有のカーブもガートナーは発表しています。二〇一三年の初めに見た日本国内のハイプ・サイクルでは、３Ｄプリンタは影も形もありませんでした。しかし、いずれはこういう経過をたどるのではないかと思っています。

二　３Ｄプリンタとは

(1)　３Ｄプリンタの定義

そもそも３Ｄプリンタとは何でしょうか。

実は、我々の業界ではもともと３Ｄプリンタとは言っていませんでした。ものを一層一層積み重ねてつくるという意味で、積層造形と言っていたのです。積層造形にはいろいろな方法がありますが、その中でも、紙に印刷するプリンタに使っているプリントヘッドやノズル、あるいはその他のプリンタ技術を用いて、材料を堆積させることによって立体形状を造形する比較的安価な装置、これに限って3Dプリンタと呼んでいたのです。けれども、今は非常に高価な装置も含めて、総じて3Dプリンタと呼んでいます。

3Dプリンタの認知度が上がったので、3Dプリンタと呼んだほうが話が簡単に済むからなのですが、実際にアメリカの公式文書とかを見てみますと、3Dプリンタという言葉は一切使われていません。そこで使われているのは、ASTMという組織が二〇〇九年に正式に決定したアディティブ・マニュファクチャリングという言葉です。アディティブというのは「付加的な」ということです。普通、ものをつくるときは工作機械や道具で削っていきます。サブトラクト、つまり引き算で製品をつくります。それに対して3Dプリンタは一層一層積み重ねてつくるので、付加的な造形です。これをアディティブ・マニュファクチャリングと呼んでいるのです。

(2)　3Dプリンタの原理

3Dプリンタの原理は何かと言いますと、最終的には立体をつくるわけですが、その立体をまず薄い層に分解します。例えば高さ一〇センチの物体であるとすると、厚さ一ミリの層に分解します。そうすると一〇〇枚の断面ができるわけですが、その一〇〇枚の断面を一層一層、順番に固めていき、最終的に立体をつくり上げるというのが基本原理です。どんな複雑な形状でも、断面をとってみれば単なる平面図形になります。そうすると、立体をつくるという作業は、その平面図形を塗り潰すとい

図表2　積層造形の制約

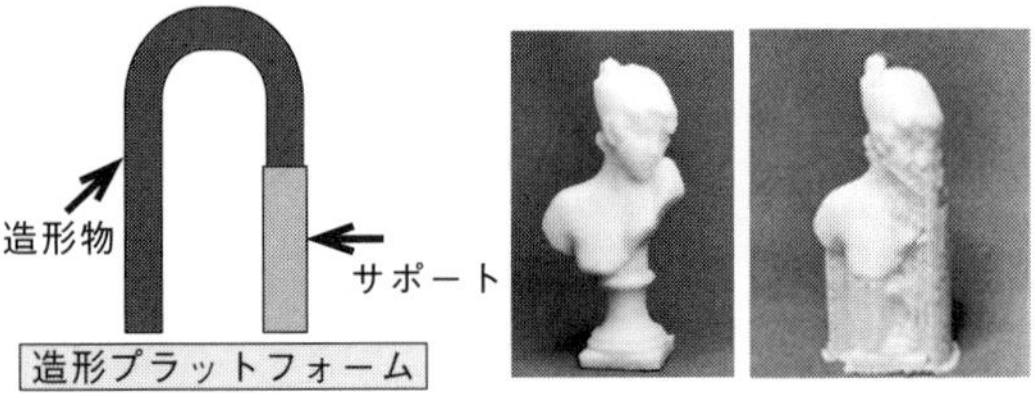

出所：『日経テクノロジー online』掲載記事をもとに筆者作成。

う作業に単純化されることになります。その断面を塗り潰すという単純作業を層ごとに順番に積み重ねていくと、どんなに複雑な形状でも最終的にはできるわけです。今まで工作機械では加工できなかったような形状のものでも、3Dプリンタだとできてしまうという点が一番のみそです。もっとも一層の厚さが一ミリもあればそれが重なってできた3次元形状は階段状のガタガタした形状になるので実際にはもっと薄い積層厚で造形されます。

(3)　積層造形の制約

本当に3Dプリンタを使えば、どんな複雑な3次元形状でもつくれるのかというと、実はここに大きな落とし穴があります。一層一層順番に下からつくっていくので、形状によっては、サポートというものをつけないといけない場合があるのです。図表2の左の例のように、終端がいきなり空中に出てくるような造形はサポートなしではできないのです。しかも、形状が複雑な場合、サポートがつくれないこともあります。したがって、3Dプリンタで造形できる形状には制約があります。さらに言えば、造形した後にサポートを取り去る必要がありますが、形状内部のサポートは取れないしサポートのついていた面は荒れるのです。

つまり、図表2の写真の左にあるような像をつくろうとすると、オーバーハングした部分を支えるためのサポートも最初から順々に造形してやらないと、オーバーハングした部分がそもそもつくれないのです（写真右）。そういう制約があるということです。

ただし、例外として粉末積層造形というのがあります。粉末を使う造形装置の場合には、粉末がサポートになるので、造形物を3次元空間に配置できます。そのため、造形できる形状に制約がありませんし、造形後にサポートを取り去る必要もありません。その結果、効率的な生産ができることになります。より具体的に言うと、造形領域の中に3次元的にいろいろな形状のパーツをすき間なく埋め込むことができるということです。サポートがないからパーツの上にパーツを配置することもできるし、あいた空間にパーツを並べることもできます。

しかし、こう言えるのはあくまでもプラスチックの場合のみで、金属粉末の場合にはサポートがいります。金属粉末はプラスチック粉末に比べてサラサラしているため最初に固化した部分を保持できないこと、および金属の場合、造形時に大きな内部応力が発生しやすく歪みが出るので、それを拘束するためのサポートです。この場合、サポートも金属になりますが、この金属を取るのがまた大変なのです。だから、3Dプリンタだったらどんな形状でもできるというのは、できるときもあるし、できないときもあるということになります。この点は注意しておいてほしいと思います。

(4)　データの流れ

ここで処理の流れをお話ししましょう。

3次元形状を造形するので、必ずCADで3次元形状のデータをつくらないといけません。CAD

があって初めてそのデータで形状をつくることができるということになります。３次元ＣＡＤは世の中にいろいろあります。そして、そのいろいろなＣＡＤというのは、それぞれのフォーマットでデータを持っています。したがって、あるＣＡＤでつくったデータを別のＣＡＤで読もうと思っても、読めません。そこで、どのＣＡＤでつくったデータでも造形ができるようにするためのＳＴＬデータというものが使われています。造形のためのデータです。おそらく最近はどのＣＡＤを使ってもＳＴＬデータでセーブできる機能がついているはずです。

ＳＴＬデータとは、アメリカの３Ｄシステムズ社が開発したデータフォーマットです。自由曲面で囲まれた3次元形状を、細かい三角平面の集合体で近似するものです。ちょうどディスコにあるミラーボールみたいに、球を球ではなく、小さな面の集合体で表現するのです。どうしてそのようにするかというと、造形するためには3次元形状を輪切りにして、各層の輪郭データをつくらなければいけないからです。そのため、３次元形状と水平面の交線を求めないといけないのですが、それは至難のわざなのです。自由曲面と平面の交線を求めて輪郭を出すというのは非常に難しい問題なわけですが、3次元曲面を平面の集合体で表すと、平面と平面の交線を求めることになります。微小な平面と水平面の交線を求めていったら輪郭ができます。輪郭はスムーズな曲線ではなく微小な直線がつながった形になりますが、簡単に計算することができます。

ただし、ＳＴＬデータも、余り性能のよくないＣＡＤだと、ＳＴＬデータを構成する三角形と三角形がうまくつながっていなかったり、三角形のどちらが表か裏かを表す法線ベクトルは外を向くはずなのが、ときどき形状の内側を向いたりします。そうなると、ＳＴＬデータで近似した物体のところどころに穴があいたり、すき間があいたりすることになります。それを水平面で切って輪郭を出すと、閉じていなくてすき間があいた輪郭になってしまいます。そのすき間があいた輪郭を塗り潰していくと、皆さんよく経験があると思うのですが、平面全体が塗り潰される。すき間から塗り潰し部分が漏れて、ちゃんと輪郭内を塗り潰すことができなくなるのです。

そこで、世の中には「Magics」というソフトがあります。これは、性能のよくないＣＡＤから出てきた欠陥のあるＳＴＬデータを、問題のないＳＴＬデータに修正するためのソフトです。そこから出てきたＳＴＬデータを造形装置に送り込めば、造形装置がスライスして一層一層造形してくれることになります。

３次元形状の平面近似は、この三角形の形を小さくすればするほど滑らかな面になりますが、余り細かくするとデータ量が膨大になります。そのため、まだコンピュータの性能が低いときには、その処理ができないというようなことがあったのですが、最近はコンピュータの性能がよくなったので、ＳＴＬデータによる平面近似でも、非常にきれいな曲面ができるようになっています。ＳＴＬデータの品質は、どの程度、欠陥のないなめらかな自由曲面を表現できるかということで決まりますが、最近ではＳＴＬデータで近似して支障が出るようなことはなくなっています。

(5)　積層造形技術の種類

ここで、３Ｄプリンタにはどんな種類があるのかをお話ししておきたいと思います。先ほど言いましたように、どのような装置でも、厚さ〇・〇一～〇・三ミリ程度の断面に分割します。それを何ら

図表３　積層造形技術の種類と分類

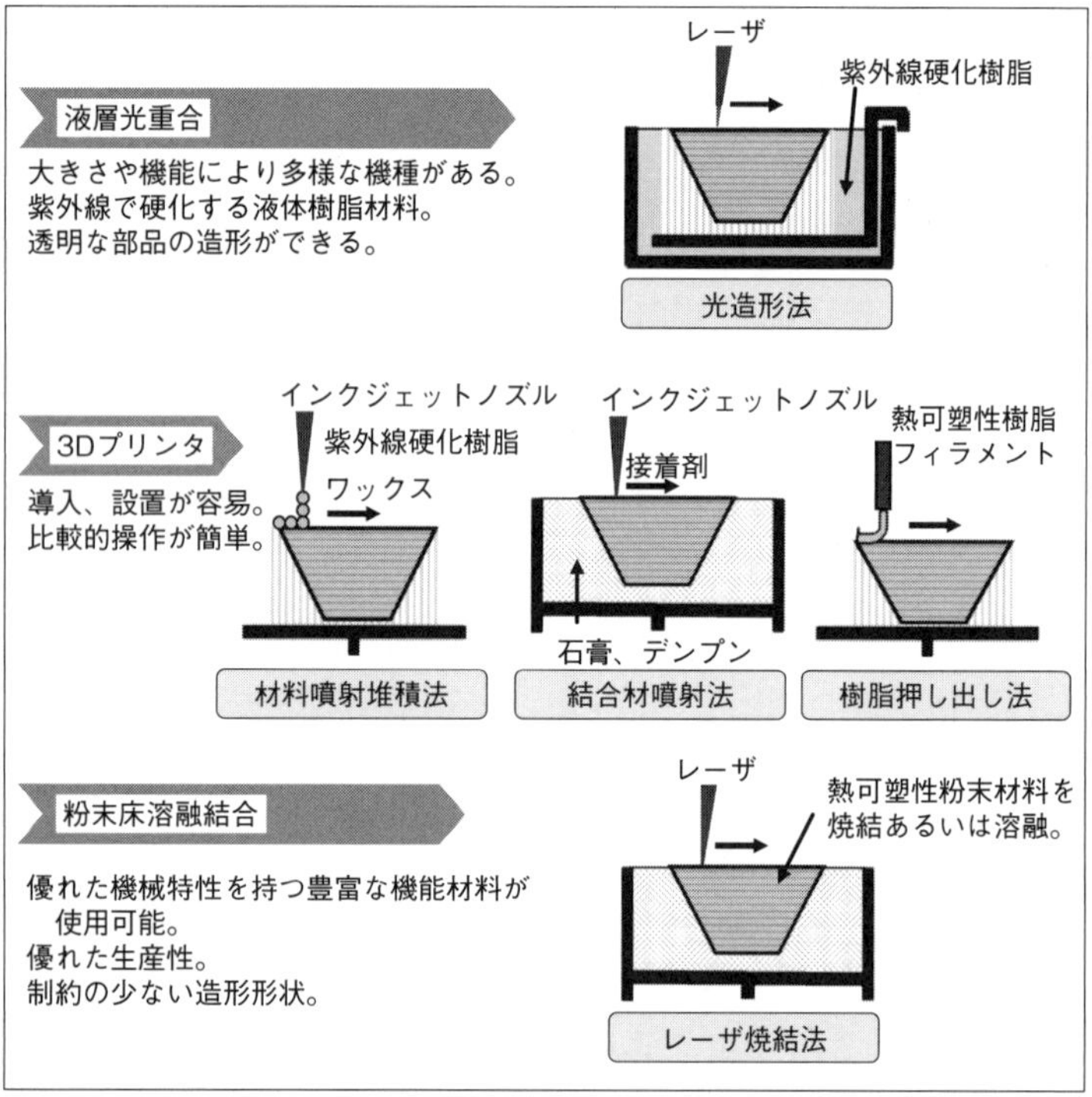

出所：筆者作成。

かの方法で一層一層固めていくわけですが、それにはいくつかの方法があります（図表3）。

一つ目が液層光重合法、いわゆる光造形装置です。この装置のタンクの中には紫外線に当たると固まる液体が入っています。最初のプラットホームは一番上にあります。そのプラットホームを一層分、〇・〇一〜〇・三ミリぐらい沈めると、このプラットホームの上に液体が回ってきますので、その層の断面に紫外線レーザを照射するのです。紫外線が当たった部分が瞬時に固まります。次に、プラットホームを一段下げて、またその上に液体を回し、そこの断面にレーザを照射します。これを繰り返していくのです。そうすると、最終的にプラットホームの上に光で固まった物体が載っているということになります。ただし、必要に応じて先ほどいったサポートがつきます。

二つ目が3Dプリンタです。これにはいくつか種類がありますが、まずインクジェットノズルを使った材料噴射堆積法。紙に印刷するプリンタの場合はプリントヘッドからインクが出ますが、3Dプリンタの場合には光に当たったら固まるような液体やワックスをプリントヘッドから噴射します。最初にプラットホームの上に一層目の断面を描画して、それが固まったら一段下げて、またその上に次の層の断面を描画していくということを繰り返します。これにもサポートがつきます。

粉末を使う方式もあります（結合材噴射法）。この場合は、プラットホームが最初に一番上にあるとすると、まず一段下げて、一層分の粉末をまきます。その粉末にプリントヘッドから接着剤を噴射します。そうすると一層目の断面が接着剤で固まります。一層分固まったら、また一段プラットホームを下げて、その上にまた粉末をまき、接着剤をプリントヘッドから噴射します。これを繰り返すと、最終的には粉末の中に埋まった形で接着剤で固まった3次元形状ができることになります。この場合、サポートは不要です。

最後に、樹脂を押し出す方法もあります。これは、ヨドバシカメラなどで売られている機械が採用している方法です。熱したノズルにプラスチック材料のフィラメントを通します。そうすると、ノズルを通ったフィラメントは溶けた状態になるので、それをこすりつけて一筆書きのような要領で断面を塗り潰していくわけです。絵の具のチューブを吐き出すような感じです。それで一層分固めたら、

図表４　積層造形装置の起源

人　物	研究開始時期	特許出願	論文発表
小玉秀男（名古屋市工業研究所）	1980年	1980年4月12日（審査請求せず）	1981年
アラン・J・ハーバート（米国3M社）	1978年	—（出願せず）	1982年
丸谷洋二（大阪府立工業技術研究所）	1983年	1984年5月23日	1984年
チャールズ・W・ハル（米国ウルトラ・バイオレット・プロダクト社）1986年3Dシステムズ社設立	1982年	1984年8月8日	

出所：北口秀美「光造形法の発明」『Macro Review』9-2, 1997を参照して筆者が作成。

一段下げて、またその上に溶けた樹脂を乗せていくということを繰り返します。最終的にはプラスチックのフィラメントが形を変えて物体になるというわけです。

三番目の方式は、粉末床溶融結合、いわゆるレーザ焼結法です。やはり粉末を使いますが、この場合には、粉末を一層まいて、その断面をレーザの熱で焼結あるいは溶融して固めます。それで一層を固めたら、また上に粉末を一層まいて、またレーザで断面を固めていきます。それを繰り返すことで、最終的には粉末の中に物体が埋まった形で造形されます。粉末をレーザの熱で固めているので、プラスチック粉末であれば射出成形品のようにプラスチックが溶けたものが固まった状態で出てくるし、これが金属粉末であれば金属が溶けて固まった状態で、つまり金属部品として出てくることになります。歴史的にレーザ焼結と言っていますが、現在ではレーザ溶融と言うほうが実情に合っていると思います。

(6)　積層造形装置の起源

３Ｄプリンタは一体誰が発明したものでしょうか。図表４

にあるように、実は名古屋市工業研究所の小玉秀男先生という日本人が発明したのです。この人はもともとシャドーマスクという半導体を露光してパターンをつくる研究をされていたのですが、そのときに光を当てたら固まる樹脂、光硬化性樹脂に出会います。このシャドーマスクの技術を応用すれば3次元物体ができるのではないかということを考えたのが最初のようです。一九八〇年に特許出願をしています。

これとほぼ同じ時期に、アラン・J・ハーバートだとか、大阪府立工業技術研究所の丸谷洋二先生だとか、アメリカのチャールズ・W・ハルといった人たちも同じようなことを考えついています。そして、この最後のハルが一九八六年に3Dシステムズ社を設立し、その翌年の一九八七年に初めての3Dプリンタ、先ほど言った光で固まる方式ですが、それを世の中に出しています。最終的には、3Dシステムズ社が持つ特許が世の中で有効だということでずっと今日まで来ています。

三　3Dプリンティング業界の変遷

図表5にあるチャートを見てください。これは一九八六年から二〇一三年までの間に、3Dプリンタをつくっていたメーカーの変遷を示しています。一つの横線が一つのメーカーを表していますが、世の中にこれだけの会社が3Dプリンティングに携わっているのです。

今言ったように、3Dシステムズ社が初めて会社を立ち上げたのですが、一九八〇年代後半から一九九〇年代初頭にかけて、日本でも光造形の装置をつくる会社が一〇社以上できました。我々も、こ

図表５　3D プリンティング業界の変遷

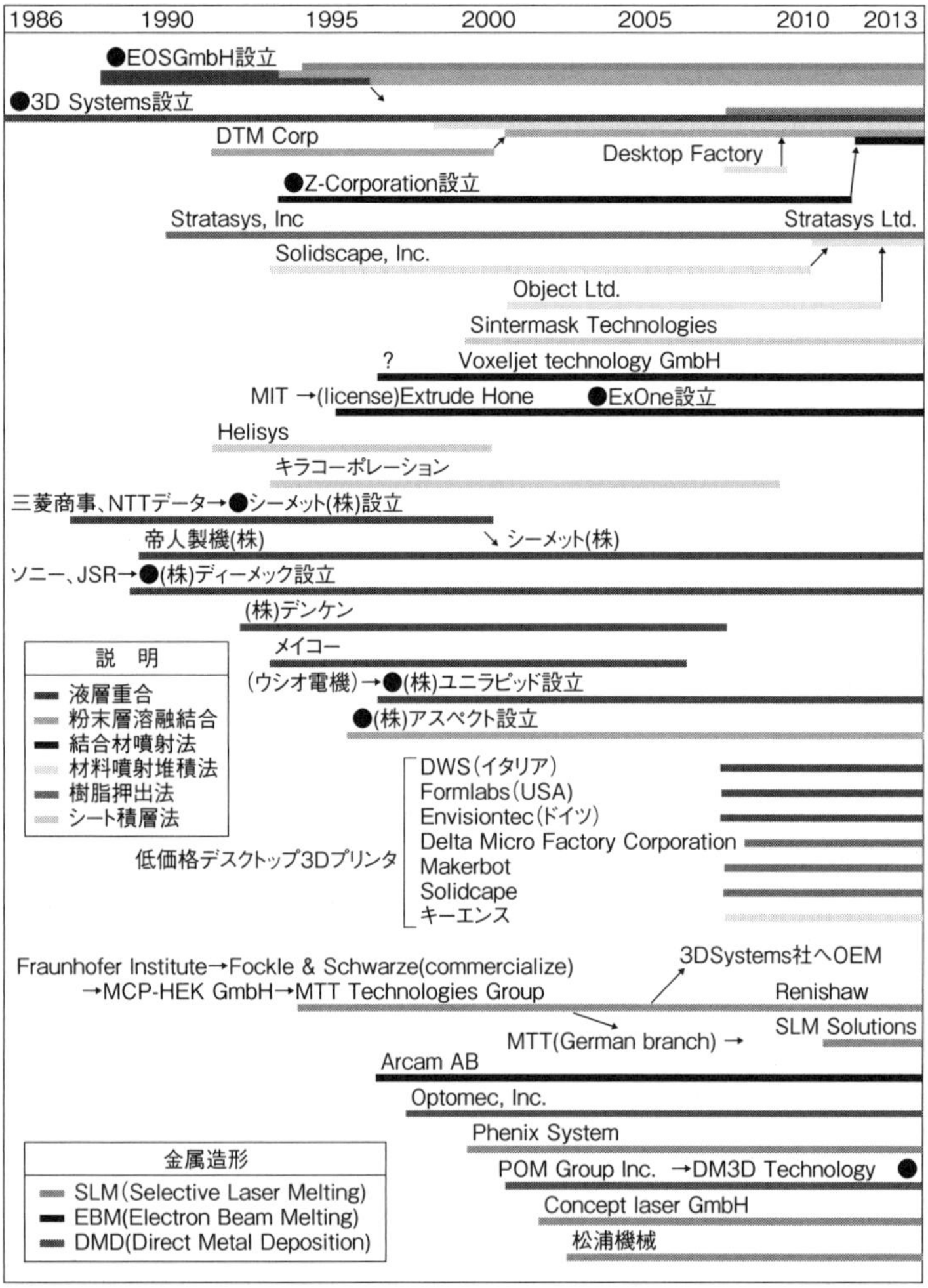
1986
1990
1995
2000
2005
2010
2013
●EOSGmbH設立
●3D Systems設立
DTM Corp
Desktop Factory
●Z-Corporation設立
Stratasys, Inc
Stratasys Ltd.
Solidscape, Inc.
Object Ltd.
Sintermask Technologies
?
Voxeljet technology GmbH
MIT →(license)Extrude Hone
●ExOne設立
Helisys
キラコーポレーション
三菱商事、NTTデータ→●シーメット(株)設立
帝人製機(株)
↘ シーメット(株)
ソニー、JSR→●(株)ディーメック設立
(株)デンケン
メイコー
(ウシオ電機)→●(株)ユニラピッド設立
●(株)アスペクト設立
説　明
液層重合
粉末層溶融結合
結合材噴射法
材料噴射堆積法
樹脂押出法
シート積層法
低価格デスクトップ3Dプリンタ
DWS(イタリア)
Formlabs(USA)
Envisiontec(ドイツ)
Delta Micro Factory Corporation
Makerbot
Solidcape
キーエンス
Fraunhofer Institute→Fockle & Schwarze(commercialize)
→MCP-HEK GmbH→MTT Technologies Group
3DSystems社へOEM
Renishaw
MTT(German branch) →
SLM Solutions
Arcam AB
Optomec, Inc.
Phenix System
POM Group Inc. →DM3D Technology ●
Concept laser GmbH
松浦機械
金属造形
SLM(Selective Laser Melting)
EBM(Electron Beam Melting)
DMD(Direct Metal Deposition)

出所：筆者作成。

ういうことをしないといけないということで、この頃に商売を始めたのですが、いかんせん先ほど言ったように全然売れませんでした。そのため、日本にあった3Dプリンタのメーカーはほとんどが商売をやめました。これだけある中で、日本のメーカーで元気なところは今では四社ぐらいしかありません。残りは、ほとんどが欧米、特にヨーロッパ勢です。

この図の中で、今、世の中の関心を集めている装置は、一番下から上8本の線で示されたグループです。このグループは、金属材料を使って直接金属部品をつくったり、金型をつくったりする装置を扱っています。世の中の関心を集めているもう一つのグループは、その上の低価格デスクトップ3Dプリンタグループです。これは、非常に安い3Dプリンタを売っているメーカーの集まりです。

ここで少し歴史を振り返ってみましょう。3Dシステムズ社が立ち上げた光造形装置は、もともとはラピッドプロトタイピング装置と言われていたものです。早く試作品をつくるためのものです。つまり、この頃の装置でつくったものは、デザイン検証でしか使えなかったのです。例えば朝つくったものが夕方になると水分を吸って柔らかくなったり、触っているうちに割れたりしました。何かに使おうと思っても、とても使いものにはならなかったのです。それが材料や造形法が多様化して、機能試験に使えるようになってきました。そうなると、機能試験に使えるのであれば、そのまま最終製品をつくればいいではないかということになり、それで出てきたのがアディティブ・マニュファクチャリングというわけです。

先ほど、積層造形はアディティブ・マニュファクチャリングというと言いましたが、アディティブ・マニュファクチャリングと言う限り、単に積層でものをつくるだけではなくて、今までの工法ではできない、積層造形でしかつくれないものをつくるという要素が入ってきます。

これまでの工法である機械加工や鋳造ではつくれないような、非常に複雑なものがこれでつくることができるのではないかという意味を込めて、アディティブ・マニュファクチャリングという用語が使われている場合が多いようです。もっとも、最近は非常に安い装置が出てきて、こういう機械を買えば画期的なものをつくることができて皆さんも起業家になれます、というような話になっていますが、実はこういう安い機械はまだラピッドプロトタイピングのレベルのものが非常に多く、とてもそれ以上のものには対応できないと思います。

四　アディティブ・マニュファクチャリング装置の特徴

(1)　レーザ焼結型アディティブ・マニュファクチャリング装置の適用分野

アディティブ・マニュファクチャリングが実際の製品に使えるかどうかという観点でいうと、粉末をレーザの熱で焼結あるいは溶融してものをつくるという方式は、アディティブ・マニュファクチャリングに非常に適応しているのではないかと思います。これは何も我々がこの装置を売っているからということではなく、公平な目で見てそうだと思います。なぜかというと、図表6にあるように、プラスチック粉末を固めるとプラスチック部品ができるし、ポリスチレンで消失模型をつくると、ロストワックス鋳造で金属部品をつくることができます。金属粉末で造形をすると金属部品がそのままで

図表6　レーザ焼結型アディティブ・マニュファクチャリング装置の適用分野

材　料	造形物	手　法	最終製品
プラスチック粉末	プラスチック部品	—	プラスチック部品
	消失模型（ポリスチレン）	ロストワックス鋳造	金属部品
金属粉末	金属部品	金属粉末直接焼結	金属部品
	金型	射出成形	プラスチック部品
		ダイカスト	金属部品
シェル砂	鋳型	シェル鋳造	金属部品

出所：筆者作成。

きるし、金属粉末で金型をつくれば射出成形でプラスチック部品が量産できます。また、ダイカスト金型をつくれば金属部品が量産できます。砂で造形すれば、鋳型ができて、鋳造で金属部品がつくれます。このように、いろいろな手法でプラスチック部品でも金属部品でもつくることができるという利点があるからです。

しかし、プラスチック材料というのはレーザの熱で造形することが非常に難しくて、現在のところは利用できる材料は基本的にはナイロン12、特殊用途としてロストワックス鋳造用の消失模型をつくるためのポリスチレン、そして高耐熱性のあるPEEK（ポリエーテル・エーテル・ケトン）材の三種です。いろいろな材料があるといっても、実はナイロンにアルミ粉末をまぜたとか、ナイロンにガラスビーズをまぜたとか、ほとんどがナイロンの亜流なのです。ただし、経時変化が少なく、耐水、対薬品性にすぐれているので製品として利用できる分野が多々あります。

それに比べて金属粉末には、ステンレスだとか、コバルトクロムだとか、チタンだとか、ニッケルだとかいろいろあります。

金属は、プラスチックに比べて材料を開発する余地がたくさんあると思います。

実際の装置でいうと、プラスチックを使う機械、金属を使う機械、あるいは鋳造用の砂を使う機械とに分かれています。材料によって求められるレーザのパワーだとか造形するときの雰囲気が違うので、それぞれの用途に応じた専用装置になります。

(2) アディティブ・マニュファクチャリングのアドバンテージ

アディティブ・マニュファクチャリングを使うメリットはどこにあるのでしょうか。一言で言うと、今までにないものができるということです。

まず、設計の自由度が高いということがあります。今まで対応できなかったような非常に軽いものや、従来の加工法では実現できなかったような機能を持ったものができます。

また、コストアドバンテージもあります。少量生産品に対応するのに適していますし、機能部品の一体化にも対応できます。機能部品の一体化というのは分かりにくいかもしれませんが、例えば可動部分を持ったものは、今までは各部品を別々につくってそれらを組み合わせてつくっていましたが、アディティブ・マニュファクチャリングでつくると、可動部分も含めて、一体化したものがそのままつくれるのです。そうなると、デザインの手法も変わってきます。

さらに、オーダーメイド生産も可能になります。個人の好みに合わせたものを一個でもつくれたり、自分がデザインしたものを量産品と同じような値段でつくったりすることができるのです。

もちろん、製品ではなく試作品をつくるにしても開発から製品のリリースまでにかかるリードタイムを短縮できます。

五　アディティブ・マニュファクチャリングのポテンシャル

(1)　最近の個人向けサービス

『メイカーズ』でも言及されているので、ここでシェイプウェイズという企業を紹介します。シェイプウェイズというのは、今急激に伸びている、ニューヨークにある会社です。顧客がデザインしたものをこの会社のウェブにアップすると、それを実際に3Dプリンタでつくって、何日かすると送り届けてくれるというサービスを提供しています。あるいは、自分でデザインしなくても、この会社のウェブサイトを見るとあらかじめデザインされたものが数多く掲載されていますので、気に入ったものを選んで買うこともできます。

会社のウェブページには数字がいっぱい並んでいます。例えば、今までに一〇〇万個のパーツをつくったとか、ウェブのマーケットには六、〇〇〇個のアイテムが陳列されているだとか、材料は三〇種類の中から選べるだとか、コミュニティには一五万人もいるといった内容のものです。こうした会社は、結構ハイエンドの装置を何台も置いていて、それでサービスを提供しています。これだけの規模でやっている会社には、個人が3Dプリンタを買って何かをやろうとしても、とうてい太刀打ちはできません。

最近テレビでディーエムエムドットコム（DMM）という会社の宣伝を見たことがあるかと思います。日本では、例えば、自分の写真を撮ってもらうと、それを基にフィギュアをつくってくれるというようなサービスがありますが、これまでこういう大規模なサービスはありませんでした。ところが、二〇一三年からDMMが、シェイプウェイズとほぼ同じやり方で事業を立ち上げたのです。DMMは、日本で手に入るマシーンをほとんど入れていると思いますが、メーンになるのはやはりハイエンドのものです。これを何台か入れて、注文の数をこなすということをやろうとしています。投資額も何十億円の単位です。

このことが示しているように、世界中からどれだけ注文を集めて、どれだけ大量生産をして、どれだけ安い値段で供給できるかということが、事業を推進するために極めて重要になってきています。

(2) 新しい金型設計

しかし、実は、我々が目指しているところはそういう世界ではありません。具体的には航空宇宙だとか、医療、金型、コンシューマ製品、自動車といったいわゆる産業分野で、我々の装置を使ってほしいと思っています。

確かに、ウェブで皆さんの注文を受けて、デザインされたものを造形してお渡しするというサービスも一つの事業ではあります。しかし、将来、それが産業革命につながっていくとはとうてい思えないのです。やはり、日本の産業が生き残っていくためには、産業分野でこういう技術をいかに活用するかが重要だと思っています。

現在ある世の中の製品のほとんどは、金型がないとできません。日本製の家電製品がいいとか、自動車もいいとかいうように、日本の製品にはいいところがたくさんありますが、その理由は、一言で言うと、日本ですごくいい金型ができたからです。すごくいい金型ができるからこそ、高機能な製品、品質のいい製品、精度の高い製品ができたのです。しかし、今日は、3次元CADだとか、工作機械、NC機械が世界中に行き渡っています。そのため、金型の面での日本の優位性はほとんどなくなりつつあります。今日の金型は悲惨な状態にあるわけですが、それが生き残るための一つの道は、金型に3Dプリンタを応用することだと思います。

図表7　子供向けコップの金型インサート

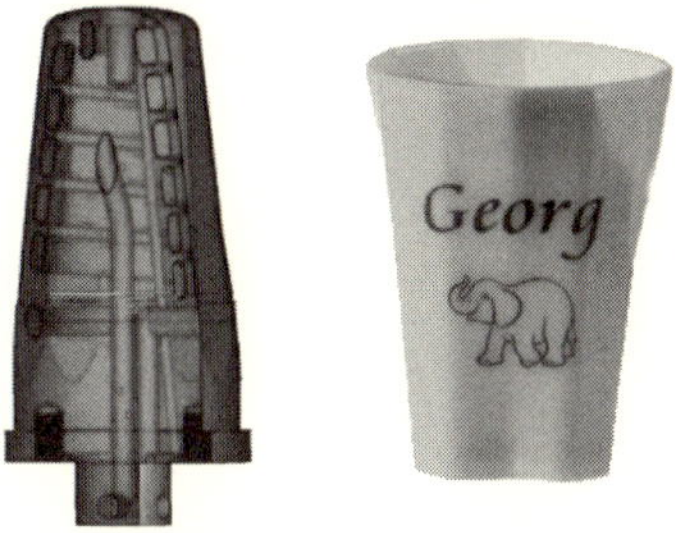

出所：EOS, bkl, Polymold.

例えば、図表7にあるのは、コップの金型です。中にぐるぐると渦巻きみたいなものがありますが、これは水が流れる冷却水路です。3Dプリンタでこういう金型を金属でつくると、曲面に沿った冷却水路を自由にはわせられるので、非常に冷却性能のいい金型ができるのです。この例の場合、射出成形でものをつくるワンサイクルの時間を四三%も短くできます。これが積もり積もれば、年間に二四〇万円ぐらいのコスト削減になります。あるいは、冷やすだけではなく、お湯を流して温めたりもできます。

冷却と加熱を制御することによって、今まで実現できなかったような品質の射出成形品を量産する金型をつくることができる可能性が出てきます。

(3) 新しい可能性

金型の例を挙げましたけれども、実はこの3Dプリンタの本当のメリットは、金型がなくてもいろいろなものができるというところにあります。以下、その例をいくつか挙げてみましょう。

図表8(a)は、二〇一二年のロンドン・オリンピックでイギリスのチームがかぶっていた自転車レース用のヘルメットです。この独特の形は、自由にデザインして、つくってみて、直したいと思う個所があったら、それでデザインを変えてまたつくることで生まれました。こうしたことを金型なしに簡単にできるのです。

ナイキのスパイク(図表8〔b〕)にも3Dプリンタが使われています。人それぞれに力のかけ方とか癖があります。人それぞれの力のかけ方を前提に、一番推力が出るようなスパイクのパターンを、自由に変えてつくっています。

ジェット戦闘機「F-35」の部品(図表8〔c〕)。ここでは材料としてPEEK材が使われています。PEEK材は金属に匹敵するくらいの高温に耐えられる性質があり、航空機だとか医療に使われています。

図表8(d)は、フエスト(Festo)という会社がデザインしたロボットハンドです。これは空気で制御するようなロボットハンドで、ものをつかむ部分に三角形のピラミッドみたいなものが見えますが、この中にはリブが何本か入っています。全部ヒンジになっているのでリンゴのようなものを包み込むようにつかむことができます。このロボットハンドは3Dプリンタで生産されていますが、その

際に、ヒンジになった状態で造型機から出てきます。つまり何も組み立てる必要がないのです。こういうことを考えると、今までこのようなものをつくるのにすごく手間がかかっていましたが、3Dプリンタを使えば、組み立てなくても、デザインさえすれば、このままの状態で出てくるというメリットがあるのです。

図表8（e）は、エアバス社の「A380」という飛行機が採用しているエンジンカバーのドアヒンジです。今までのデザインを変えて、一基当たり一〇キログラムの軽量化に成功していますが、これも3Dプリンタでつくっているのです。今までの工法だと、加工時の制約がありましたが、3Dプリンタを使うことによって加工の難しさを考えることなく強度と軽量化を追求した最適なデザインを採用できるようになります。

シンガポールエアが使っている「ボーイング777」のキャビンにある明かりのフレーム（図表8〔f〕）の製造でも使われています。こうした部分は、エアラインごとにデザインが違うわけですが、少量でもあるので、こういう方法でつくったほうが安くなります。

図表8（g）にあるドアのブラケットの場合も、従来であれば加工できないような形状にすることによって、四〇％の軽量化ができたそうです。

ゼネラル・エレクトリック（GE）がつくっているエンジンに実際に搭載されている燃料噴射装置（図表8〔h〕）の製造にも、使われています。これはもともとモリスという会社がつくっていたのですが、GEが買収して、今はGEがつくっています。そこでは、3Dプリンタを二十数台並べてつくっています。

図表８　3D プリンティングを利用した最近の事例

a. 自転車のヘルメット

出所：http://3dprinting.com/news/team-gb-uses-3d-printing-to-ensure-olympic-gold/

b. ナイキのスパイク

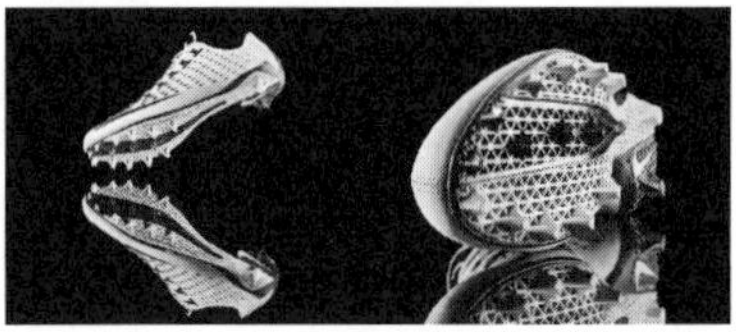

出所：http://nikeinc.com/news/nike-debuts-first-ever-football-cleat-built-using-3d-printing-technology

c. F-35 の部品

出所：http://www.designnews.com/article/512823-High_Tech_Paerts_Planned_for_Joint_Strike_Fighter.php
http://www.royalcomposites.com/products/ht-laser-sintering

d. ロボットハンド

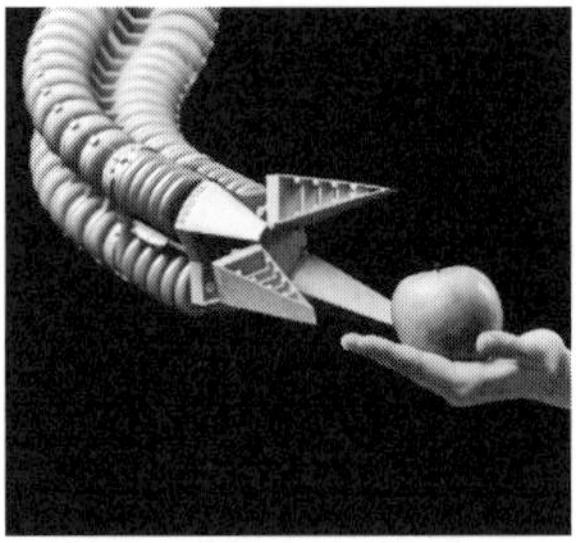

出所：Festo AG & Co.KG.

e. ドアヒンジ

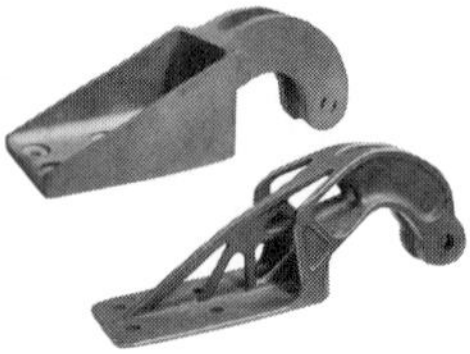

出所：EADS, EOS.

f. 航空機インテリア

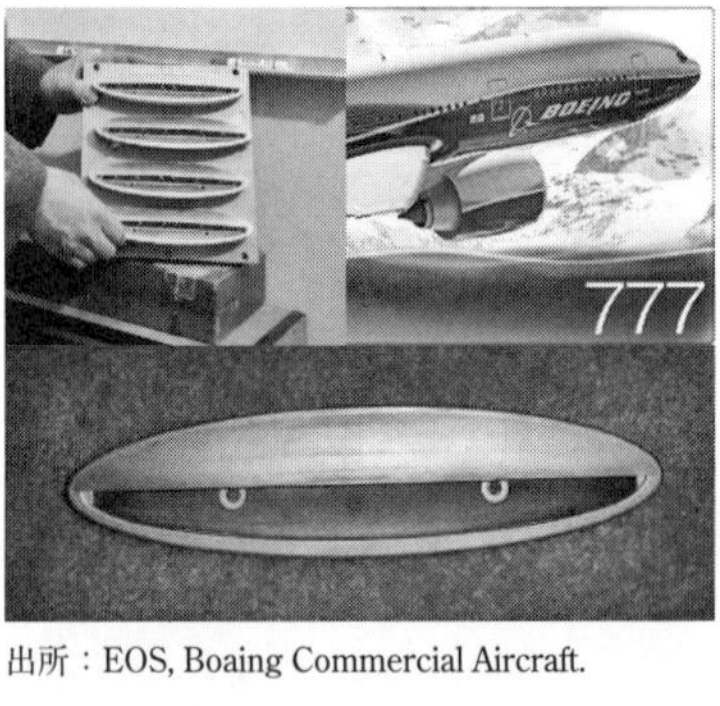

出所：EOS, Boaing Commercial Aircraft.

g. ブラケット

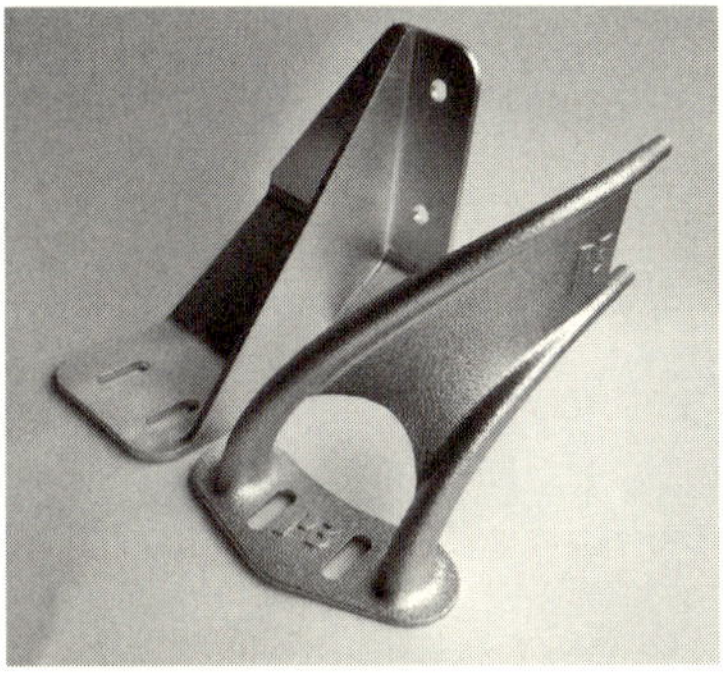

出所：P3 digital services, EOS.

h. 燃料噴射装置

出所：Morris Technologies, EOS.

i. 熱交換器

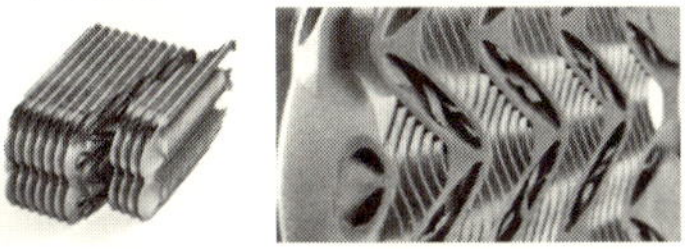

出所：Within 3T, EOS.

j. 歯の補填物

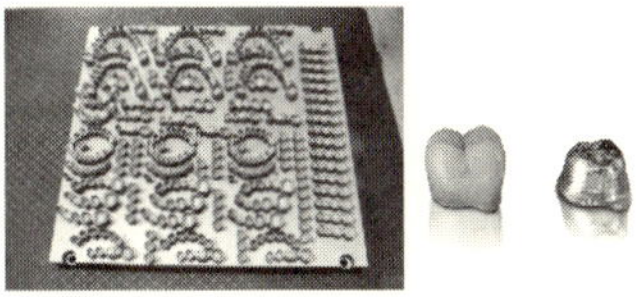

出所：EOS.

k. 脊椎インプラント、膝関節インプラント、股関節インプラント

出所：Within, EOS.

図表8（i）は、熱交換器です。車のラジエータみたいなもので、そのすき間に液体を通して熱を発散させたり冷ましたりするためのものです。この水が流れる経路の中にはフィンがいっぱい配置されています。そうすることによって熱交換の効率を高めているわけですが、これも今までの工法では絶対できなかったデザインです。

図表8（j）は、クラウンやブリッジと呼ばれる歯の補塡物です。今までは技工士が鋳造でつくっていました。技工士の世界は、3Kでつらい職場でありながら、給料は安いということもあって、なかなかなり手がないようです。しかし、3Dプリンタを使ってつくると、夕方にジョブをかけたら朝にはできているので、残業から解放されることになります。最初にガムみたいなもので型をとるのは一緒ですが、それからはもう3次元デザインの世界で造形し、それをセラミックでコーティングしてお客さんにお渡しするだけです。実際に日本でもすでに実用化されていますので、皆さんがこういう歯を入れるときには、もしかしたらこの方法でつくられた歯かもしれません。

図表8（k）は、医療の世界に関するものです。特にここでは、脊椎用のインプラントや膝関節のインプラントのほか、股関節インプラントを挙げています。このうち、股関節インプラントにあるお椀みたいなものは、内面は骨が当たるのできれいに磨いてありますが、外側は体によくなじむようにと、あえてざらざらした構造（ラティス構造）にしてあります。インプラントなどの医療用の製品は人それぞれの形状や骨の部位に応じた形状に造形することで手術時間の短縮や患者の負担を軽減できるため、アディティブ・マニュファクチャリングが非常に適した分野だといえます。

六　アディティブ・マニュファクチャリングの課題

今まで紹介した事例は、ほとんどがアディティブ・マニュファクチャリングにしかできないような製品です。アディティブ・マニュファクチャリングは、今までにない機能、付加価値を実現するのです。

ただし、先ほどのインプラントのラティス構造、あるいは熱交換器の流路のフィンを造形しようと思えば、３次元ＣＡＤでデザインしないといけないわけですが、そんな形状が今の３次元ＣＡＤでデザインできるかというと、おそらくはできません。現在、アイディアを実際に３次元形状としてデータ化するようなデザインツールが、圧倒的に欠けているのです。

先ほどのインプラントのラティス構造については、それを自動的に生成するソフトはあります。しかし、普通の人がそのソフトを使ってデザインできるかというと、まだそこまでの完成度はありません。

３次元ＣＡＤは皆さん持っているので、開発も飽和状態になっているのではないかというように思うかもしれませんが、アディティブ・マニュファクチャリングの装置がこれからどんどん出てくることを考えると、そのためにデータ化するソフトは、まだ今後の開発テーマだと思います。そういう意味では、３次元ＣＡＤの開発者やメーカーには発展する余地がかなりあるのではないかと思います。

また、３Ｄプリンタでつくったから、そのものがすぐに使えるかというと、決してそうではありません。先ほどＧＥのジェットエンジンの噴射装置を紹介しましたが、我々もあの部品のデータは持っています。しかし、我々がその部品をつくり、それを使ってもらおうと思っても、まず不可能です。なぜかというと、３Ｄプリンタによる生産だけでなく、それにプラスしていろいろな後加工、仕上げ加工、表面研磨が必要だからです。加えて、内部の複雑な形状をどう所定の寸法におさめるのかとか、あるいは内部構造の表面をどうきれいにするのかといったことになると、そういうところのノウハウはおそらくＧＥにしかないのです。そこがやはり、ＧＥが競争力を維持できている理由だと思います。

そのほかにも、先ほど言ったように、材料がプラスチックであればナイロンしかないといった制約もあります。本当にいろいろなものをつくろうと思ったら、もっといろいろな材料が必要になってきます。そうした材料をこれから開発する必要があります。

プラスチックでいうと、次に出てくるのはおそらくポリ乳酸だと思います。３Ｄプリンタでポリ乳酸のフィラメントを使うというのはありますが、いわゆるレーザでポリ乳酸を焼結して所定のものをつくるということはまだできていません。これから脚光を集めるものにiＰＳ細胞がありますが、iＰＳ細胞を支えるための土台をポリ乳酸でつくって、それを体に埋めるという世界がたぶん来るはずです。

おわりに

以上のように、３Ｄプリンタでものをつくるということには、大きな可能性があります。ただ、アディティブ・マニュファクチャリングでものをつくることができればそれでいいかというと、決してそうではなくて、先ほど言ったように、アディティブ・マニュファクチャリングの利点を生かしたデザインの発想、それを形にするためのデザインツール、それから、つくられたパーツを実際に使えるようにするための仕上げ、こうした要素がそろわないとそのものが本当に使えるものになったとは言えないのではないかと思っています。

残念ながら、そのどれ一つをとってみても、現在の日本の技術というのは遅れています。例えばイギリスのラフボロ大学では、３Ｄプリンタを使って、どの分野でどういうものをつくったらそのメリットを発揮できるかという、いわゆるアプリケーション、使い道についての研究を進めています。それにひきかえ日本の大学は、いまだにこの粉末にレーザを当てたらどうなるかというような、基礎的な話に止まっています。

今、経済産業省がプロジェクトを立ち上げ、欧米に負けない造形装置を日本でつくろうということを言っています。この二〜三年で五〇億円とか六〇億円というお金をつぎ込むことになります。どこが何を実施するかというのも決まっていますし、金属造形と鋳造用の装置をつくるとも言っています。お金をかけて、それなりの企業が動けば、欧米に負けないような「そこそこ」のものはできると思います。しかし、それが全てなのかというと、決してそうではないと思います。デザインの部分、ポスト処理の部分、これらでどう力を発揮していくかということが大事だということは、先ほども言った通りです。この三つがそろって初めてこの技術が生かせたということになると思います。

特に日本には、例えば東大阪、あるいは東京の蒲田の中小企業にはいろいろな技術が蓄積されています。そういう技術をここにつぎ込んでいくと、トータルの力として、おそらく世界にも負けないものづくりができるのではないかと思っています。

今の3Dプリンタブームというのは、日本だけではなくて、当然中国でもドバイでも南アフリカでも、いろいろなところで同時多発的に盛り上がっています。したがって、うかうかしていると、どの国の技術も同じようなレベルになってしまうような危険があるように思います。

先ほども言いましたように、3Dプリンタにはポテンシャルはあるのですが、おそらく最近のブームに乗って機械を買ったお客さんのほとんどは使い切れないと思います。たぶん、来年あたりは、ガートナーのハイプ・サイクルではありませんが、「やはり使えないね」と言いだすお客さんがきっと出てきます。今までそのメリットをこつこつと説明し、それなりにじわじわと売れてきた流れを、「やはりだめだね」という風潮で一気に消されたくはありません。

ここにいる皆さんは、おそらくしばらくしたら、3Dプリンタはやはりだめだという声を聞くと思いますが、そうではなくて、うまく生かせれば、将来日本を競争優位に持っていくための重要なツールになり得ることを、ぜひ頭に入れておいていただきたいと思います。

（二〇一三年一二月一三日）

第八章　金融業界の長期的な展望と課題

小　野　裕　士
（みずほ総合研究所）

はじめに

本日は「金融業界の長期的な展望と課題」というテーマで話をさせていただきます。展望に入る前に、現在金融業界がなぜこういう状況に置かれているかについて歴史的な背景に触れておくべきと考えており、その背景に触れた上で展望について述べていきたいと思います。以下、背景を含めた構成です。

まず、一節では「日本の金融機関を取り巻く環境変化」として、一九五五年からバブル崩壊までの時期を振り返り、日本の金融機関を取り巻く環境がどう変わり、それに伴い金融機関の経営戦略がどう変容してきたのかについて説明します。

次の二節「ミニバブル期の日本の金融機関の行動」では、二〇〇三年度から二〇〇七年度までのミニバブル期と言われた時期に、バブル崩壊で種々痛手を被り、反省をしたはずの日本の金融機関が、ある面バブルを助長するような行動を取った状況を説明します。

また三節「リーマン・ショック—欧米大手金融機関の陥った罠」では、二〇〇八年九月に発生したリーマン・ブラザーズ・ホールディングスの破綻を契機に金融機関の行動が一変したため、転換点となったその前後の金融業界の状況について話をします。

そして四節「銀行の顧客—個人・企業の資金フローの動向」では、日本の銀行の最大の顧客である個人・企業の資金フローの動向について説明します。

以上を踏まえ、五節「日本の金融機関の展望」では、私見ですが日本の金融機関のこれからの方向性について述べたいと思います。

最後に六節で、ご参考として「最近の外国銀行のリテール戦略」について触れます。ここでリテールというのは個人および小企業のことで、我々個人にとっては身近なトピックスと言えるでしょう。米欧アジアの先端的な銀行は、日本の多くの銀行と異なりリテール分野においてもＩＴを駆使して非常に先進的な戦略をとっています。その戦略について説明したいと考えております。

一　日本の金融機関を取り巻く環境変化

(1)　日本の経済・産業構造の変遷

まず、日本の経済・産業構造の変遷を見ていきたいと思います（図表1参照）。

ここでは、第二次大戦後から現在に至るまでの長期的な日本の経済・金融の状況等を確認しておきます。上段に折れ線グラフが五本（内容は後述）、下段に、①日本の課題、②金融環境、③規制緩和、④銀行の役割、の四つのテーマにつき、戦後復興・高度成長期、安定成長期、バブル経済、バブルの後始末、フェーズ転換というそれぞれのステージにおける状況を記してあります。

上段の折れ線グラフのうち、まず一番上の線が長期金利（長期プライムレート）です。これは銀行が企業に貸し出すときの最優遇貸出金利で、一番リスクがない優良な企業に貸し出す際の金利のことです。

二番目が基準貸付利率です。これは公定歩合で、日本銀行が市中の銀行に資金を貸す際のレートです。今日、日銀は、翌日物無担保コールオーバーナイトレートという、銀行同士で翌営業日までの資金を取り引きする際のレートを調整していますが、以前は公定歩合で短期金利を調整していました。

三番目の折れ線グラフが実質ＧＤＰ成長率、その次が市街地価格指数（地価）、そして一番下がＴＯＰＩＸで見た株価指数です。

図表1　日本の経済・産業構造の変遷

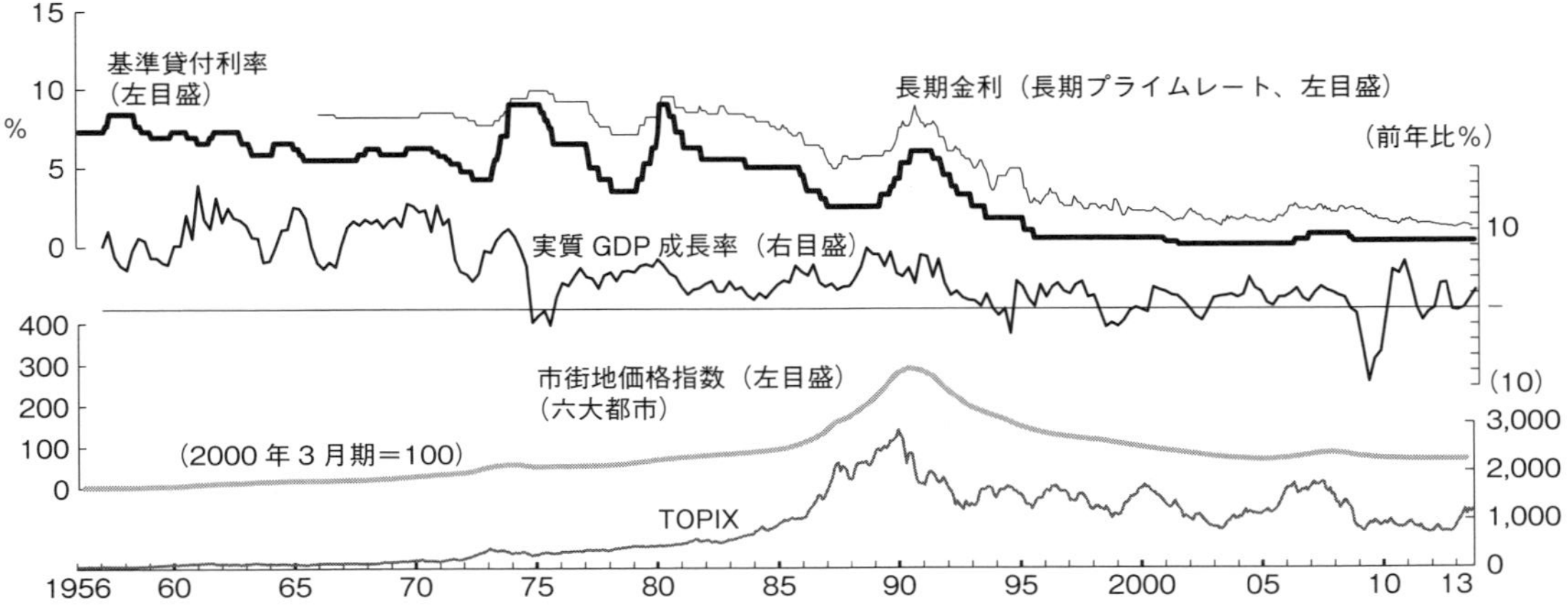

	戦後復興・高度成長期	安定成長期	バブル経済	バブルの後始末	フェーズ転換
日本の課題	先進国にキャッチアップ	国際競争力強化	豊かさの追求	不良債権処理・企業再生	→サブプライム問題 →東日本大震災（2011年3月） →政権交代（自→民→自）
金融環境	資金不足、旺盛な企業の資金需要	金融資産蓄積 企業の資金需要鈍化	地価・株価上昇	資金余剰	持続的成長 構造改革 ▶ 政策金融復活 規制強化
規制緩和	保護と規制（金利・為替・業態）		徐々に自由化	金融ビッグバン 金融再生プログラム	金融改革プログラム　アクションプログラム
銀行の役割	間接金融の仲介者	貸出競争 →			総合金融サービスの提供者

時期としては五つに分けていますが、ここでは、一九五六年から一九七五年までの戦後復興・高度成長期、一九七五年から一九八六年までの安定成長期、一九八六年から一九九一年までのバブル経済について、詳しく見たいと思います。

まず、戦後復興・高度成長期です。戦後日本は荒廃し産業も壊滅状態にありました。日本復興には、産業を再活性化する必要があり、「無から有」を生み出すための設備投資等の企業の資金需要も旺盛でした。しかし、財閥解体や農地改革により資本保有者が不在となっていたため、旺盛な資金需要に対応するため個人に預金を奨励して銀行に資金を集め、その資金を銀行から企業に貸し出したのです。小口の預金を積み上げる手法のため残高増嵩には限界もありました。そこで、傾斜生産方式を採用して、重厚長大産業に優先的に資金を供出することによって日本の経済を復興させようとしたのです。こうして、この時期に誕生した日本の金融システムが「産業金融モデル」です。

実質ＧＤＰ成長率のグラフを見るとわかりますが、この時期は極めて高い成長率でした。足元新興国が年率六～七％という高成長を達成していますが、日本もこの時期は最低六％程度の成長率でした。日本自身が新興国だったのです。

高度成長期後、安定成長期に移っていきます。しかしながら、物価が安定成長期の直前から高騰を始めます。企業が資金を大きく借り入れて生産が拡大した結果、日本人の生活水準も上がり、需要が供給を大幅に上回っていったためインフレが高進したのです。そこで、投資の抑制を企図して基準貸付利率を引き上げて景気を冷やし、インフレを鎮静化することになりました。実質ＧＤＰ成長率がマイナスになった時期が一九七五・七六年にありますが、景気を冷やした結果です。その時期以降は安定成長に移っていきます。ただしこの時期も、地価や株価は右肩上がりの上昇を続けていきます。経済規模自体は概して成長を継続していたためです。この時期は、先進国にキャッチアップを果たすとともに、金融資産の蓄積も進んだ時期です。

ところが一九八五年九月にプラザ合意がありました。これは、米国に国際的な資金が集中しドル高が進んでしまい、通貨調整の必要が生じたために、ドル安への誘導を企図した合意です。合意後日本円の価値は一ドル約二五〇円から一五〇円程度にまで上昇します。この急速な円高によって、輸出企業を中心に日本経済は非常に厳しい時代を迎えるのではないかという懸念が生じたため、日銀は一九八六年から金利の引き下げを始めます。しかし、金利が低下して融資が受けやすくなると資金が過剰に市中に供給され、いわゆる「バブル」が生じることになります。この時期個人は、預金をしても金利が低いので、値上がり益を狙って不動産や株式に投資し、企業も、本業ではない不動産投資や財テクに走りました。

しかし、明らかに不動産や株式の価格は上昇し過ぎたということで、日銀はバブルを抑えるために金利を急速に引き上げてきました。この結果、日銀の意図通りバブル崩壊となります。しかしながらバブル崩壊の影響は非常に深刻で、後始末に一五年程度必要となり、バブル期に生じた企業の過剰債務、過剰雇用、過剰設備の三つの過剰の解消と、その裏側にある金融機関の不良債権の処理がようやく終わったのが、二〇〇五年です。

二〇〇五年以降については、ミニバブル、サブプライムローン問題、リーマン・ショックというテーマに関連して、後ほど詳述します。

(2)　産業金融モデルの特徴

戦後の日本経済を支えた伝統的な日本の金融システムとしては、「産業金融モデル」があげられます。これは戦後復興・高度成長期に創出されたシステムで、特徴は、(1)間接金融中心、(2)メインバンク制・長期安定取引の定着、(3)不動産担保貸出中心、の三点です。

まず、間接金融中心ですが、資本市場が未発達であった上に財閥が解体され、地主や資産家もいなくなった中で、旺盛な資金需要に対応する必要がありました。したがって小口預金を金融機関に集めた上で、それを大口化して企業の借入に充当するという間接金融システムが形成されたのです。もちろん現在は、企業が市場で社債や株式を発行して直接資金を調達することができますが、当時は直接金融市場が未発達でした。

次に、メインバンク制・長期安定取引の定着ですが、先述した通り、企業の資金需要が極めて強かった時代なので、安定的に資金供給のできる銀行との取引を企業が重視して、銀行－企業間の株式持合いを進展させました。また、株式持合いが進んだ別の理由として、企業がまだ成長段階にあって株価が低水準だったため、外資に安価で買い取られる懸念が大きかったこともあったようです。

この時期は、企業が経営危機に陥っても、メインバンクが一定期間、金利減免等で支援すれば、その後の地価上昇で銀行が担保としている不動産の価値が高まって、結果として企業再生が可能であった期間でした。もっとも、このような状況が継続したので、逆に企業がメインバンク依存体質になってしまったという面もあったと思います。

図表２　企業の有利子負債残高と償還年数

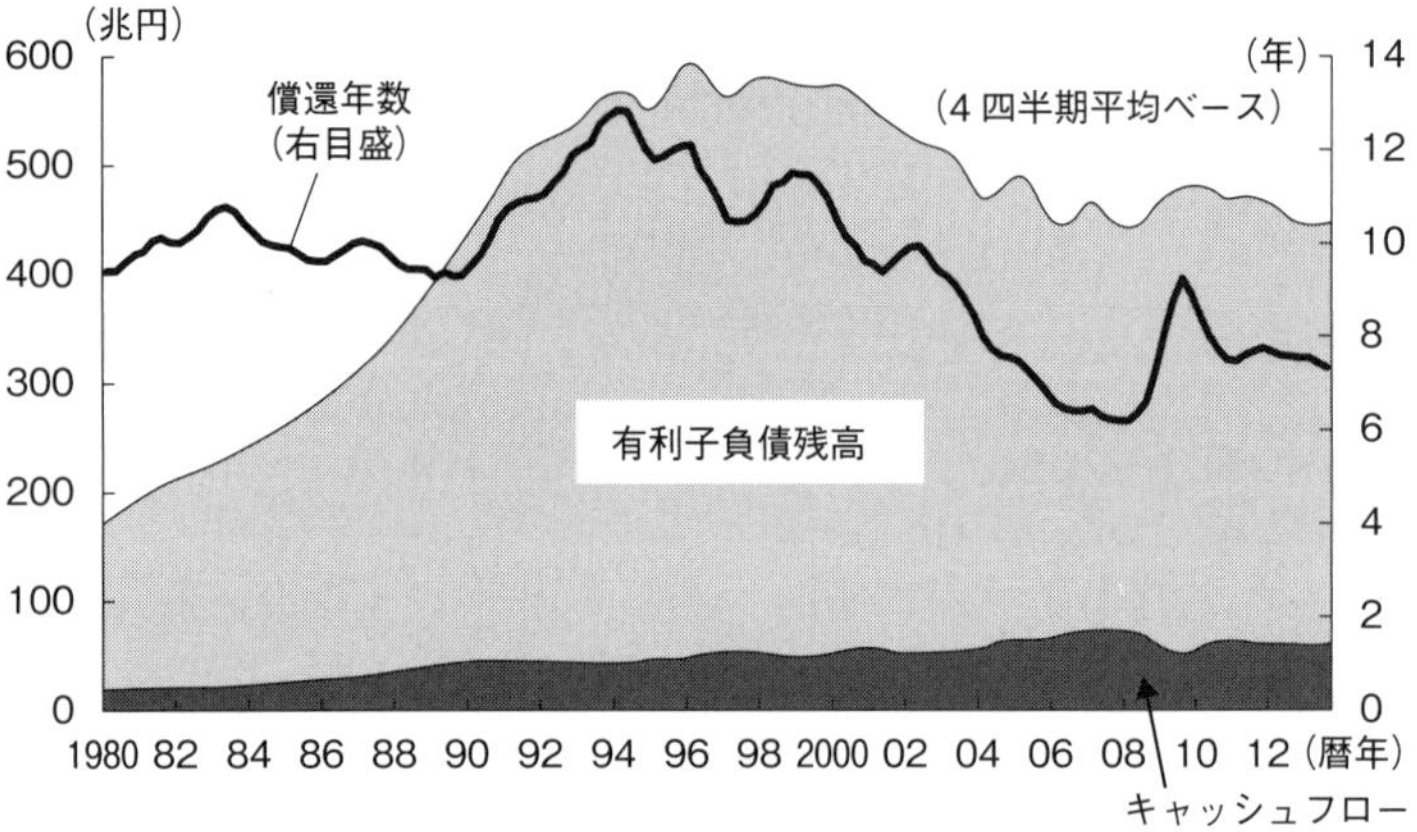

出所：財務省『法人企業統計季報』より、みずほ総合研究所作成。

最後の不動産担保貸出中心という特徴ですが、これは企業が資本や設備等の資産が少ない中、資金を借り入れたいケースで、信用補完のために保有している不動産を担保にとって資金を提供したのが始まりです。これは現在まで継続しています。

(3)　企業の過剰債務問題

先ほど、バブルが崩壊し企業が過剰債務状態になったと説明しました。企業の過剰債務問題は長い間景気を下押ししたので、ここではこの問題について触れておきます。

企業の有利子負債とは、借入金と社債を合わせた、利子を支払わなければならない資金調達手段のことを指します。有利子負債残高のピークは一九九六年三月の五九四兆円です（図表2参照）。その後、企業は過剰な借入を反省し、財務体質を筋肉質にするために借入を中心とした有利子負債を一貫して返済していきます。この結果、二〇〇八年三月末には四四〇兆円とピーク比二六％も縮小しました。

(4) 銀行の不良債権問題

ところで、銀行が企業に融資した資金が返済されない、金利を支払ってもらえないという状態になると、銀行の不良債権となります。銀行はバブル崩壊によって発生した不良債権処理に大変苦労しました。一九九一年度以降の大手行の不良債権処理額は累計で約七五兆円に上ります。処理費用の大半は、業務純益と株式売却益から捻出されました。なお業務純益というのは、本業の収益のことで、資金を貸し出して得る貸出金関連収益、投資信託を店頭で販売して収受する投信販売手数料や決済や振り込み等による決済関連手数料等手数料収益、銀行の資産・負債の管理の一貫で行う国債等の売買に伴う国債等有価証券関連収益を含みます。ただし、一九九四〜一九九八年度、二〇〇一年度には業務純益以上に不良債権処理が増嵩し、特に一九九七・九八年度には、年間一〇兆円以上と過大な額となり、本当に厳しい時代でした（図表3参照）。

業務純益を上回る不良債権処理のため、一九九七・九八年度には、国から公的資金の注入を受けました。また、先述の通り、保有していた株式を売却して充当した部分もあったのですが（図表3参照）、企業との持合株式が中心だったので、売却した後にすぐ買い戻しています。この時期の株価は比較的高水準だったため、買い戻した株式の簿価が上がり、相場下落に伴い含み損を抱え、後々の収益下押し要因となりました。とはいえ当時は、様々な手法を駆使して資金を捻出し何とか不良債権を処理したのです。

図表3　不良債権処理の原資および業務純益・与信関係費用の推移

(1)　不良債権処理の原資

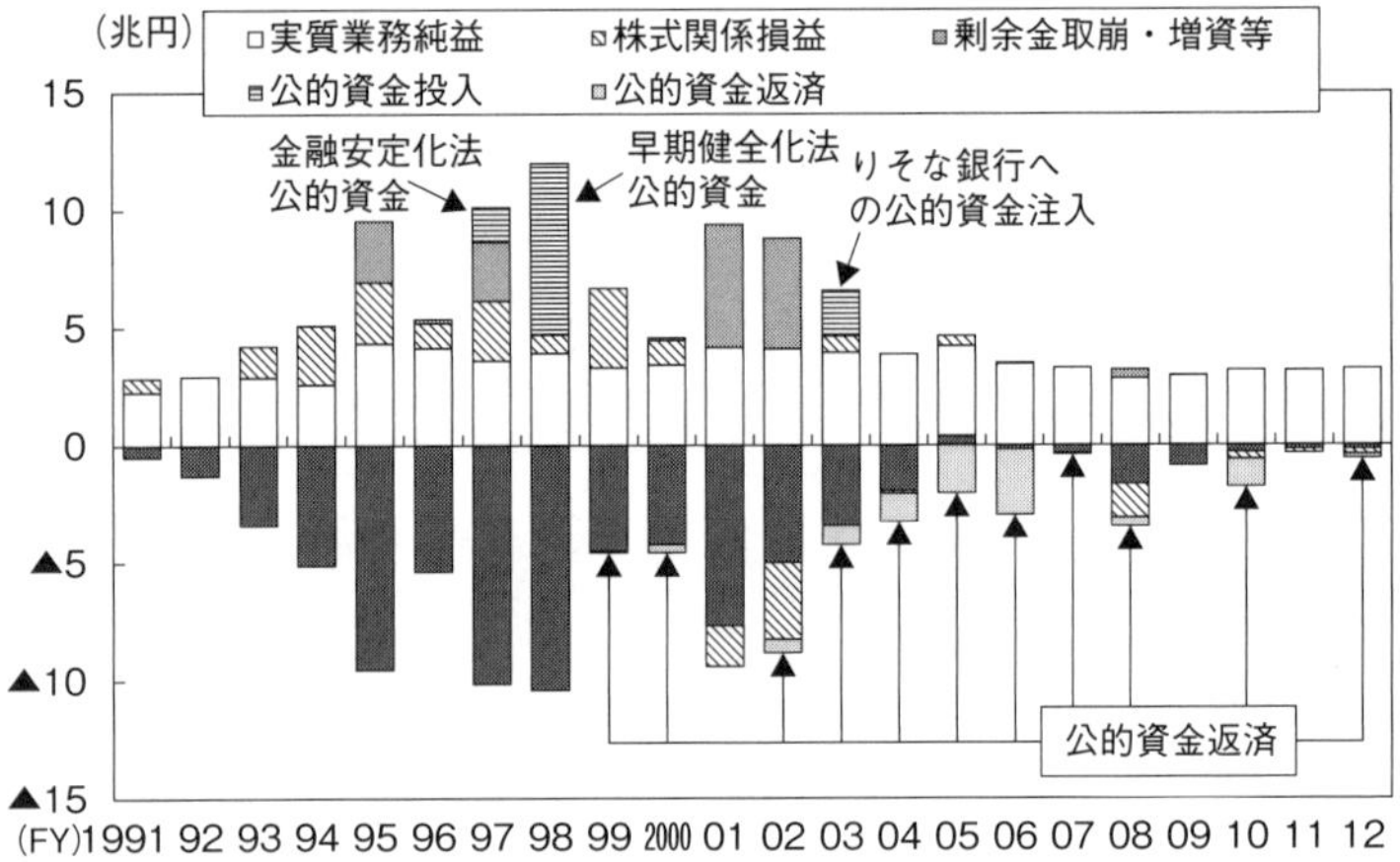

注：1997年度までは業務純益、98年度以降は実質業務純益を表示。
出所：各行決算関連資料より、みずほ総合研究所作成。

(2)　業務純益・与信関係費用の推移

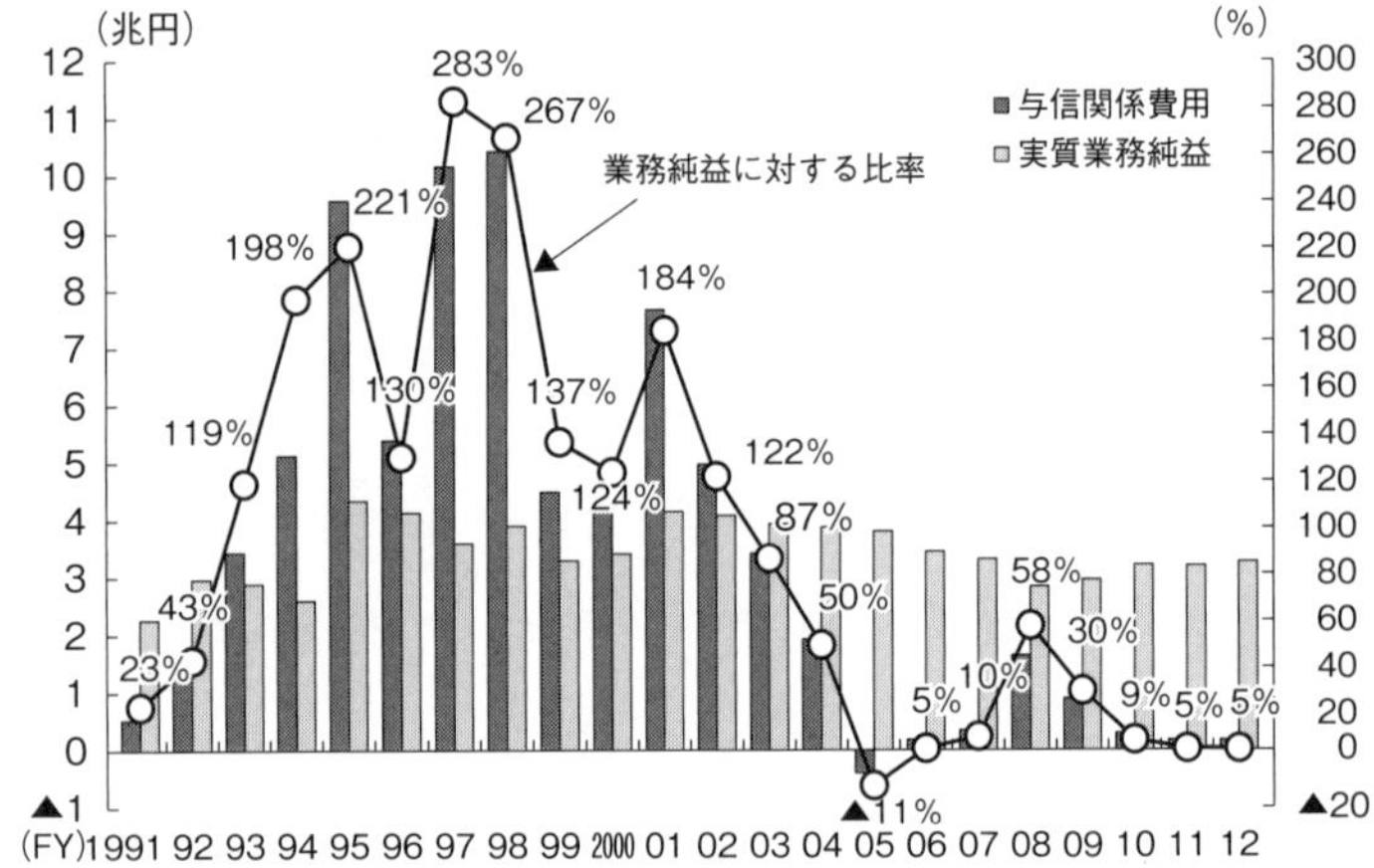

注：1997年度までは業務純益、98年度以降は実質業務純益で計算。
出所：各行決算関連資料より、みずほ総合研究所作成。

公的資金の注入を受けなかった場合、大手行はおおむね経営破たんに近い状態となっていたでしょう。公的資金は総額で一〇・八兆円にも上りました。一九九七年度は全ての大手行が、また一九九八年度には三菱銀行を除くほぼ全ての大手行が注入を受けました。企業が過剰債務を数百兆円処理し、その裏返しとして銀行も不良債権を一〇〇兆円程度処理したのです。このような状態では日本の経済は成長できません。したがって、デフレが長期化することになったのです。

不良債権処理においては、竹中平蔵金融担当大臣（当時）主導で二〇〇二年一〇月に策定された金融再生プログラムが一つの結節点になりました。小泉純一郎首相（当時）が当プログラム策定を指示した理由は、日本経済のデフレが収束しないのは銀行の不良債権が減少しないからだと考えたためです。このプログラムでは、二〇〇二年度に八・二％であった主要行（大手行）の不良債権比率を、二〇〇四年度には半減させるよう通達されていました。先ほど触れた公的資金注入スキームは期間が満了していたため、資金注入手段もないままに期間収益のみで不良債権を処理せざるを得ず、処理のためにリストラ等を敢行することとなりました。しかし、その労苦が実り二〇〇五年三月期には主要行の不良債権処理は終了しました。

甚大な不良債権処理により単独での経営が困難になったため、大手行の経営統合が進むことになります。二十数行あった大手行は、現在はみずほフィナンシャルグループ（FG）、三井住友フィナンシャルグループ、三菱UFJフィナンシャル・グループの三つのメガバンクグループの他、りそなホールディングスと三井住友トラスト・ホールディングスに集約されています。

不良債権処理が長期化した理由にも触れておきます。産業金融モデルの一つの特徴ともなっていますが、全ての処理につきメインバンクに依存していたという点があげられるでしょう。当時も大規模な融資の場合は複数の銀行が共同して資金を提供していた中、いったんその企業の経営が悪化すると、メインバンク以外からメインバンクへ貸出金の肩がわりを迫られるケースが多かったのです。損失分担ルールがなかったことで、調整に非常に手間取り、問題も大きくなりました。

企業再生や担保処分法制が不十分だったことも処理を遅らせました。現在の民事再生法のような企業再生法制が未整備だっただけでなく、不良債権流動化市場もなかったので、「ハゲタカファンド」に廉価で買い叩かれる以外に、処理を進める術がなかったのです。

銀行にリスクが集中していたことも影響していました。間接金融で資金を集めて銀行が融資を実行しているので、全てのリスクが銀行に集中する構造になっていたのです。これも産業金融モデルの特徴の一つです。

以上のような不良債権問題の長期化に加え、金融環境も変化してきました。高度成長期と比較して企業が資金余剰となったこと、金利が自由化されたこと、資産価格も常時上昇ではなくて下落するケースも発生してきたこと、日本はもはや世界有数のフロントランナーになったこと、などがあげられます。この結果、これまでのような産業金融モデルは行き詰まり、預金獲得貸出実行に集中するモデルとは異なる、新たな金融モデルの構築が求められるようになってきたというのが、バブル崩壊から二〇〇〇年代初めまでの歴史です。

二　ミニバブル期の日本の金融機関の行動

(1) 過剰債務処理・不良債権処理の終了

前述のように、「金融再生プログラム」を背景に、二〇〇四年度には不良債権比率は半減し、バブル崩壊後から日本経済を停滞させた不良債権問題はおおむね解決することになりました。

解決が見えてきた二〇〇三年度から二〇〇七年度にかけて、不動産市場が次第に活況を呈し「ミニバブル期」とも称されるような状況になります。この時期、企業も銀行同様にほぼ過剰債務がなくなったので、内部留保を積み上げることができるような状況になってきており、日本経済は復活の兆しを見せ始めました。前掲図表2に、企業の有利子負債残高と償還年数が示されています。償還年数とは、有利子負債残高を営業利益で除したもので、年間の利益で有利子負債を返済するとしたら何年必要かを計算したものです。折れ線グラフでこれを示していますが、最長約一三年であったものが、二〇〇〇年代後半には六年程度にまで短縮化しています。

(2) 不動産業向け貸出の増加

不良債権問題に一区切りがついたことに加え、内外ともに低金利であったことや日本の地価が海外に比べると割安であったことを背景に、この時期内外のマネーが国内の不動産市場に大きく流入しました。

特にこの時期は、海外投資家や新興プレーヤーが数多く参入してきました。海外投資家は、基本的にこれまで日本の不動産には投資してこなかったのですが、米国の大手投資銀行を中心に投資が活発化しました。新興プレーヤーについては、不動産流動化プレーヤーとしてアーバン・コーポレーションやジョイント・コーポレーションといったいわゆるカタカナ系企業が不動産を積極的に購入、マンションを建築してファンド等に売却するビジネスを開始しました。またダヴィンチ・アドバイザーズやクリードといった、不動産ファンドを設定した上で投資を実行する独立系アセットマネジャーと称された企業も勃興した時期でした。

ミニバブル期には銀行も、不動産業等向け貸出を増やしていました。国内銀行全体としては、不動産業等向け貸出が貸出全体より伸び率が高くなっています。ただし、銀行の中でも業態ごとにスタンスに違いがあり大手行は慎重でした。バブル崩壊により、不動産業向けを含め不良債権を大量に処理せざるを得なかったこともあり、二〇〇六年三月期を除くと、基本的に当該業態向け貸出は伸ばしていません（図表4参照）。

大手行の内訳を個別行で見ると、メガバンクは総じて慎重でしたが、信託銀行では積極的に貸出を増加させているところもありました。しかしそれよりも大きく貸出を伸ばしていたのは、新生銀行とあおぞら銀行です。この二行は元長期信用銀行であり、店舗も少なく貸出先も限られていました。特にあおぞら銀行は、創設当初は日本不動産銀行という名称で、不動産に強いという自負もあると思われます。

図表4　不動産業等向け貸出

(1)　国内銀行

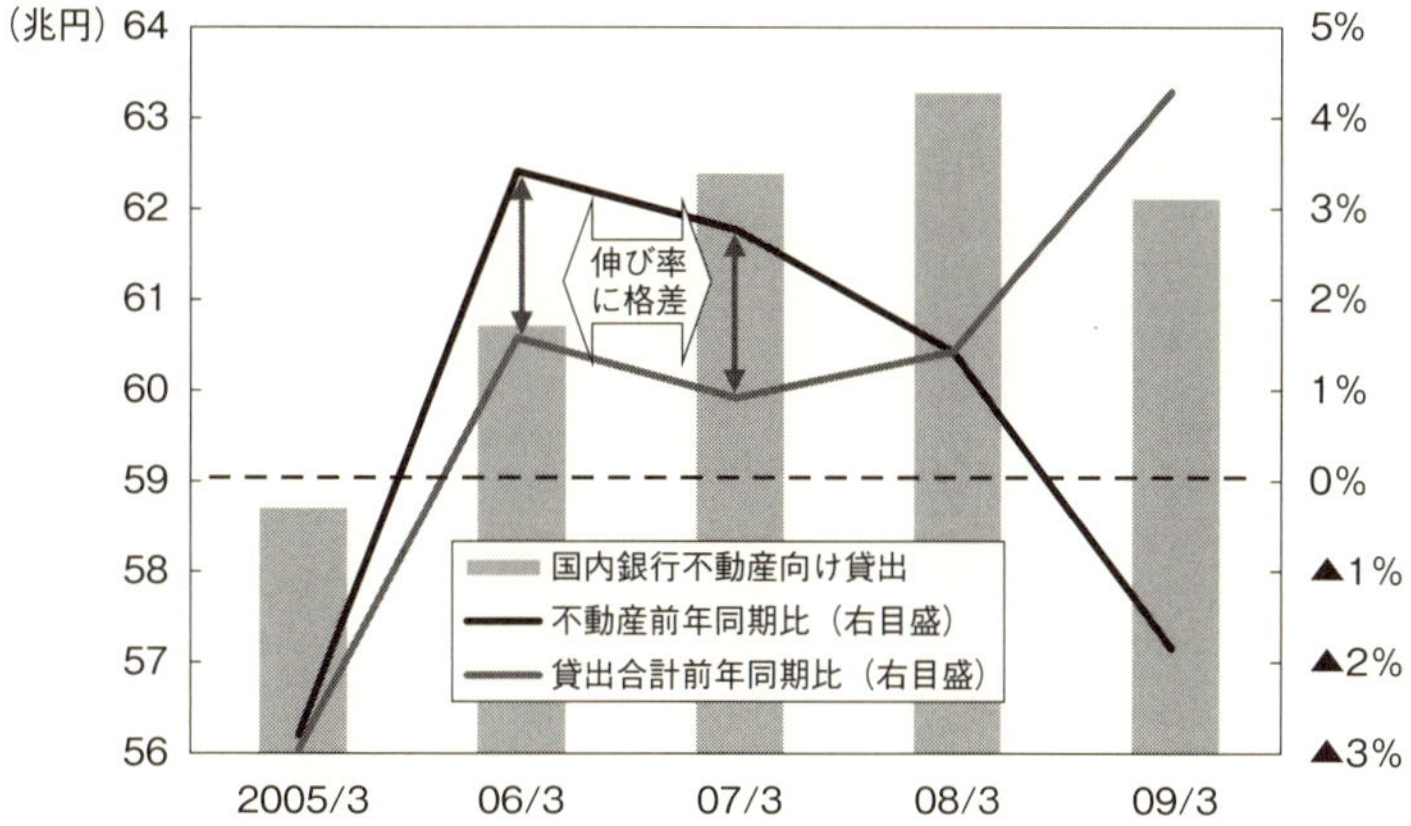

注：統計上の不連続を修正するために一部推計を実施。
出所：日本銀行「貸出先別貸出金」より、みずほ総合研究所作成。

(2)　大手行

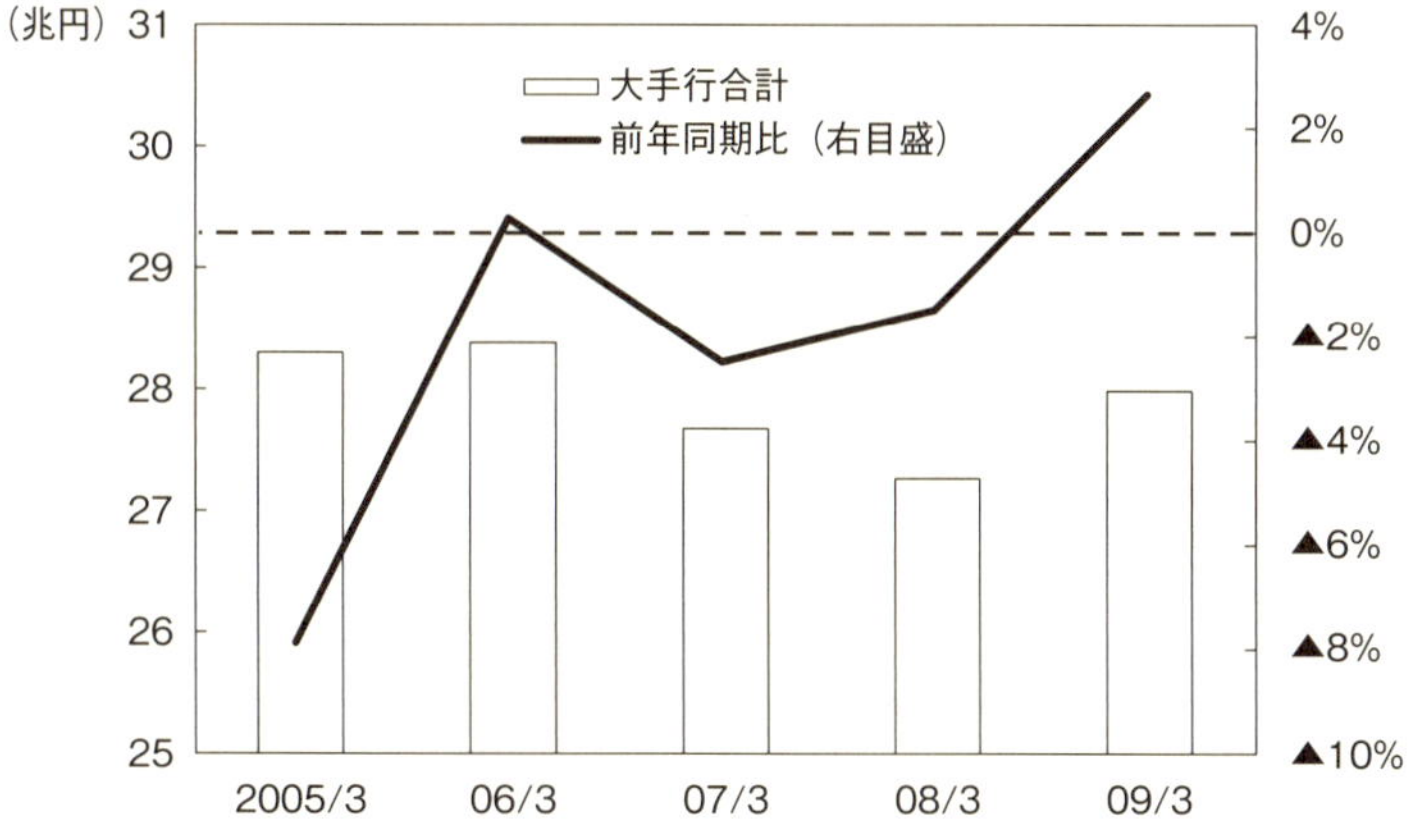

注：大手行は、三菱東京UFJ銀行（東京三菱銀行+UFJ銀行）、みずほ銀行、みずほコーポレート銀行、三井住友銀行、りそな2行（りそな銀行+埼玉りそな銀行）、三菱UFJ信託銀行(UFJ信託+三菱信託)、みずほ信託銀行、三井住友信託銀行（住友信託+中央三井信託）の合計値。
出所：各行決算資料より、みずほ総合研究所作成。

しかし、大手行と新生・あおぞら銀行を合計しても、二〇〇七・〇八年三月期には不動産業等向け貸出は減少しています。したがって、当該業種向け貸出を伸長させていたのは地域銀行（地方銀行と第二地方銀行）ということになります。地域銀行は地域に密着した業務を中心にしていますが、地方の資金需要が限られる中、需要の強い不動産業界に貸出を実行せざるを得ない面もあります。この時期の終盤、新生・あおぞら銀行は貸出を減じていきますが、最後まで貸出を伸ばしていたのは地域銀行です。先ほど触れたアーバン・コーポレーションやジョイント・コーポレーションが破綻した際に、その債権が不良化して損失を被ったのは、大手行は限定的であった中、大部分は地域銀行だったのです。

(3) 金融行政の対応

銀行の業務方針は監督行政に大きく左右されるため、ここでこの時期の金融行政を確認しておきます。行政の銀行に対する監督方針である金融監督方針は、毎年公表されていて、この方針で金融監督が実施されます。時系列で見ると、二〇〇四年度には「不動産」という表現すらなかったのに対して、二〇〇五年度には不動産業向けローンの一種である「ノンリコースローン」（ある貸出によってビルを建設したら、その貸出によって建築したビルの賃料等収入からのみ返済を受けられるというローン）に注意すべきと明記されています。さらに、二〇〇七年度になると、あたかも不動産業向け貸出は実行すべきでないというかのような内容に変わってきます。この時期の検査では、不動産業向けの貸出については特に厳しく査定され、場合によっては引当金を大きく積み増さざるを得なくなるケースも少なく

なく、その分、利益が圧迫されることになりました。過剰と感じられた不動産業向け融資を解消させるような監督方針だったのです

ところが、二〇〇八年度になると、リーマン・ショックが発生して、監督方針が大きく変わり、証券化スキームのリスク管理に焦点が移行します。また、中小企業に積極的に貸出を促すような、これまでとは全く異なる方針に転換されていきます。

以上のように、ミニバブル期は、バブル崩壊後の過剰債務・不良債権処理が終了し、世界的にも景気が低迷を脱していく中で低金利が継続していたので、いったん不動産業に資金が流入します。しかし、結局は、次節で見るように、リーマン・ショックが二〇〇八年に発生し、それに伴って景気が悪化したこともあり、ミニバブル期は二〇〇七年度で幕を閉じることになります。

三　リーマン・ショック――欧米大手金融機関の陥った罠

(1)　リーマン・ショック発生により、欧米大手金融機関は巨額の赤字を計上

それでは、世界経済が大きく低迷するきっかけとなったリーマン・ショックとはどのような危機であったかを、以下簡単に説明します。

リーマン・ショックというのは、基本的には日本の金融機関ではなく欧米の大手金融機関が引き起こした危機です。したがって、彼らはこの危機により巨額の赤字を計上することになりました。米国

の銀行は1四半期で二〇〇億ドル以上の赤字、欧州の銀行も1四半期で一〇〇億ユーロ以上の赤字、英国の銀行は、半期で二〇〇億ポンド以上の赤字です。この要因は、預金獲得による貸出実行や資金決済業務中心の商業銀行部門ではなく、証券投資を主業務の一つとする投資銀行部門にあります。

事態が発生した要点を説明すると以下のようになります。従来、米国の住宅ローンは優良顧客層（プライム層）向けが中心でした。しかしながらITバブルが二〇〇一年に崩壊して低金利政策が取られる中で、米国金融機関はプライム層向け住宅ローンのみでは収益が獲得できなくなったため、今まで住宅ローンを借りられなかった層にも住宅ローンを提供する戦略に転換しました。このいわゆるサブプライムローンには様々な種類があって、例えばインタレストオンリーというローンは、当初一五年は金利のみを支払って元本返済は猶予される商品、オプションARMというローンは、毎月の返済は借入者の返済希望額で、貸出利息より返済額が少ない場合はその分が元加されていく商品です。このように特殊なローンが増加してきました。サブプライムローンは、サブプライム層（信用力の高くない層）への貸出なので、表面金利も手数料も高く、厚い収益源となります。当時の審査は厳しくなく、当該種類の貸出が大きく伸びることになりました。

ただ、そのようなサブプライムローンを銀行自身が債権として保有していると健全性に疑義が生じます。そこで、当時先端的と言われた金融技術を駆使して、様々な信用度の商品を混載して証券化する手法が編み出されました。格付の高い証券も相応の規模が混入されているので、完成した証券化商品自体の格付も高かったのですが、サブプライムローン等信用リスクが高い商品も混載されているため、比較的高利回り商品を組成することができました。証券化商品組成者は、それらに自己投資する他、証券会社、年金基金、ヘッジファンド、機関投資家といった運用者に販売しました。このように、この時期商業銀行業務中心の銀行でさえも、証券化商品投資によってトレーディング業務の収益を拡大させて収益を高めることに注力していました。欧米で証券化商品投資が蔓延したのです。しかし、その結果、多種多様な証券をバランスシート上に資産として保有することになり、そうした証券の価格が下落した場合、大きな含み損が生じるリスクを抱えることになったのです。

そうした中、二〇〇七年の春頃からサブプライムローンの延滞が顕著になってきます。それを受けて、スタンダード&プアーズ（S&P）が、サブプライムローンの混入された六一〇銘柄の証券化商品を格下げしたのです。S&Pの格下げの動きに動揺した投資家は、高リスクの証券化商品を保有している金融機関・投資家との取引は控えるようになっていきました。その結果、市場流動性が滞り証券化商品投資に依拠していた金融機関・投資家が行き詰まるだけでなく、米国大手証券会社であるベアー・スターンズもそのあおりを受け、経営困難に陥りました。もっとも、ベアー・スターンズの場合は、他の大手米銀に救済されたので事態は深刻化しませんでしたが、続いて危機を迎えたリーマン・ブラザーズが救済されずに破たんしたため、事態が泥沼化していくことになりました。

原債権がわからないほどに複雑に証券化された商品が組成され流通したために、最終的な責任の所在が不明瞭となり危機が発生したため、昨今こうした商品の組成や取引への規制が強化されています。詳細はこの講義の本論ではないため割愛しますが、銀行における自己勘定投資、ヘッジファンド等投資の原則禁止といった規制が導入されているため、そのような取引は原則としてできなくなります。

そうした過程を経て、現在、欧米大手行は新たなビジネスモデルを模索している段階で、それは

「精査」と「組み合わせ」という言葉で表現できます。彼らは、自分たちが元来得意としていた業務は何だったのかということを再考し、非常に細部まで業務を精査した上で取捨選択を行い、残ったものを組み合わせてビジネスモデルを再構築しようとしています。

次に、リーマン・ショックによって被った邦銀の損失を見てみたいと思います。図表5の⑴が大手行の、⑵が地域銀行の当期純利益の推移を示しています。リーマン・ショックの影響を受けた二〇〇九年三月期でいずれも赤字になりましたが、これはサブプライム証券に多額の投資をしていたことが主因ではありません。株式相場が急落したために株式関係損益がマイナスになったこと、景気が悪化して与信関係費用を大きく計上したこと等のためです。しかも、一年後の二〇一〇年三月期にはすでに黒字転換していることがわかります。一部の銀行では有価証券投資の失敗や不良債権処理で多額の赤字を複数年度計上することになりましたが、業界全体では限られた事象でした。

証券化商品への投資が諸外国の銀行・投資家等と比較すると少なかったとはいえ、一部の銀行では複雑な商品への自己投資、顧客への提供で収益拡大を指向していたため、各銀行グループとも、危機後の経営計画で顧客重視への転換を謳うことになりました。これはグローバルな潮流とも軌を一にしています。投資銀行業務を全てやめるわけではないし、トレーディング業務も継続するのですが、あくまで顧客のニーズに即した商品を「セールス（提供）」するために「トレーディング（売買）」する、あるいは有価証券を仕入れる、そういうビジネスが中心になったのです。

図表5　本邦銀行の当期純利益推移

(1)　大手行当期純利益

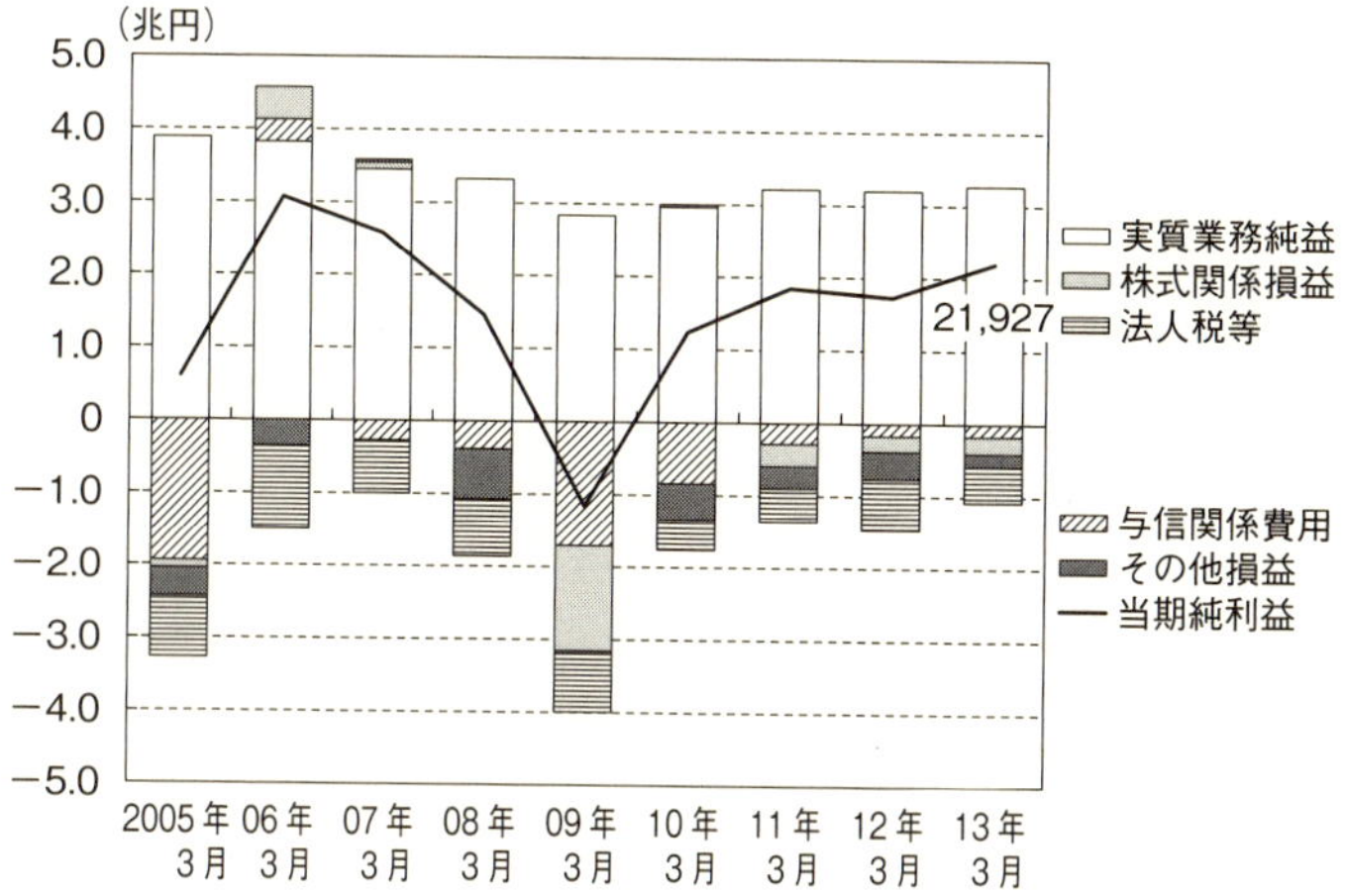

(2)　地域銀行当期純利益

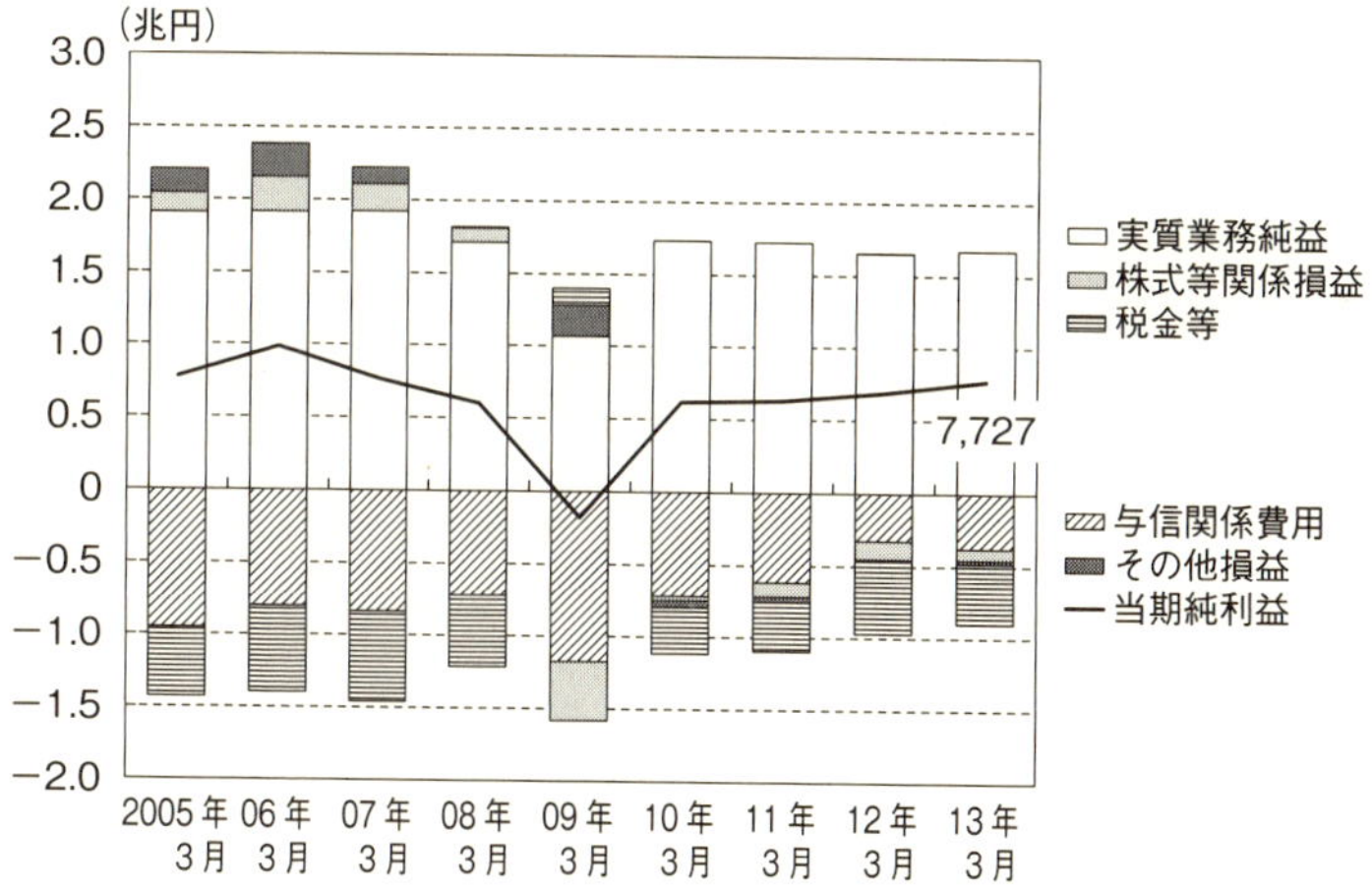

出所：各行決算資料より、みずほ総合研究所作成。

四　銀行の顧客—個人・企業の資金フローの動向

ここまでは、産業金融モデルからバブル崩壊、ミニバブル期の日本の金融機関の行動、リーマン・ショックから足元までの流れを振り返ってきましたが、ここで、銀行の中心顧客である個人や企業の資金の流れについて見ておきたいと思います。

図表6は日本の企業の有利子負債残高と個人の金融資産構成比を、米国と対比しながら見たものです。まず企業の有利子負債残高の構造を見てみると、日本の場合は、産業金融モデルの頃から変化に乏しく民間金融機関からの借入金が多い構造になっています。これに対して米国の場合は、社債を発行して直接市場から資金を調達する割合が高くなっています。

個人の金融資産構成に目を転じると、日本の場合は、預金の割合が五〇％に上っており、非常に保守的であることがわかります。これに対して、米国は、金融資産の分散投資が進んでおり、年金が二六％の他、出資金が一四％、株式が二〇％、投信が一〇％、債券が九％となっています。米国の場合は、年金から投信や株式に投資されていますので、これもある意味リスクマネーと言えるため、リスクマネーが極めて多いという結果になります。

それでは、日本の個人預金が最終的に投資されている先を図表7で確認します。個人金融資産は一、六〇〇兆円強（二〇一四年三月現在）もありますが、その四二％は国債等の公的債務に向かっており、最終的に公的債務の返済に充当されているということがわかります。株式等に投資されていれば企業

図表6　日米企業の有利子負債残高構造、日米個人の金融資産構成比

(1)　日本企業の有利子負債残高構成比

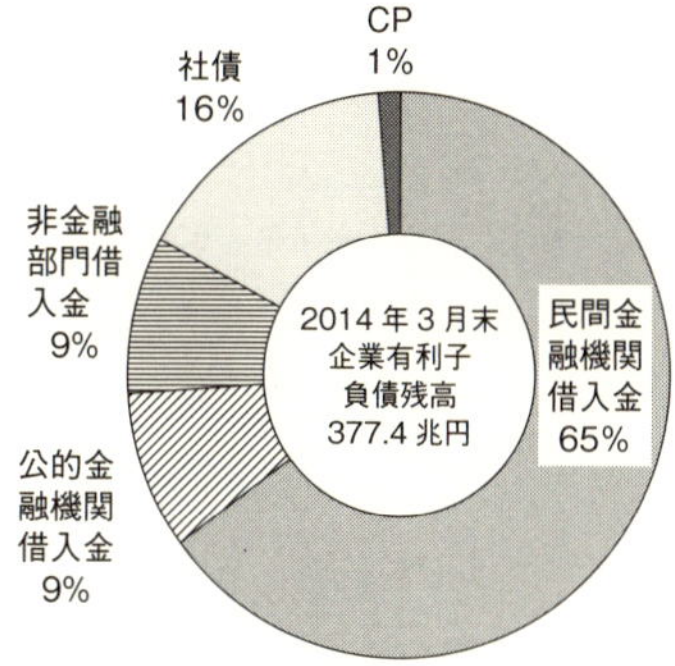

注：民間非金融法人企業。
出所：日銀「資金循環勘定」より、みずほ総合研究所作成。

(2)　米民間非金融法人企業の有利子負債残高構造

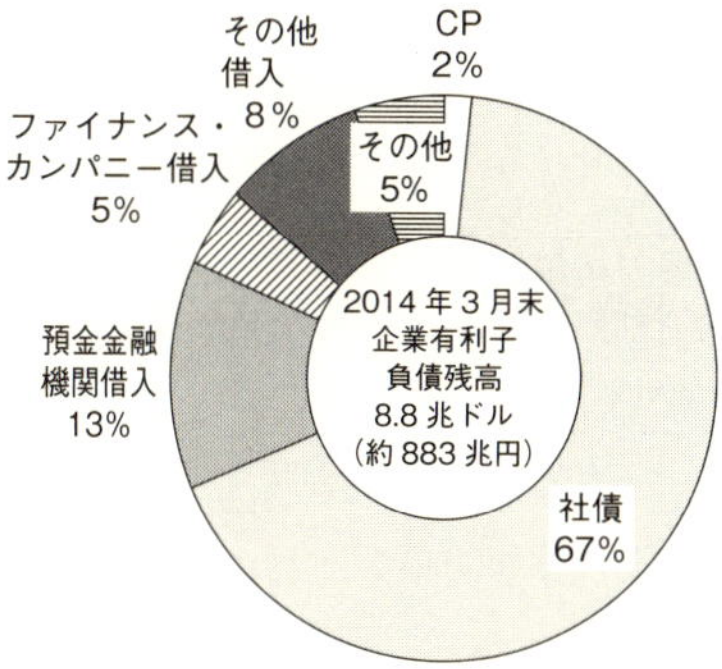

注1：非農業非金融法人。モーゲージ借入残高の金融機関別内訳を推計したベース。
注2：為替レートは2013年3月末値。
出所：FRB "Flow of Funds" より、みずほ総合研究所作成。

(3)　日本の個人金融資産構成比

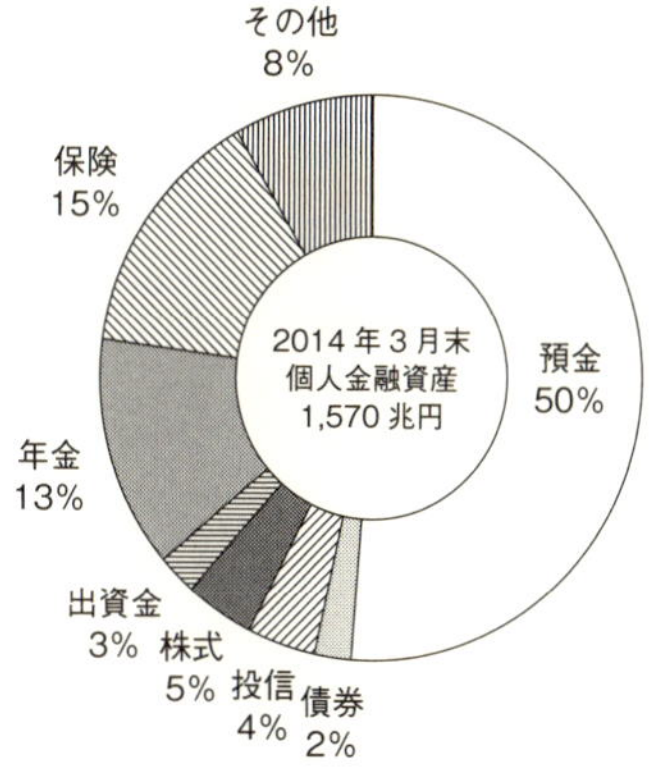

出所：日銀「資金循環勘定」より、みずほ総合研究所作成。

(4)　米国の個人金融資産

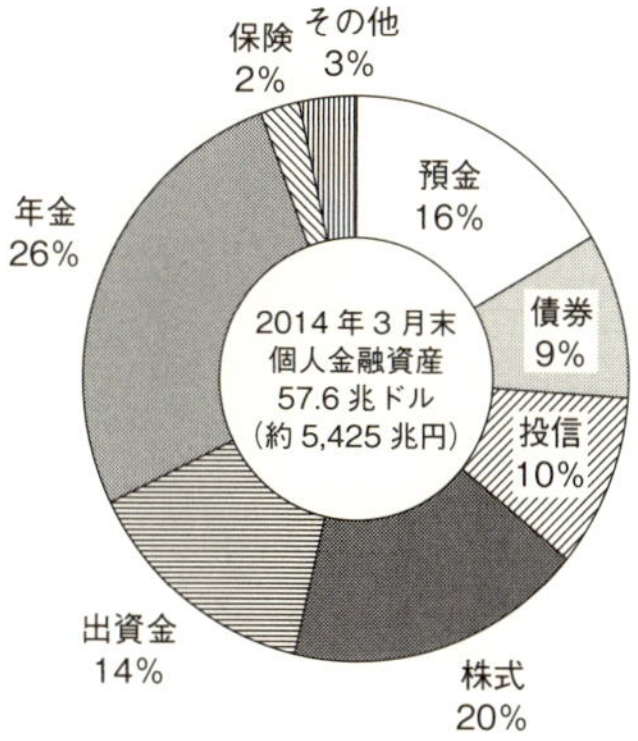

注：為替レートは2013年3月末値。
出所：FRB "Flow of Funds" より、みずほ総合研究所作成。

図表7　日本の個人金融資産の最終的な行先

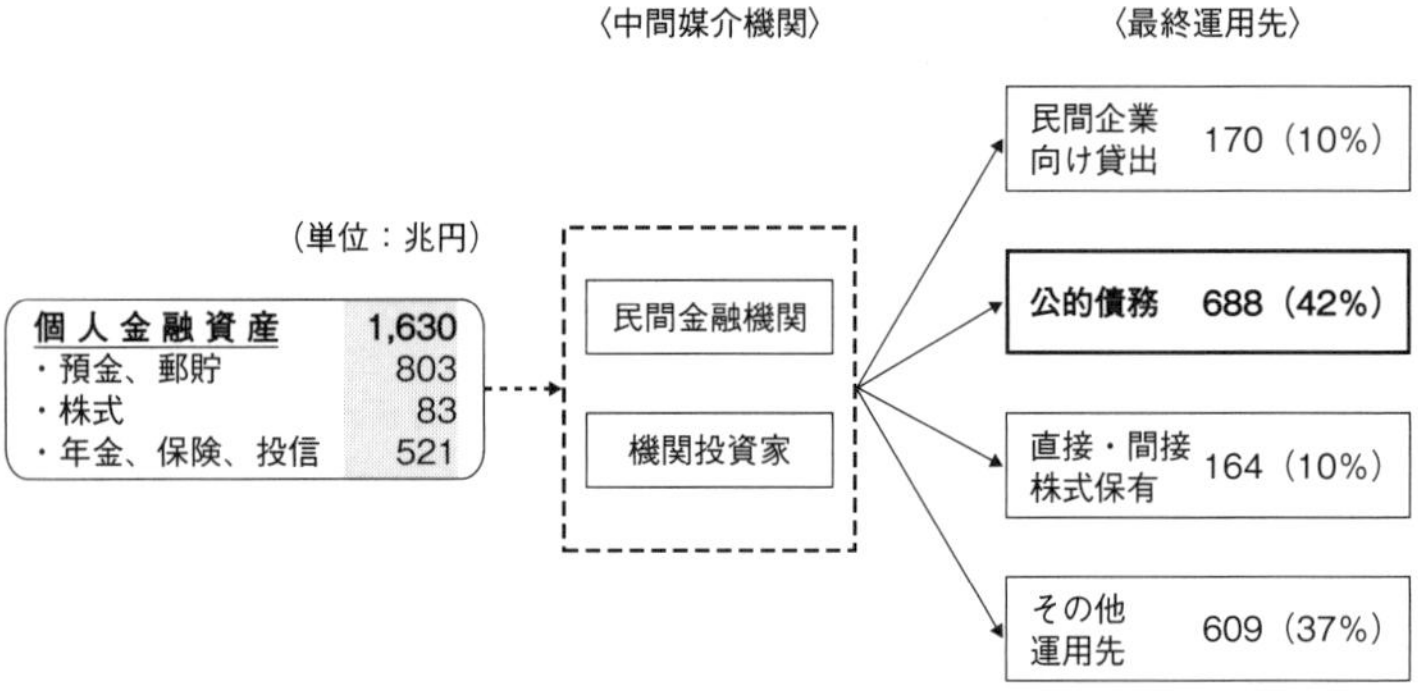

注：それぞれの主体の家計金融資産充当部分は、みずほ総合研究所試算。
出所：日銀「資金循環勘定」（2014年3月末データ）より、みずほ総合研究所作成。

の投資資金の一助になるわけですが、そこには向かっていないというのが実情です。

しかし、企業も設備投資を積極的に進めているわけではありません。図表8は、企業が過剰債務処理後、内部留保を拡大していることを示しています。図表8の(1)「設備投資と減価償却費」の動向で折れ線グラフの設備投資が減価償却費より下部にあるということは、設備が老朽化してきても更新投資をしていないことを表しています。

また、図表8の(2)「設備投資と営業キャッシュフロー」の関係を見ると、営業利益に近い営業キャッシュフローの半分程度しか投資していないことがわかります。これもまた、資金が企業に滞留し続けている状況を示しています。個人は資産をリスクマネーに振り向けず、企業も投資を積極化せずに預金に滞留させているという、極めて日本経済の成長に寄与していない状況であることがわかります。

個人も企業も「投資」を積極化しない中、資金仲介機関である銀行が資金を振り向けている先を以下見てみます。貸出においては、海外向けが特にアジア向けを中心に、大

図表8　設備投資と減価償却費の動向、設備投資と営業キャッシュフローの関係

(1)　設備投資と減価償却費

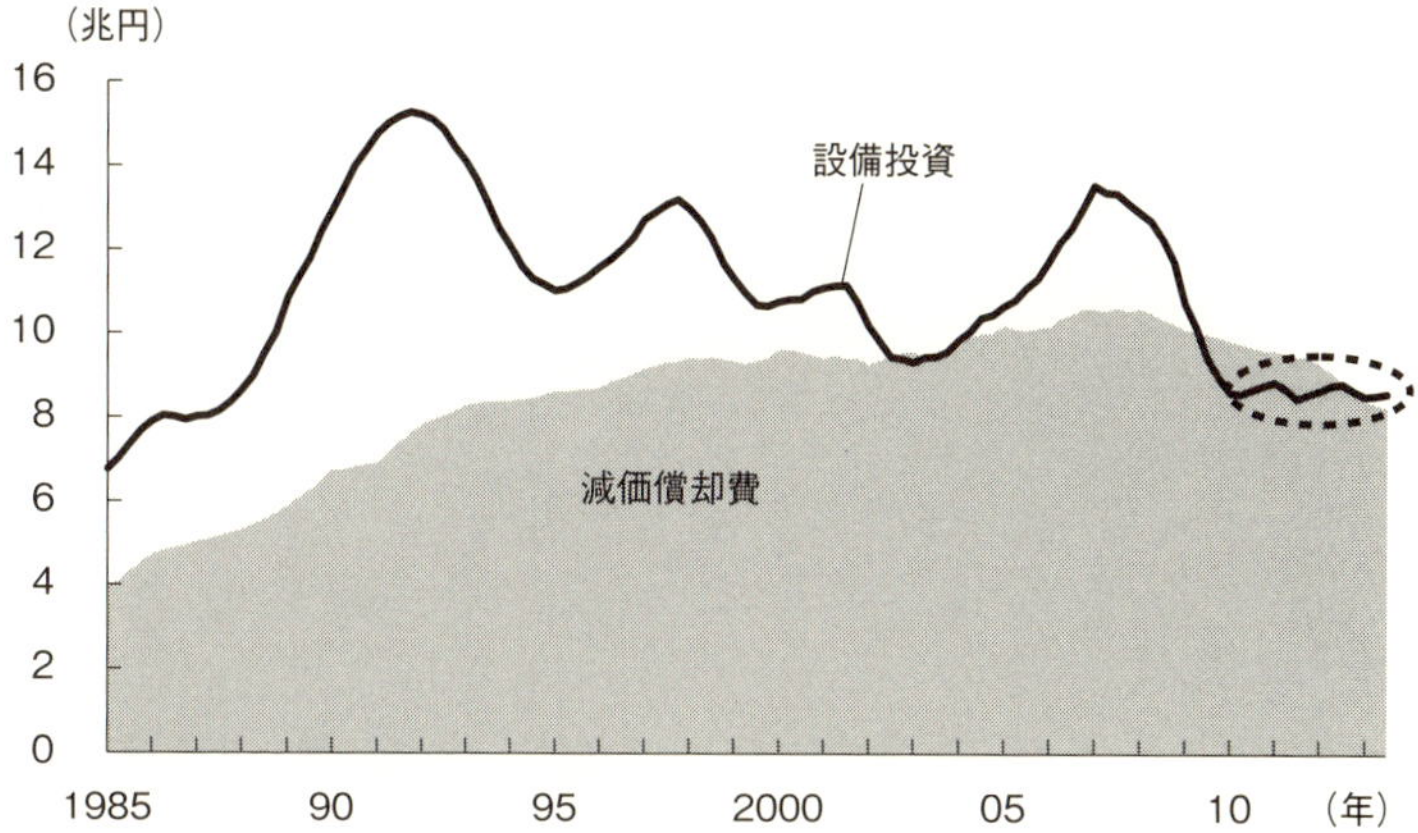

注1：設備投資にはソフトウェア投資を含まない。
注2：4四半期移動平均値。全産業全規模ベース。
出所：財務省『法人企業統計季報』各年版より、みずほ総合研究所作成。

(2)　設備投資と営業キャッシュフロー

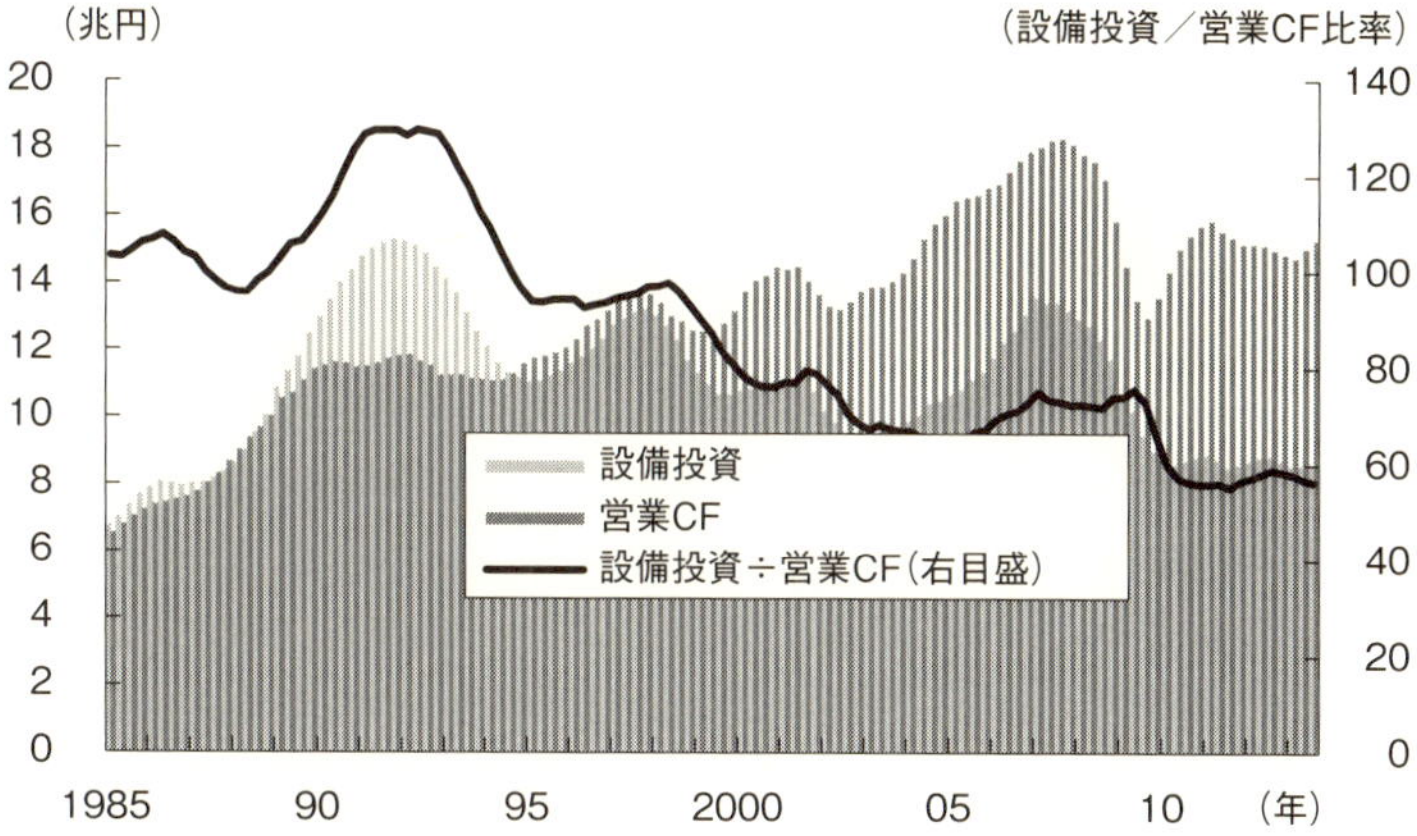

注1：営業CF＝経常利益×0.5＋減価償却費
注2：設備投資にはソフトウェア投資を含まない。
注3：4四半期移動平均値。全産業全規模ベース。
出所：財務省『法人企業統計季報』各年版より、みずほ総合研究所作成。

図表９　メガバンクの貸出残高と海外向け貸出

(1)　メガバンク内外別貸出

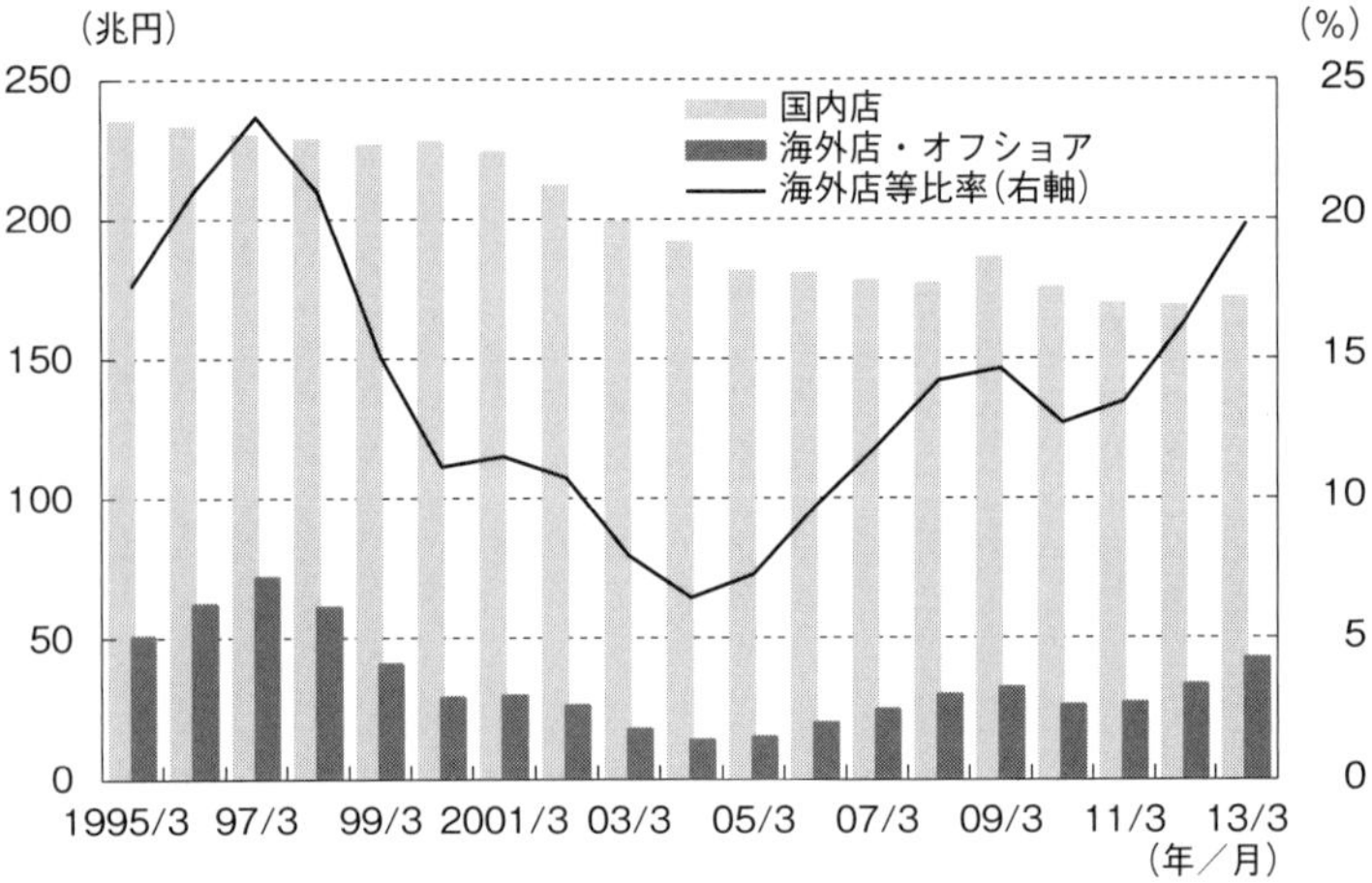

出所：各行決算資料より、みずほ総合研究所作成。

(2)　メガバンクの海外向け貸出（地域別）

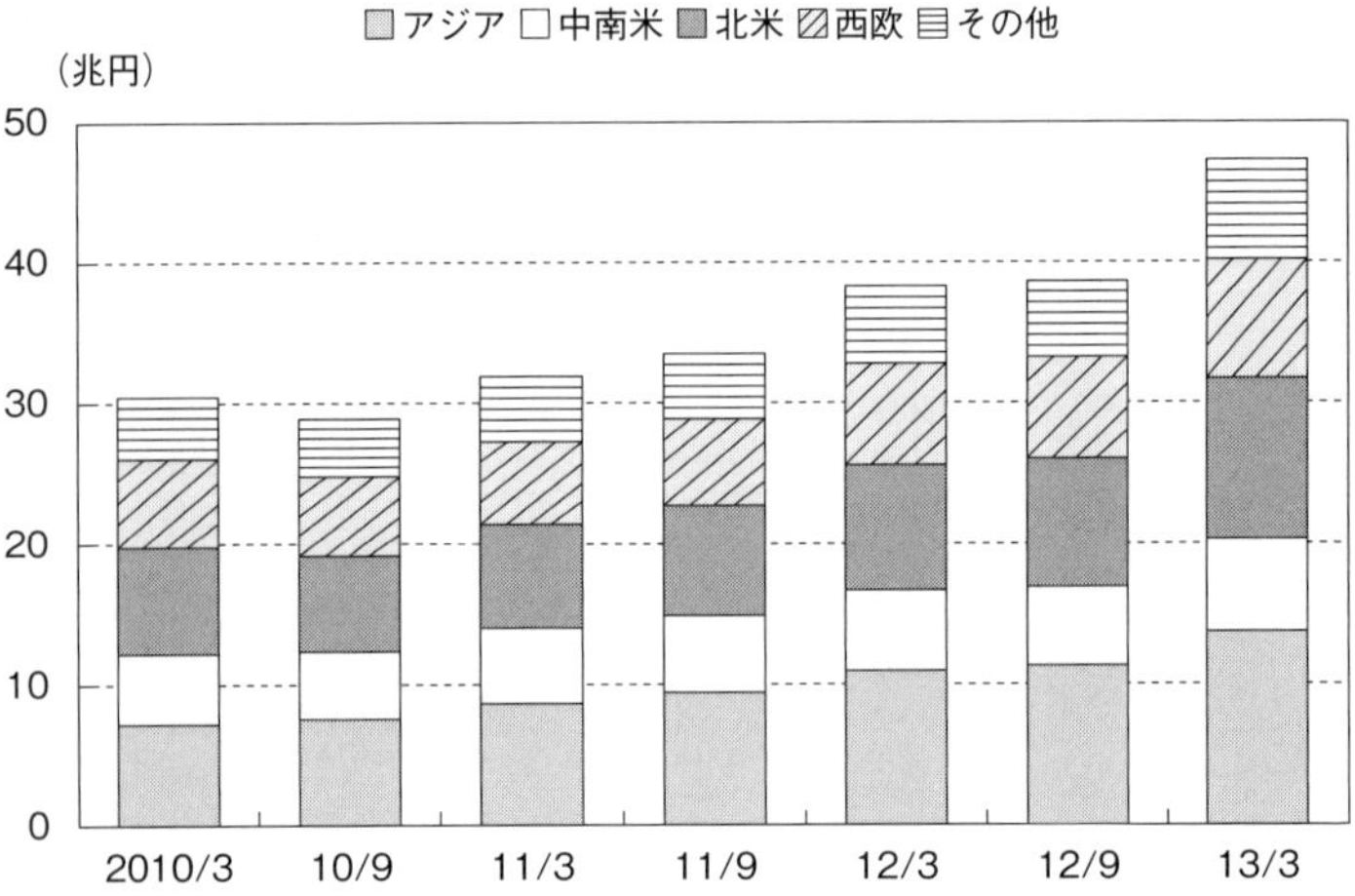

注：債務者所在地ベース。
出所：各行決算資料より、みずほ総合研究所作成。

図表10　日米銀行：預金・貸出金利回り、預貸利回り差の推移

⑴　全国銀行預金貸出金利回り（日本）

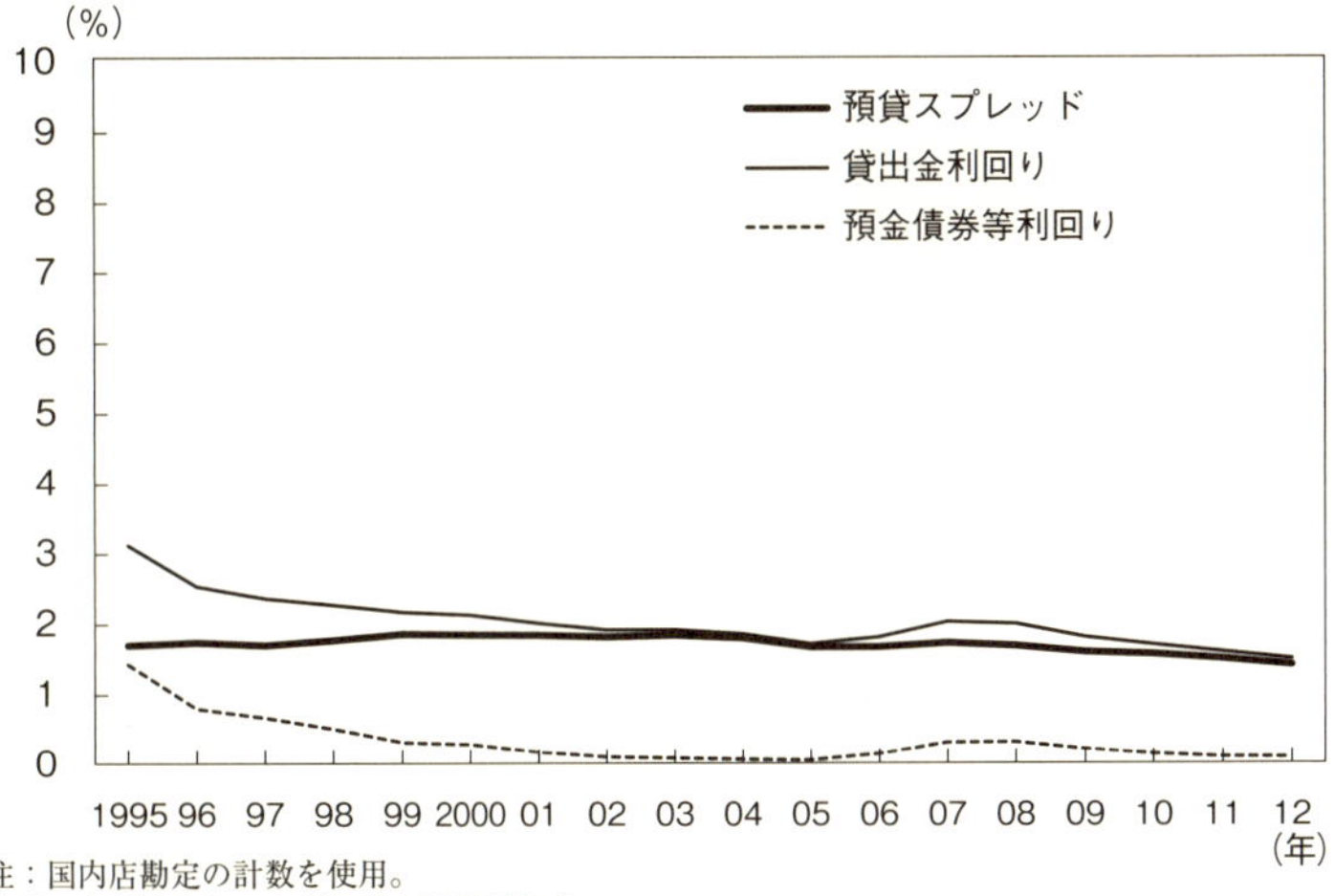

注：国内店勘定の計数を使用。
出所：全銀協より、みずほ総合研究所作成。

⑵　全商業銀行の貸出金・預金利回り・預貸スプレッド（米国）

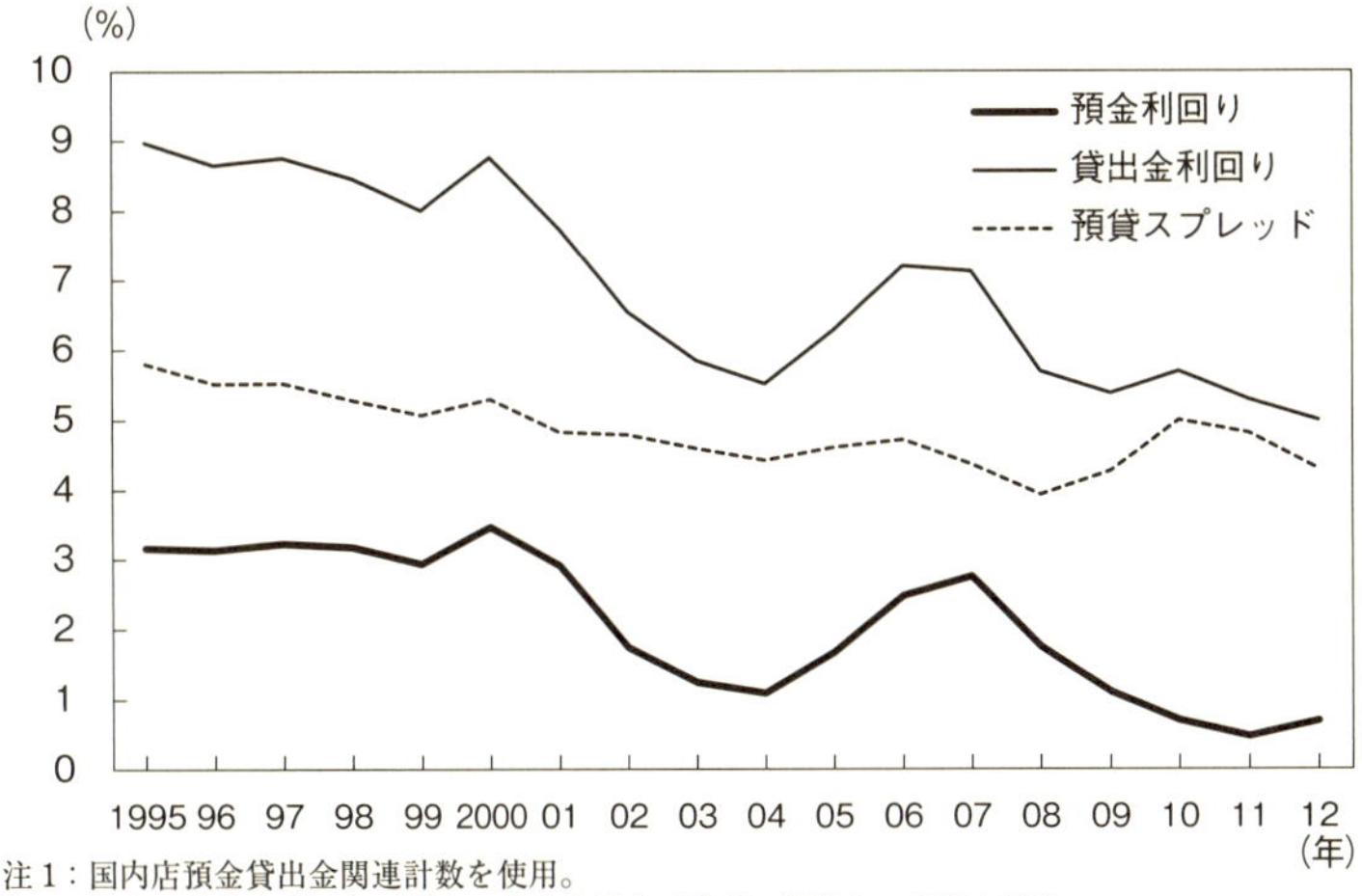

注1：国内店預金貸出金関連計数を使用。
注2：預金・貸出金利回り＝預金・貸出金利息／残高の前期末・当期末平均
出所：FDICより、みずほ総合研究所作成。

きく増加していることがわかります（図表9参照）。しかしながらさらに運用先が不足しているため、国債に投資することになり、邦銀は今や国債を一五〇兆円も保有しています。

また、企業が総体として投資に消極的で貸出先が非常に限られているため、資金需要のある企業に銀行が殺到しています。その結果、貸出金利－預金金利であり、貸出業務における収益の源泉である預貸スプレッドが極めて低位になっています。図表10で米国と比較していますが、米国よりかなり低位の一％強でしかなく、この状況で高収益は望めません。

五　日本の金融機関の展望

以上のようなこれまでの銀行経営における背景、銀行の主要顧客である個人・企業の行動を踏まえ、これから日本の金融機関はどうなっていくのか、その展望について考えてみたいと思います。

前掲図表5を見ると、大手行も地域銀行も、足元の収益水準は好調だということがわかります。ただし、その要因を見てみると、銀行の本業の収益である実質業務純益の増加によるものではなく、経費の削減、不良債権処理損の減少によるものであることがわかります。

大手行の場合には、手数料収入が増加しており収益源が多様化していますが、地域銀行は貸出金等による資金利益が中心です。そのため、地域企業の資金需要が高まらない中、特に地域銀行の経営環境は厳しい状況にあるといえます。

ところで、企業や個人のニーズは多様化しているのが現状です。銀行に対して、貸出金、預金、決済のみを期待しているわけではありません。以下多様化しているニーズを段階別、ステージ別に整理してみます。

個人について見ると、若年時は教育資金への需要、預金での貯蓄が中心です。成人すると、自宅や自動車購入のための借入等多用なニーズが生じます。また、資産形成のニーズはあるものの低リスクを指向するケースでは、リスクの低い投資信託や保険での運用も必要です。さらに高齢層になると、資金に余裕が生じるため、リスクテイクによる資金運用を含め、様々な用途に資金を振り向けることができます。そして最終的には相続につながるため、遺言信託などのニーズも高まります。

企業に対しても、貸出金を提供するのみではありません。創業期にはベンチャーキャピタル等で資金提供をして成長を支援します。株式公開の際には、グループ証券会社と協働して株式公開をサポートします。貸出に際しても、シンジケートローンという形で、複数の金融機関を束ねる資金提供も実施します。債券やコマーシャルペーパーを発行する資金調達支援も行います。保有資産の証券化や資金決済、海外進出やM&Aのアドバイス等も実施します。

このように、個人・企業向けとも提供すべきサービスが極めて多様化しています。それらに応えつつ、その対価として適正な収益を享受していくというのが今の銀行グループに求められている姿なのです。

次に、日本の社会の変化に目を転じてみたいと思います。我々の社会は、高度成長期のようにプラントが矢継ぎ早に立ち上がるという時代は終焉し、違う形に大きく変化しつつあります。したがって、時代に合わせて銀行のなすべきことも変化しています。

図表 11　海外現地生産売上高地域別構成比

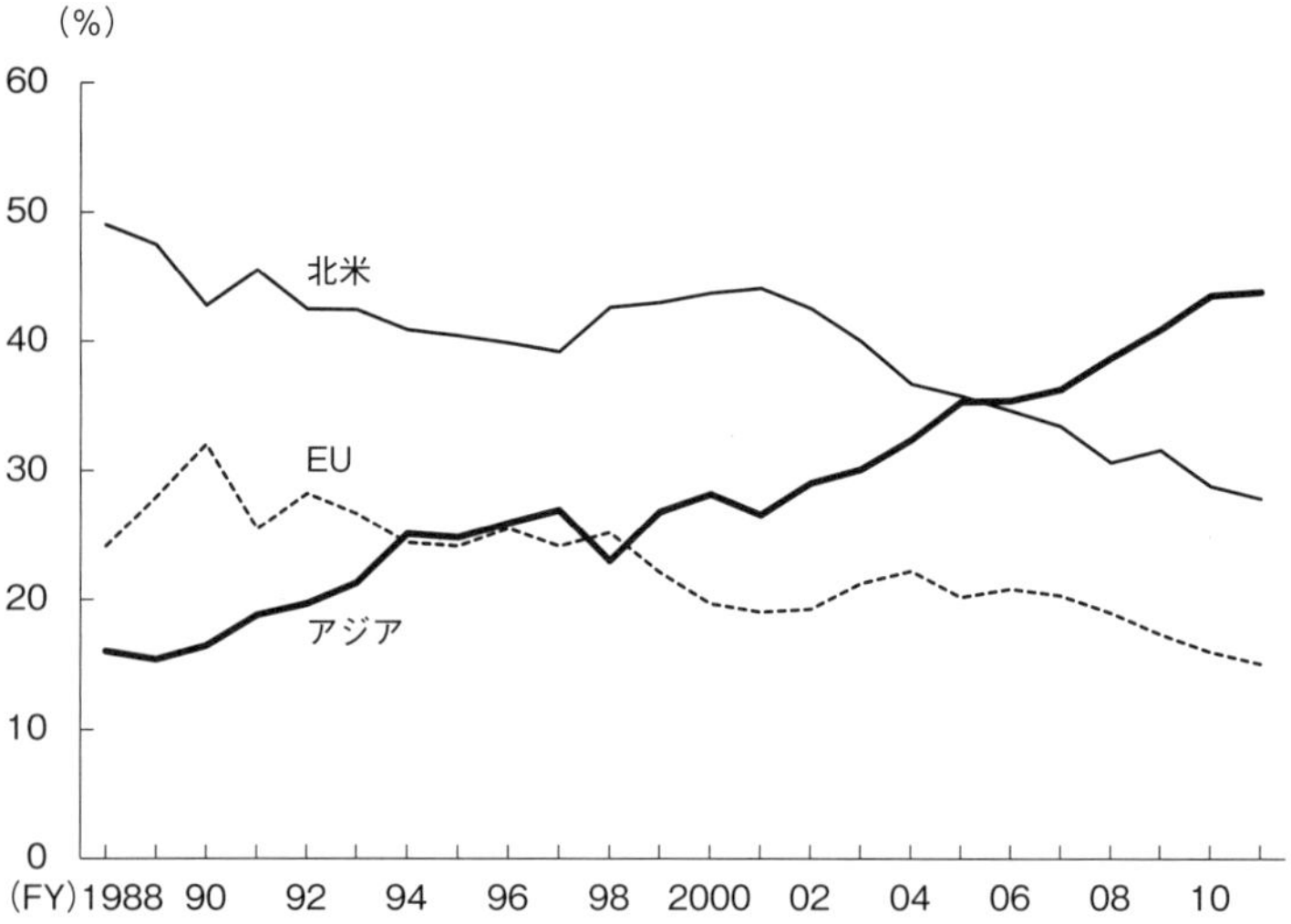

出所：経済産業省「海外事業活動基本調査」より、みずほ総合研究所作成。

今後、成長が期待される産業としては、高齢化に関連して医療・福祉・介護があげられます。また、新興国が高い経済成長を遂げているので、そうした地域に進出する輸出型製造業や農業を支援していくことも必要になってきます。さらに、モノからソフトへのシフトも進んでいるため、サービスや情報産業等に対する知見も増やしながら、問題解決も提供していくことが真の銀行業務になってきます。時代に即応した産業を掘り起こしていくことも、銀行の使命です。

成長著しいアジアではありますが、それを顕著に表しているのが、図表11です。日本はアジアの発展に資するように資金やソリューションを提供していかなければならない立場にあります。企業は、現状、中小企業も含めて、アジアへの進出を加速化していますので、進出支援は銀行の重要な役割となります。

アジアの成長を支援するためにも、預金として蓄積されている日本の個人金融資産をアジア新興国への投資につなげるパイプづくりが必要です。例えば、アジア新興国株式ファンドのような商品を設定して、間接的にアジア投資に振り向けるチャネルをつくることも金融機関の役割です。個人顧客にとっても、アジアが発展していけば、アジア関連のファンド、株式等も増価することになるので、キャピタルゲインを得ることができ一挙両得です。

以上のようなこれまでの背景、現在の社会・金融情勢等を踏まえ、最後に、これから金融機関はどのような姿になっていけばいいのかということをまとめておきたいと思います。ひとことで言えば、「バランスの取れた金融ビジネスモデルの構築」を指向していくということになります。

これには三つの要素が関連します。まず、独立した民間企業であるため、適正な金融機関収益を計上することが大切です。しかしながら複雑な商品を組成して、自分たちだけ大きく収益を稼得すればいいというものではなく、あくまで「適正な」水準です。日本経済の活性化をサポートすべく行動し、なおかつ収益を得ることも必要です。それと同時に、当然のことながら顧客利益も考えなくてはいけません。つまり、「金融機関収益」―「日本経済活性化」―「顧客利益」の三つがともに伸展することを目指すのが大事なのです。日本の経済が活性化し、発展しない限り金融機関の利益も増加しないし、顧客に満足してもらえないと様々なサービスを受けてもらえず収益も伸びないことになります。まさに三位一体が、銀行の生きる道だと思います。

そのためには、単純な預貸業務の提供では不十分で、顧客の問題に対するソリューションを提供していくビジネスモデルの構築が重要です。顧客ニーズに合わせた問題解決を提供していくことが金融機関のあるべき姿ではないでしょうか。

六　最近の外国銀行のリテール戦略

(1)　銀行を取り巻く環境変化

最後に、今後の金融業界のあり方を展望する上で参考になればということで、外国銀行（外銀）の最新のリテール業務を紹介したいと思います。

最近の外銀の先端リテール戦略は、利益率改善と顧客ロイヤルティ向上の二つが主軸です。その背景として、規制の強化による収益性の低下があげられます。欧米ではリテール分野でも、過度な手数料徴求を改めさせる規制が導入されています。また、優良な顧客は限られているので、顧客獲得競争の激化による手数料の低下も見られます。

そのような状況下で利益率を改善させるためには、営業生産性を向上させて効率的に収益を稼得しなければなりません。ただし、効率化のみでは顧客離反を招くおそれがあるので、その一方で顧客満足度を向上させることが求められています。

このように、一見二律背反的なことを達成しようとしているのが、足元の外銀の先端リテール戦略です。以下では、具体的な取り組みについて簡単に紹介します。

(2) モバイルバンキングの重要性拡大

まず、モバイルバンキングの重要性拡大です。

モバイルバンキングの利用促進は、コスト削減と、顧客ロイヤルティ向上という両面で有益な取り組みです。モバイルバンキングのコストは、新規投資も含めてもATMの四分の一程度とコスト削減になります。ATMは高度な機械なのですが、物理的に嵩場所をとり高コストです。それに比べてモバイルバンキングの場合は、モバイルフォンは個人が保有しているため銀行の設備投資は不要で、アプリを開発しダウンロードしてもらうだけと低コストです。

さらに、モバイルバンキング利用者の顧客満足度は、未使用者を大幅に上回っています。簡単な手続きのために店舗を往訪するのは手間なので、スムーズな操作性であれば、モバイルバンキングは手元での操作で取引等が完了し利便性が高くなり、銀行の顧客満足度が向上します。モバイルバンキングは、コスト削減と利便性向上の二点で銀行のプレゼンス向上に寄与しているため、一挙両得といえるのです。外銀は、モバイルバンキングの利用促進に向けて、機能の充実と導入セールスの強化に取り組んでいます。モバイルバンキングで一番キーとなるのは操作性です。たとえデザインが斬新で高度な機能を有していても、操作性が悪いと利用してもらえません。

他方、導入セールスの強化では、各店舗にモバイルバンキングのセールス担当者が常駐しています。銀行の店頭でスマートフォンを首から下げて実演し、その場でQRコードを読み取って自行のアプリをダウンロードしてもらうといった営業を励行しています。

さらに、モバイルバンキングの利用促進のために、導入目標の設定や、インセンティブを付与する銀行も多いようです。また、広告宣伝の手法でも工夫がされ、例えばPNCという米国の地銀は、PNCという行名ではなくモバイルバンキングサービス名（ヴァーチャル・ウォーレット）でのプロモーションを実施しています。各店舗には、Wi－Fiスペースを常備し、即座にモバイルネットとつながるようにしています。

以上のように、モバイルバンキングは、お客さまの顧客満足度を向上させると同時に、銀行にとっても、店頭で手続きをしてもらうより効率的で経費削減になるということで、外銀では非常に重視されています。

(3) オンラインバンキングでの新たな試み

オンラインバンキングの新たな試みとしては、フェイスブックを活用した送金サービスがあります。コモンウェルス・バンク（豪）は、"Pay to Facebook"というシステムを通じて、送金できるサービスを提供しています。このサービスはコモンウェルス・バンクの口座保有者間では飛躍的に拡大しているようです。ただ、やはりセキュリティーの問題があるようで、現状でサービス提供行は銀行全体の五％未満に留まっています。大手米銀は提供するに至っていません。

(4) ATMの先進的な利用

次にATMの利用方法を従来型の現金預け払いのみから脱却させるという、ATMの先進的な利用です。中長期的には顧客はカードやモバイルで決済を済ませてしまい、現金需要が低下していくと想定されるため、ATMの多機能化、店舗代替化・セールス機能向上、顧客囲い込み能力向上が、企図されています。

多機能化では、例えばセブン‐イレブンにもチケット購入端末がありますが、ATMにも同様にスポーツイベントなどのチケット購入機能を付帯することや、スマホなどの有料コンテンツ・ダウンロード機能をつける等を試行している銀行があります。

店舗代替化・セールス機能向上では、シティバンク銀行（日本）でも取り入れているビデオテラー・システムがあります。これは、テラー（窓口係）が遠隔地にいてATMには顔が映るだけですが、ATMだけで住宅ローンなどの手続きが完了してしまうというものです。

顧客囲い込み能力の向上では、モバイルとの連携向上があります。例えば、モバイルでオペレーションを済ませておき、表示されるQRコードをATMにタッチすることで、手続きが全て完了するシステムなどがあります。

(5)　店舗の新たな活用方法

次に店舗の新たな活用方法です。現在、リテール業務での顧客対応は、手軽で簡単な取引はモバイルで、新規取引や高付加価値商品の販売は店舗で、というように二極化してきています。

米国では、新規取引の際に顧客が選好するのは、やはり店舗です。預金、住宅ローン、投資信託、保険等を販売するために、店舗が不可欠となります。ただ、以前と異なるのは、原則店舗では事務は行わないようになっているということです。テラーの月間平均取引量は相当減ってきています。事務要員は極力少なくして、役席者も事務対応をする形態になってきています。店頭はセールスに特化するというのが店舗の新しい姿になっています。

また、店舗が広告宣伝媒体となっている銀行があるのも変化の一つです。空港の待合室のような次世代型接客スペースを有しているところもあれば、アップルストアのようなデジタルバンキング・セールス専門店もあります。環境に優しいというPRを兼ねたグリーン店舗もありますし、デザインに特徴のある先端デザイン導入型の店舗もあります。

むすび

以上、最近の外銀の先端リテール戦略について説明してきましたが、これまで見てきたのは、おおむね販促ツールの先端化戦略でした。しかし、米銀は、販売を効率化・強化するための最重要戦略の一つであるマーケティングにも力を入れています。

特に注目されるのは、データベース・マーケティングの高度化です。昨今ビッグデータの活用がかまびすしいですが、米銀のデータ解析能力は非常に高度化されています。邦銀は、イベント・ベースド・マーケティングといって、誕生日や、高額預金者等、表面的な部分しか捉えられていません。米銀の場合は、プロフィールはもちろんですが、例えばボーナスが入る時期とか、家賃収入の入金日、株式配当取得日等の細部にわたる過去の履歴の他、毎月の資金引出日といったトランザクション（資金移動）パターンまで、全て解析しています。

その上で、どのチャネル（店舗、モバイル、パソコン、フィナンシャルアドバイザー等）でどのような商品（預金、投資信託、債券、信託等）を提供するのが最適か、という提案まで可能です。顧客来店時である導入部分では、営業員の個々の能力に制約されることなく、即座に営業端末にその顧客の情報が表示されるようなシステムになっています。導入部分でニーズを取り逃がすことがないような仕組みが構築されているのです。

データ解析の効率的な方法は、個別の経営戦略なので細部までは明らかにはなっていません。しかし、今後、データの解析能力は世界的にますます重要になってくることは明らかです。邦銀でもさらに高度化すべきというレポート等を作成し、必要性自体の理解はだいぶ深まっています。ただし、実務上での取り組みはこれから進めていくというのが現状です。

（二〇一三年一二月二〇日）

第九章　風力発電の導入促進に向けて
——風力発電の現状と課題

斉藤哲夫
（日本風力発電協会）

はじめに

今日は、風力発電の現状と課題について説明しますが、本題に入る前に、私の所属する日本風力発電協会について紹介をしておきたいと思います。日本風力発電協会は、二〇〇一年に設立され、二〇一四年八月現在、会員数は二五一社にのぼっています。会員には、風力にかかわる事業者、風車メーカー・代理店はもちろんのこと、部品メーカーや、コンサルタント、金融、保険の会社も加盟いただいています。今、日本では二七一万キロワットの風力発電が建設されていますが、そのうちの約八五%が会員でカバーされています。

一　風力発電の導入意義と主な日本メーカー

(1)　風力発電の導入意義

それでは、最初に風力発電の導入意義についてお話をしておきたいと思います。

風力発電の導入意義としては、まず何よりも、エネルギーの安定供給ということが挙げられます。風力や太陽光は、石油など化石燃料を代替する国産エネルギーです。現在のエネルギー自給率は二〇一〇年で四・四%しかなく、これをもう少し増やすことが求められていますが、風力はそれに貢献することが期待されています。

また、地球環境の保全のためにも重要です。風力発電は環境に与える負荷が小さいクリーンエネルギーで、地球温暖化対策、低炭素社会の実現にも貢献するものです。そして、経済成長に寄与します。新規産業の育成を通して、雇用の促進をもたらします。

新規産業の育成という観点で積極的なのは、ヨーロッパです。図表1には、現在、ヨーロッパで洋上風力の建設計画のあるところが、点で示されています。イギリスを中心に洋上風力の建設が進んでいることが分かります。なぜイギリスが洋上風力に目を向けたかというと、イギリスには北海油田というのがありますが、そこで用いられる石油の掘削リグというのは、海底の基礎構造物の上に風車を載せるのと似たような技術であるため、北海油田で培った海洋構造物に関する技術や技術者、工場を、

図表1　欧州における洋上風力発電計画

■欧州の動向（陸上風力から洋上風力へ移行）
・北海油田の枯渇
・海洋構造物に関する技術、技術者と生産設備の活用・拡大

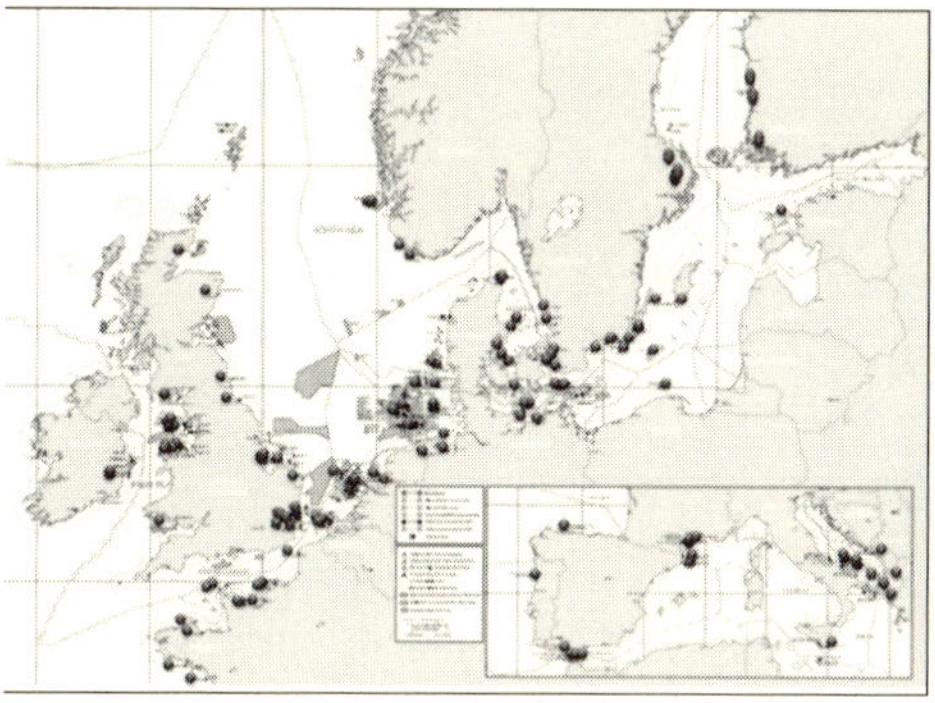

現状と目標とする発電量
2011年：　4GW
2020年：　40GW
2030年：150GW

洋上風力とスーパーグリッド

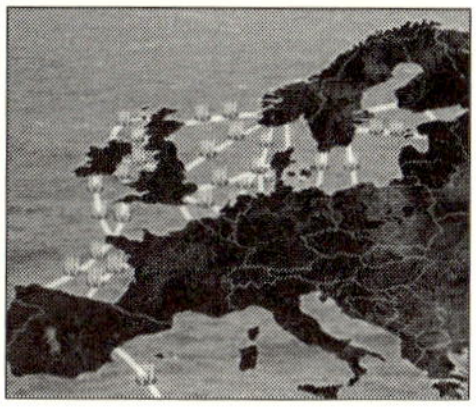

出所：Europe Offshore Wind Farm Projects（EWEA, 2009 Sep）.

洋上風力でうまく活用できるからです。しかも、いずれ北海油田から石油がとれなくなったときには、イギリスからフィンランドなど他の国へ国際送電線で風力発電の電気を輸出しようという壮大な計画も進められているのです（図表1）。

イギリスには洋上風力を進めやすい環境もあります。実は、イギリスの海は全て女王陛下の海と位置付けられているのです。正確な表現でいうと、クラウン・エステートが管理しているのです。したがって、漁民は海を女王陛下から借りているともいえます。もし国が風力発電を建てると決めれば、それは国がゾーニングをしていることになります。日本で洋上風力発電を進める場合は漁業権に関する交渉がなかなか大変ですが、イギリスではこの心配が少ないのです。

経済成長の観点でいうと、日本にはまだまだ余地があります。二〇一一年における風車の生産額は世界全体で約六兆円にのぼり、年率三〇％で増加しています。しかし、そのうち日本はたったの二、〇〇〇億円で、

それも減少傾向にあります。風車というのは組み立て産業ですので、ものづくりの産業です。しかもものが大きいので自動車のようにロボットで組み立てるわけにはいかず、どうしても人がかかわっていかざるを得ません。ここに日本の潜在力が隠されていると考えられます。

例えば五年ぐらい前に世界で風車が足りなくなる事態がありましたが、その理由は、日本でつくられていた軸受という製品の生産が世界の需要に追い付かなかったことにありました。今はいろいろな国で部品をつくっていますけれども、設計図面が同じでも、でき上がる製品の品質、製造技術とか品質管理技術といった面では、やはり日本の得意分野なのです。

世界の風車生産量は年間約四、〇〇〇万キロワットですが、これによって約六五万人が雇用されています。単純計算すると一万キロワットあたり一六〇人が雇用されていることになります。アメリカは、二〇三〇年までに風力による電力量供給率を二〇%にまで高め、それによって一五万人の直接雇用を創出しようと計画しています。

(2) 主な日本メーカー

大型風車のメーカーとしては、現在、三菱重工、日本製鋼所、日立製作所があります。以前は富士重工もつくっていましたが、同社の風車事業部門が日立製作所に移管されたのです。今は風車もだんだん大型化しており、発電機やインバータも大型化するとともに性能向上が求められますので、富士重工と日立製作所が一緒になる理由も理解できます。もちろん小型風車メーカーは日本にたくさんあります。

今後、伸びる可能性があるのは炭素繊維、カーボンだと思います。今、飛行機の羽根がカーボンになりつつありますが、今後、風車がさらに大きくなると、今まではグラファイトでつくっていましたが、やはり飛行機と同じように軽くて強いものをつくらないといけないということで、将来的には風車の羽根もカーボン系になるものと見込まれます。

世界から見ると、日本の風車、例えば三菱とか日立の完成品のシェアは非常に小さいものに留まっています。しかし、軸受という分野では、一時、日本が世界の半分のシェアを持っていましたので、精密機械やカーボンの伸びが今後期待されます。

二　世界と日本における風力発電の導入実績

次に、世界と日本で風力発電がどのぐらい導入されているのかについてお話をしたいと思います。図表2にあるように、世界の累積導入量は、二〇一三年末時点で約三億二、〇〇〇万キロワットとなっています。国内の電力会社発電設備の合計値が約二億キロワットですので、それの約一・六倍にのぼっています。一年間の導入量は最近ちょっと伸び率が落ちていますが、それでも三、五〇〇万キロワットぐらいは毎年導入されています。

世界の風力発電導入実績を国別で見ますと、図表3の(1)のようになっています。風車というとドイツというイメージがあるかと思いますが、確かに二〇〇七年まではドイツが一位でした。しかし、二〇〇八年からはアメリカが一位になっています。ただし、アメリカの場合には、政策が変わるたびに

図表2　世界の風力発電累積導入量（年別）

■2013年累積導入量は、3億1,814万kW（国内電力会社の全発電設備容量の約1.6倍）
■2013年単年（3,509万kW）で、日本の累積導入量（270万kW）の約13倍を導入
■過去10年間における年平均増加率は、約21％

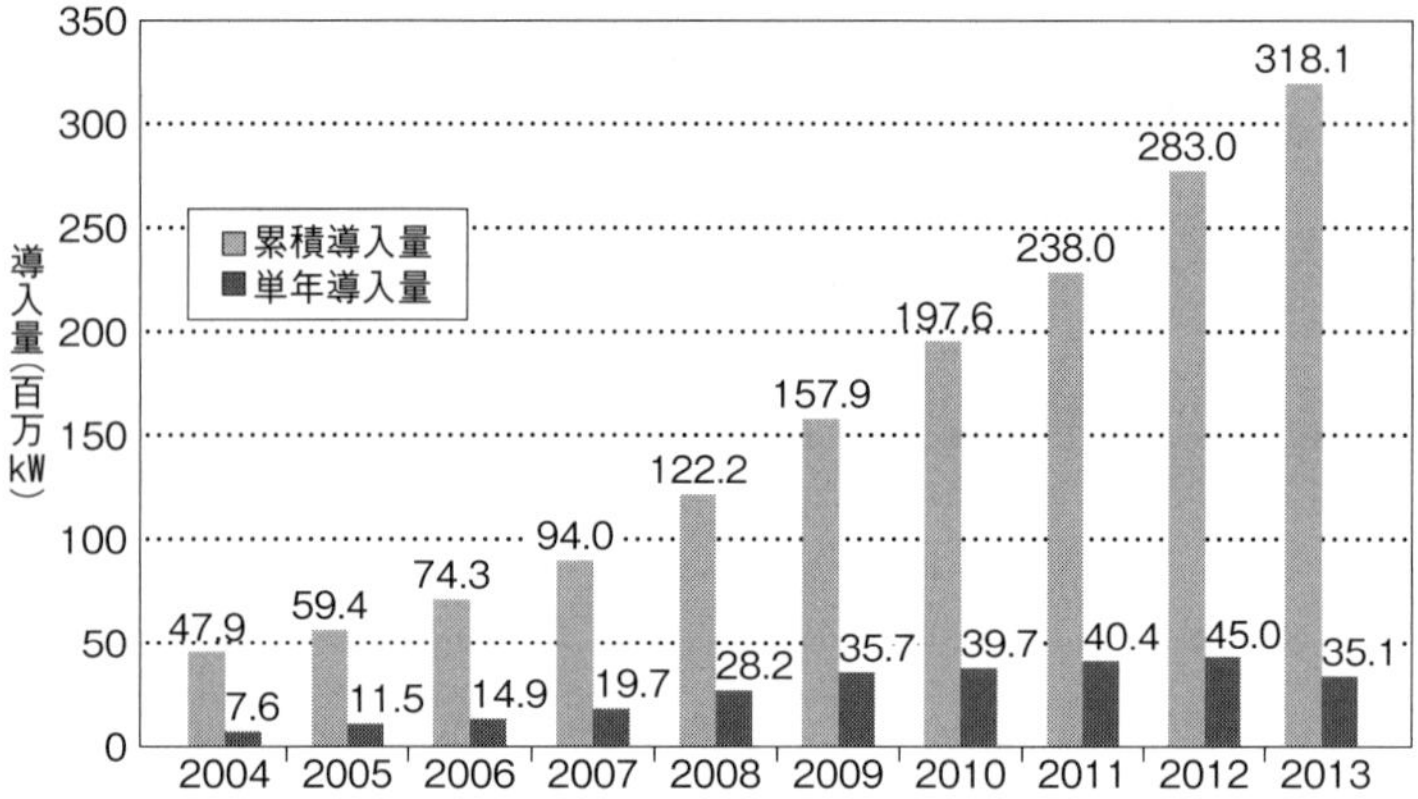

出所：GWEC Global Wind Statistics 2013.

伸び率が変わります。

そして、二〇一〇年からは中国が一位になります。中国は、二〇〇七年ぐらいから、それまでの累積量と同じぐらいのものを一年でつくってしまうというように、異常なスピードで伸びています。今、世界の風車メーカーのトップ10の中に中国の会社が四社入っています。二〇〇六年以前には一社もなかったのですが、ライセンス生産を通して生産を伸ばしたのです。

日本は二〇〇三年、二〇〇四年と八位でしたが、二〇一三年には一八位と低下しました。

ドイツも着実に伸びています。また、最近は、イギリスの立ち上がりが急激になっています。背景にあるのは、先ほどお話しした洋上風力の導入促進です。フランスというと、原子力のイメージが強いのですが、そのフランスもこのところ順調に伸びてきています。カナダやスウェーデンには水力がありますが、風力も伸ばして

図表３　風力発電導入実績（国別比較、年度別比較）

(1)　世界の風力発電導入実績（国別）

■1位の中国は、9,143万kW（世界合計の約28.7%）
■日本は、270.7万kWであり、世界第18位（世界合計の約0.8%）
■イギリス、フランス、カナダ、スウェーデン、ブラジルも急増中

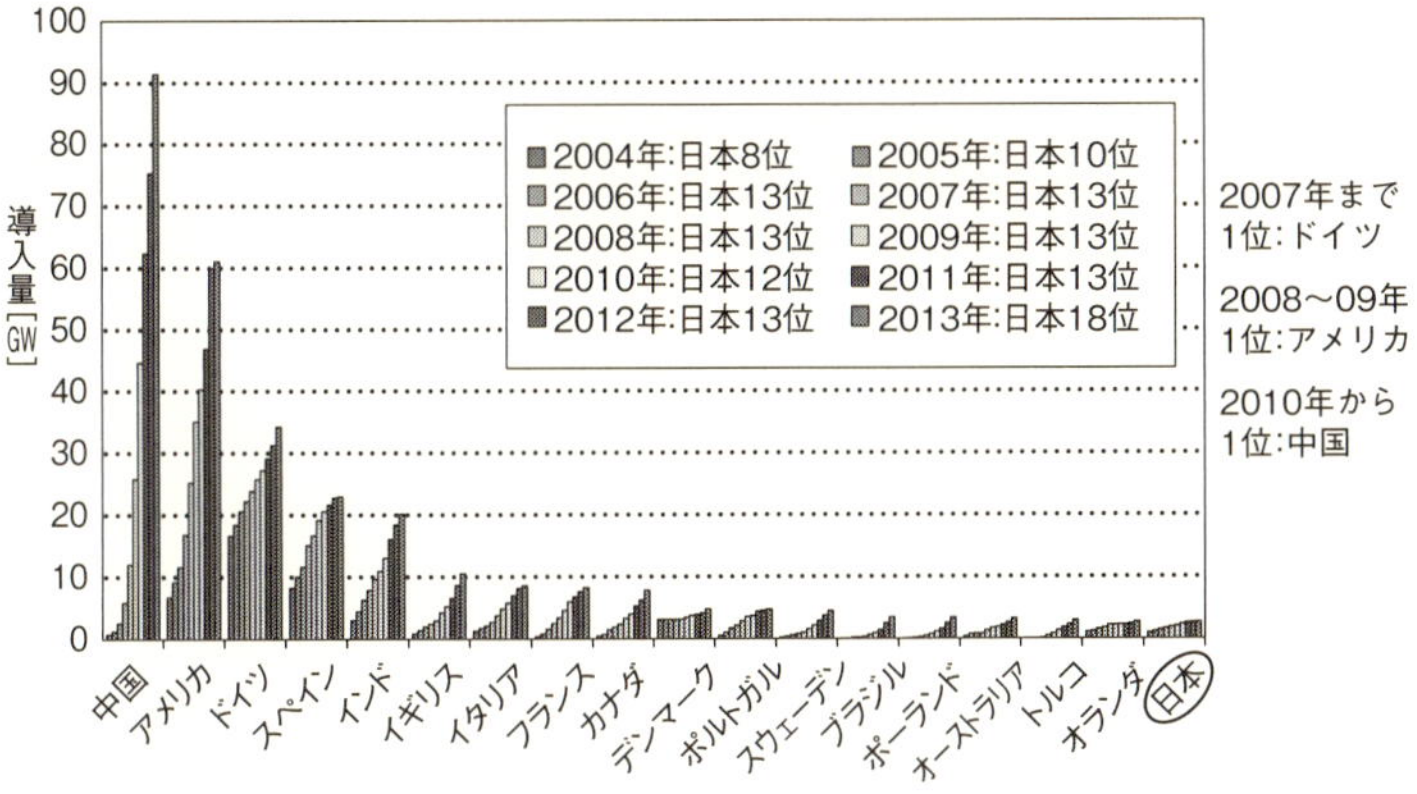

出所：GWEC Global Wind Statistics 2013.

(2)　年度別風力発電導入量（国内）

■2013年度累積導入量270.7万kW、1,934基、414発電所
■2007年度：建築基準法の改正により、建設の長期化とコストアップ
■2010年度：新規WF向け建設費助成制度廃止（FIT移行は2012年度）

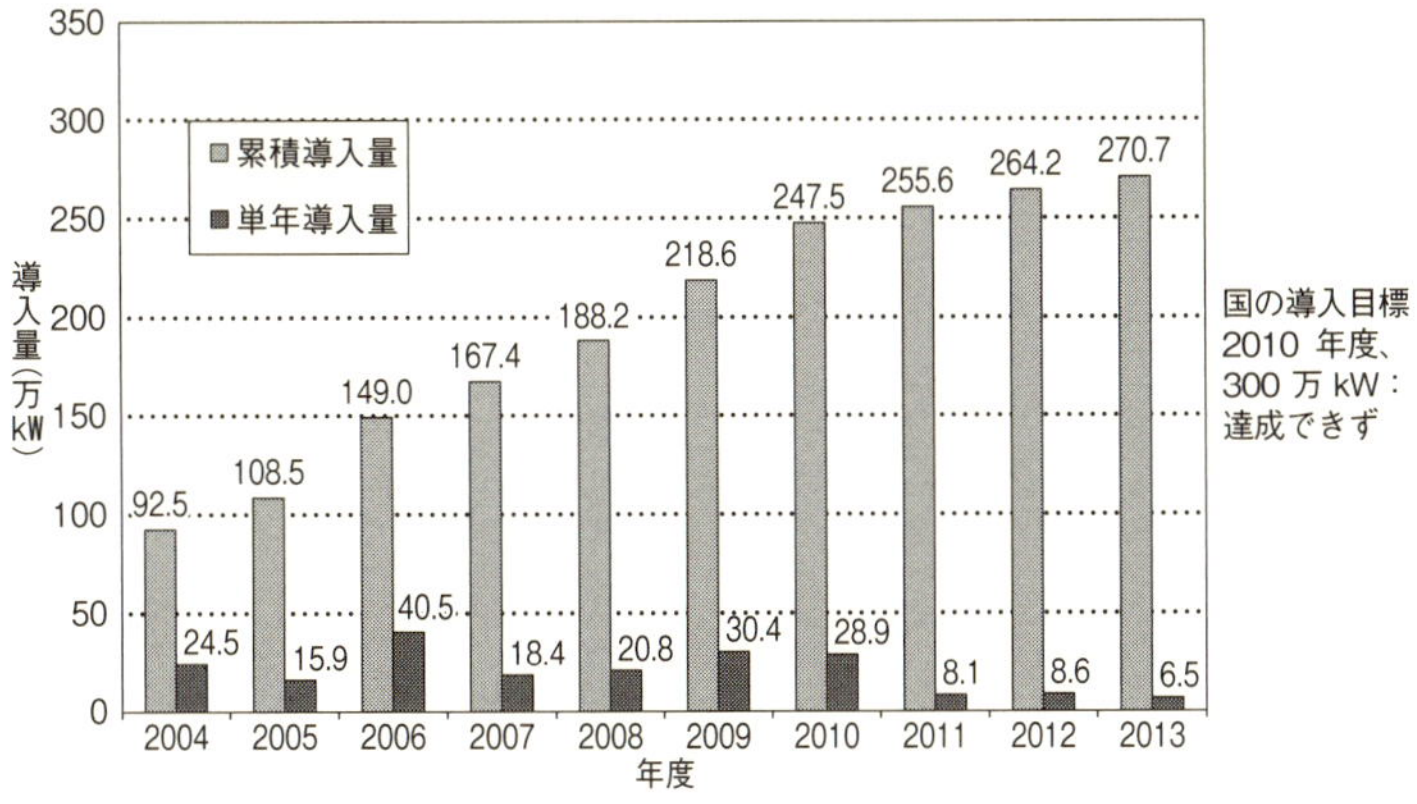

出所：NEDO、日本における風力発電設備・導入実績を基に、JWPA 加筆。

います。風力は天候によって出力が変わりますが、水力でうまく調整をするというやり方をしています。

日本に目を転じると、これまでの累積容量は二〇一三年度で約二七一万キロワットになっていますが、単年度の伸びを見てみると、図表3の(2)にあるように、大きく変動しています。二〇〇六年に約四一万キロワット導入したのですが、翌年に建築基準法が変わりました。高さが六〇メートルを超える建物については大臣認定が必要になったのです。風力発電に超高層ビルやマンションと同じ基準が適用されたのです。そのため、少し停滞することになりました。

その後の二〇一〇年に、今までの日本が採用してきた「電気事業者による新エネルギー等の利用に関する特別措置法（ＲＰＳ）」という制度が「固定価格買取制度（ＦＩＴ）」に移行しました。それまでは、風車のだいたい三分の一ぐらいの建設費補助があったのですが、その補助金が廃止になったのです。それが施行されたのは二〇一二年ですが、既に建てたものは固定価格で買ってもらえるのか、もらえないのかということが決まっていなかったので、事業者は建設をちょっと控えることになりました。

では、二〇一二年度はどうかというと、わずか九万キロワットぐらいしかありません。二〇一三年度はもっと落ちて、約七万キロワットになりました。二〇一四年度には二〇万キロワットぐらいに戻り、二〇一五年度になると七〇万キロワットぐらいになると見込まれますが、それでも、以前、二〇一〇年度には三〇〇万キロワットにするという目標を国が立てたことを考えると、その達成が五年遅れになってしまうこととなります。

図表4　都道府県別の風力発電導入量と風車基数（2013年度）

■1位：青森県：33.4万kW、214基
■2位：北海道：31.6万kW、289基

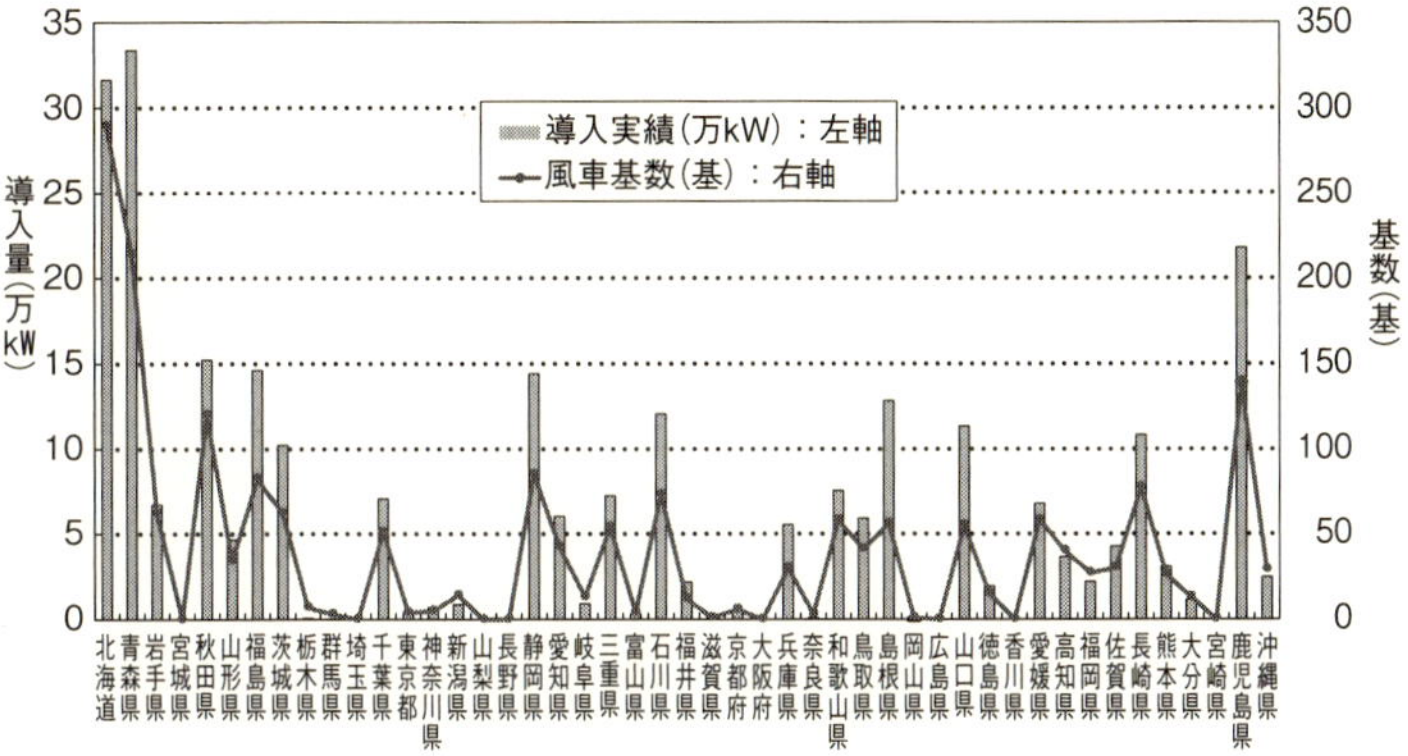

出所：NEDO、日本における風力発電設備・導入実績を基に、JWPA加筆。

図表5　日本の連系可能量と風力発電導入実績（電力会社別2013年度）

■1位：東北電力：61.4万kW、456基
■2位：九州電力：43.3万kW、311基
■現状の連系可能量：563.5万kW＋α⇒(ほとんどが受付済み)

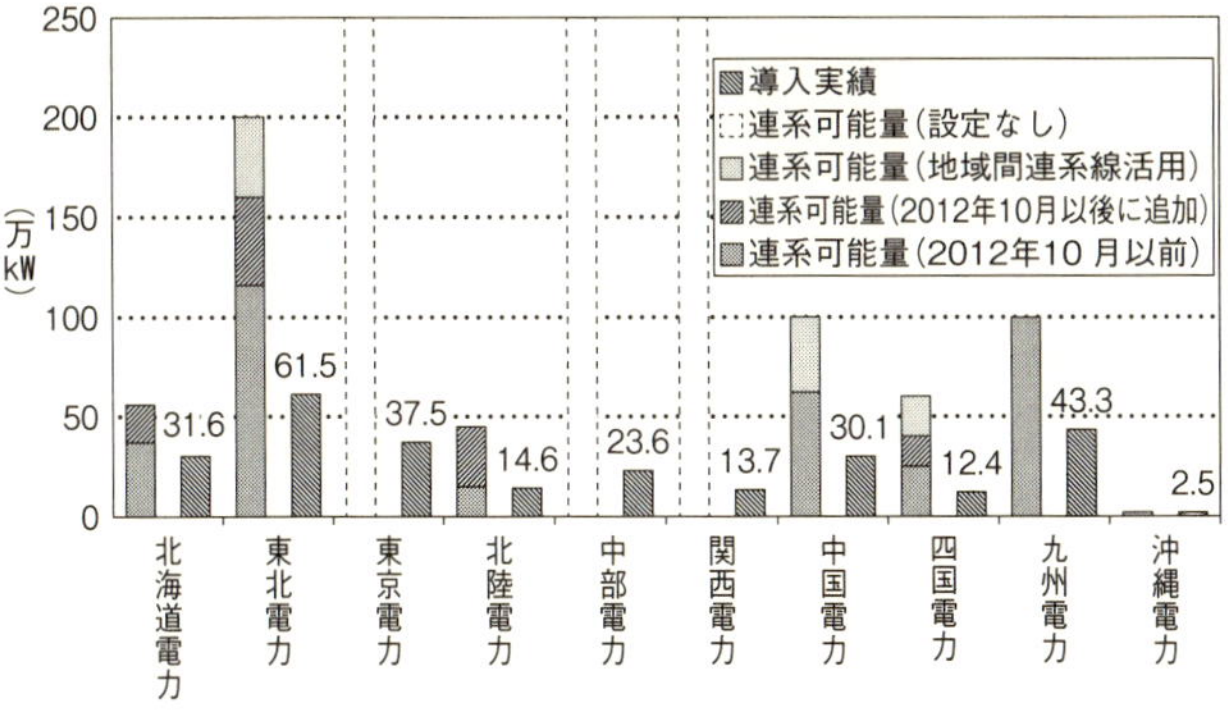

注：各電力会社の設備容量・設備構成などにより、連系可能量が設定されている。

出所：NEDO、日本における風力発電設備・導入実績、ESCJ、連系可能量確認WG報告書を基に、JWPA加筆。

図表4で、都道府県別の風力発電の導入状況を見ましょう。これによると、一番風車が建っているのは、やはり風が強い青森県で、次いで北海道という順番になっています。

東京都では、お台場に建っています。それから、江東区の若洲公園です。神奈川県では横浜市の海のそばにも建っています。特に若洲公園はバーベキューもできて海釣りもできて、子供たちが遊べる大きな公園がありますので、何らかの折に行って実物の大きさを体感していただければと思います。風車のタワーには鉄腕アトムの絵が描かれています。

ところで、日本の電力会社は風力発電の連系に対して制限をかけています。風力発電の出力が変動すると残りの部分を従来の火力とかで調整しなければならなくなりますが、その調整ができないので、これ以上の計画があっても受け付けられませんということになっています。それが図表5にある連系可能量の数値です。北海道で五八万キロワット、東北では二〇〇万キロワットとなっています。国会で成立した第一次電力システム改革の趣旨は、日本全国で融通し合いましょうということなので、もう少し増えるのではないかと思います。ただ、このままですと約五六四万キロワットしかないので、我々の目標の達成はなかなか難しいことになります。東京電力、中国電力、関西電力には制限がありませんが、実は風力発電に向いた場所も少ないのです。

三　風力発電のポテンシャルと中長期導入目標

そこで、風力発電のポテンシャルという点ですが、そのことを論じるにあたってよく出てくる、賦存量、ポテンシャル、シナリオ別導入可能量という三つの言葉がありますので、それを確認しておきたいと思います。

まず賦存量というのは、単に風が強い場所の合計値です。ですから、住宅だろうが、富士山の上だろうが、国立公園の中だろうが、風が強いところを全部数え上げたのが賦存量です。

その中から自然公園とか住宅のそばとか、保安林などを外していって、建設可能なところだけを取り出したのをポテンシャルと言っています。

ところで、ポテンシャルの中には、住宅地から離れていて平らなのだけれども、道路も送電線もないので、道路や送電線の建設費用がかかるところもあります。そこで、事業収支にかかるシナリオを設定して、シナリオごとに導入可能量を求めたのが、シナリオ別導入可能量です。

日本の風力発電の陸上賦存量は一三億キロワットあります。このうち、実際に風車を建てるときに適地と思われる場所は、風速六メートル／秒以上の風が吹くところです。六メートル／秒以上の場合、平均設備利用率というのは二〇％ぐらいです。風が強ければもっと数値は上がります。ちなみに、太陽光は一二％ぐらいと言われています。

そうすると、陸上風力のポテンシャルは、北海道で一億キロワットぐらい、東北では五、〇〇〇万キロワット強ぐらいになります。東京にはわずかしかありません。図表6の折れ線グラフは何かといいますと、電力会社の設備容量で、電気を使ってくれる人たちの量にほぼ比例しています。北海道電力の場合だと、これが七〇〇万キロワットぐらいですから、そこに風力発電を一、〇〇〇万キロワットも二、〇〇〇万キロワットも建てても使う人がいないことになります。この折れ線グラフと棒グラ

図表6　陸上風力ポテンシャルと電力会社発電設備容量（2010年）

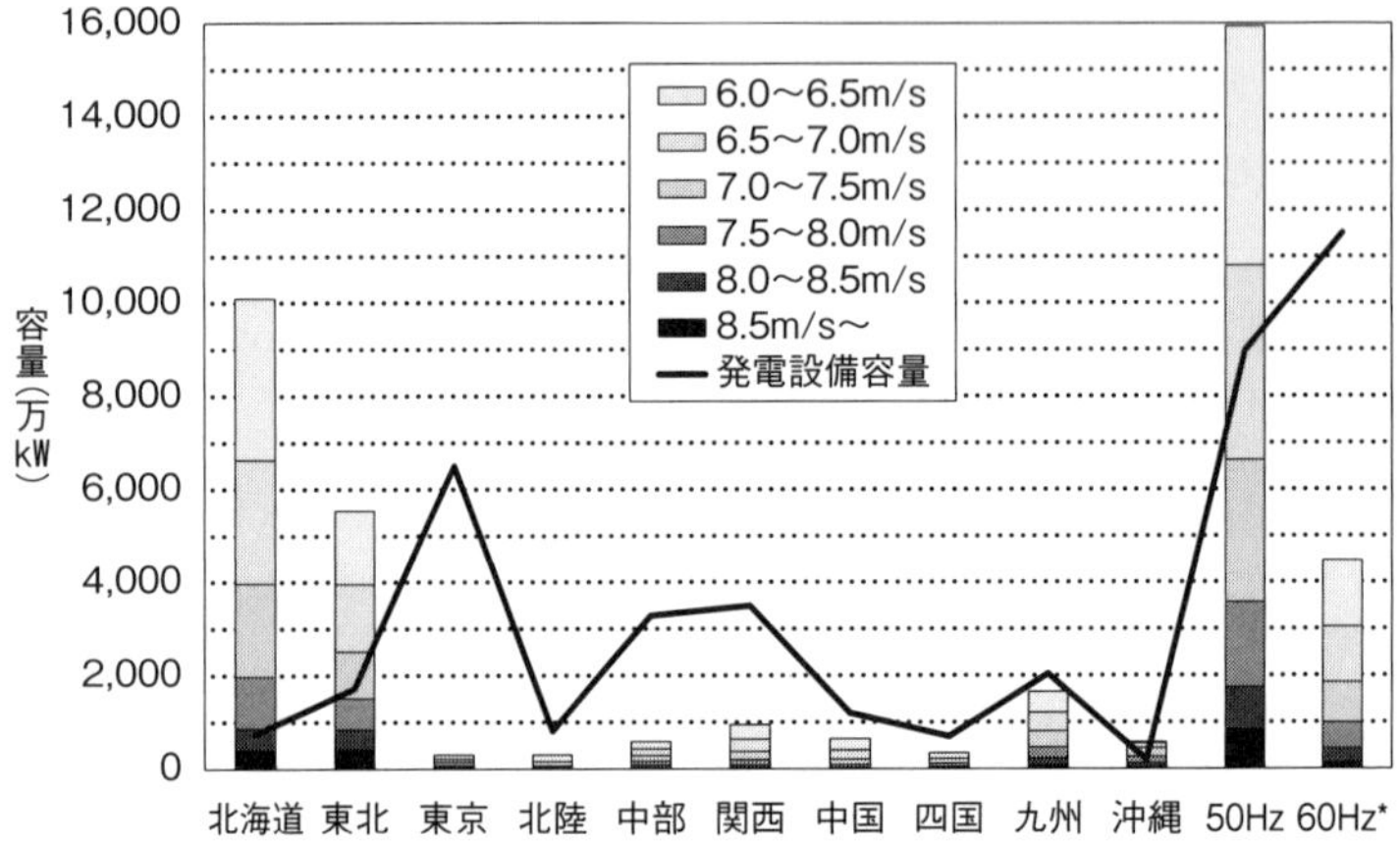

＊：60Hzは、沖縄を除く。
出所：平成22年度再生可能エネルギー導入ポテンシャル調査報告書（環境省）から、JWPA作成。なお左記報告書は、5.5m/s以上を算出。

図表7　堅実なポテンシャルと電力会社発電設備容量（2010年）

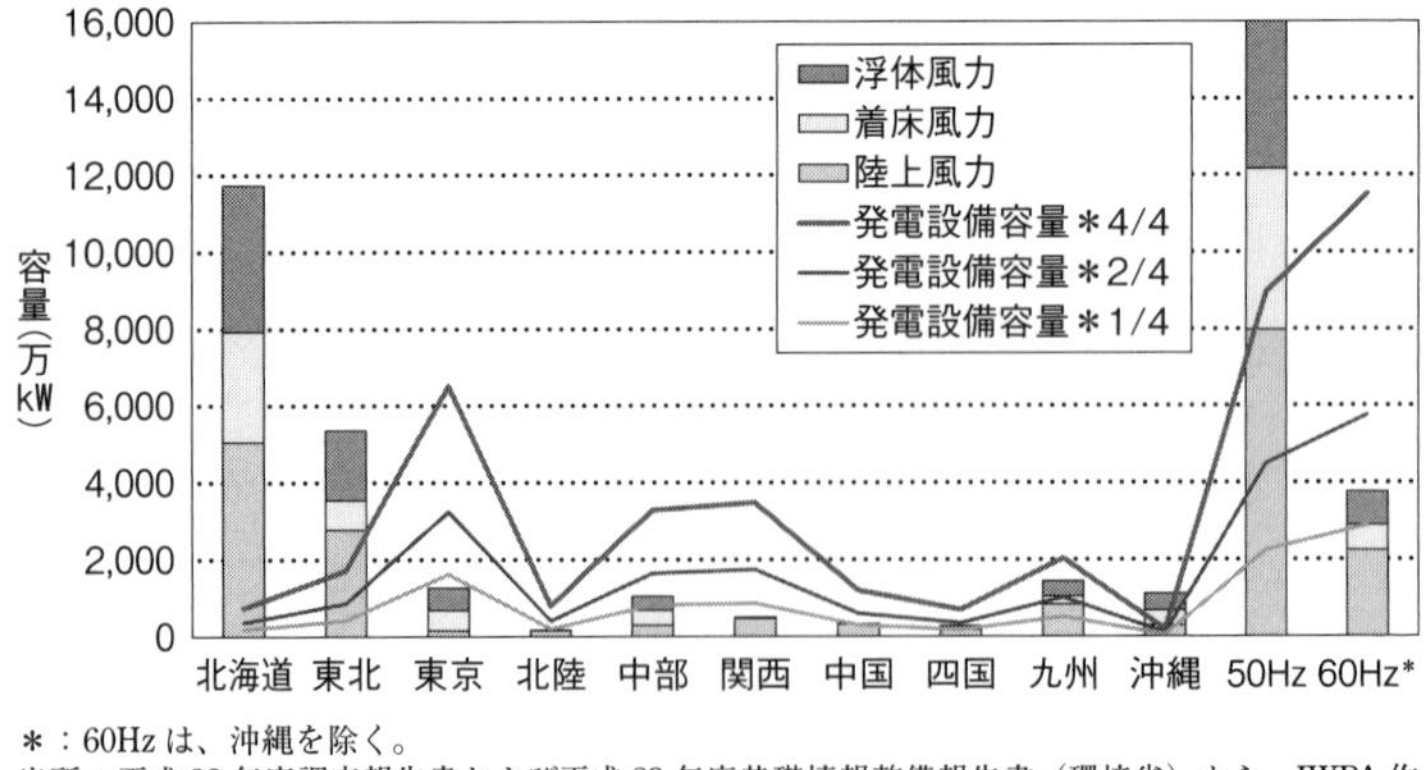

＊：60Hzは、沖縄を除く。
出所：平成22年度調査報告書および平成23年度基礎情報整備報告書（環境省）から、JWPA作成。

フのうちの低いほうを合計していくと、陸上風力の適地の発電量が日本では大体七、四〇〇億キロワットぐらいあるという計算になります（図表６）。

次に洋上風力のポテンシャルですが、洋上風力には二種類あります。海底に基礎構造物を建ててその上に建設する着床式のものと、海に浮かべる浮体式のものです。

着床式洋上風力は、水深が五〇メートル未満のところにつくります。それ以上深くなると浮かべたほうが安いのです。それを前提に、風速七メートル／秒以上の領域をとると、先ほどの陸上と同じように北海道、東北が適地となりますが、その他に東京とか中部にも適地があることが分かります。もっと水深が深くなって浮体式洋上風力となっても、この傾向は変わらず、北海道と東北が高く、ついで中部や東京も候補に入ってくることになります。

陸上と洋上のポテンシャルを合計すると、図表７にあるように、やはり北海道が突出しています。しかし、発電設備容量を考慮すると、北海道が大きく制約されることになります。ポテンシャルは、電力会社の発電設備容量一〇〇％を上限だとすると七、六〇〇万キロワットとなり、五〇％を上限とすると約六、〇〇〇万キロワットぐらいになります。

我々は、二〇五〇年までに需要電力量の二〇％以上を風力で供給するというのを導入目標と考えています。陸上風力と洋上風力との比率などを考慮した結果、設備容量では七、五〇〇万キロワットというのが導入目標です。具体的には、北海道にはポテンシャルがたくさんあったのですが、設備容量の関係で六〇％台まで落として考えています。その一方、東北は一〇〇％を超えていますが、これは東北と東京の間がつながっているため、電力を広域で使おうということを考えているからです。

まず陸上風力を建設し、その後、着床式洋上風力や浮体式洋上風力を建設していくというロードマップで、陸上風力で三、八〇〇万キロワット、洋上風力で三、七〇〇万キロワットぐらいを導入したいと考えています。

その場合、風車というのはだいたい二〇年ごとに更新されますので、更新を考えると、二〇三〇年以降は毎年三六〇万キロワット以上つくるということになります。これによって、かなり安定した産業と雇用が確保されることになると思っています。

四　風力発電導入促進に向けて──課題と対策

それでは、導入促進に向けて、日本風力発電協会はどうしようと考えているのか、そう簡単にいくのかと思われるかと思います。実際、なかなかうまくいかなくて我々も永田町や霞が関に通っているわけです。以下に、我々の提案のポイントについてお話をしたいと思います。

まずは、国の方針として、意欲的な中長期導入目標を決めてほしいということがあります。欧米のほとんどの国では、二〇二〇年までに幾ら、二〇三〇年までに幾らという数値目標が決まっています。日本は、二〇二〇年までのCO_2削減目標を設定して以降、残念ながら数値目標を設定していません。しかし、目標が決まらないと企業も事業者も安心して設備投資ができません。

また、導入目標を実現するための手段として、我々は以下の四つを要望しています。

一つ目は、事業性を確保することです。極端な利益を与える必要はありませんが、やはり事業者が

図表8　2012年度における国の中長期導入目標試算値

（単位：百万kW）

		2020年度		2030年度		2050年度	
		陸上	洋上	陸上	洋上	陸上	洋上
国家戦略室	RE 35%	11.7	0.5	39.5	8.0		
	RE 30%	9.1	0.4	29.0	5.9		
	RE 25%	5.5	0.03	14.7	2.9		
経産省	Case-1	12.0	0.6	51.4	8.6		
	Case-2	8.0	0.4	30.0	5.0		
	Case-3	5.7	0.3	12.9	2.1		
環境省	高位	11.0	0.5	23.7	8.8	35.0	35.0
	中位	10.7	0.4	21.7	7.1	27.0	23.0
	低位	7.5	0.03	16.2	5.1	18.0	12.0

出所：経済産業省：総合資源エネルギー調査会基本問題委員会（2012-4-16、他）http://www.enecho.meti.go.jp/info/committee/kihonmondai/19th/19-1.pdf
環境省：中央環境審議会地球環境部会（2012-3-2、他）http://www.env.go.jp/council/06earth/y0613-11/ref01-2.pdf（同一ブロック内では、地域間連系線を活用した一体的運用を想定。地域間連系線の容量制約は考慮していない）
国家戦略室：エネルギー・環境会議（2012-6-29）http://www.npu.go.jp/policy/policy09/pdf/20120629/shiryo1.pdf

出てこないといけないので、適正価格により長期間の買い取りをしていくことが必要です。日本でも固定価格買取制度が施行されましたので、スタートは切れていると思います。

二つ目は、インフラを整備することです。先ほど電力会社の連系が制約されているというお話をしましたが、特に抜本的な系統連系対策を実施し、それを緩和しなければいけません。

三つ目は、建設を迅速化することです。事業者が送電線につなげられるようになってくると、次に求められるのは、スピードアップをするための規制・制度の緩和です。

そして最後に、技術開発を促進することです。特に今後日本が世界に出ていくためには、浮体式洋上風力と高品質部品の研究開発が重要になってきます。

これらについて、少し詳しく見ておきましょう。

(1) 国の中長期導入目標(見直し中)

まず、最初に挙げた中長期導入目標ですが、これには、図表8にあるように、国家戦略室、経済産業省、環境省が二〇一二年度に出した二〇二〇年、二〇三〇年の導入目標値というのがあります。これは政権が代わる前に出されたものですが、再生可能エネルギーを二五%、あるいは三〇%にする場合、風力がどの程度必要かを示しています。これを見ると、国家戦略室のRE三〇%ケース、経済産業省のCase-2、環境省の高位ケースと我々の導入目標とが大体リンクしていて、二〇二〇年に一、〇〇〇万キロワットぐらい、二〇三〇年には三、五〇〇〇万キロワットぐらいが必要になるという数字になっています(図表8)。

政権交代してからは、ゼロベースで見直すということで具体的な数字は出されていません。しかし、希望的観測かもしれませんが、こうした数字から大きく変わることはないのではないかと思っています。

(2) 固定価格買取制度

次に、固定価格買取制度(FIT)ですが、風力については税抜きで二二円ということが決まっています。太陽光は、初期の価格から二〇一三年にちょっと下がりましたけれども、二〇一三年度の導入量が約五五〇万キロワットに達しており量産効果による価格低減が実現できたので、二〇一四年度もさらに下がると思います。なお、こうした価格は、内部収益率で六〜八％を確保するということを根拠にして決められています。

日本ではもともとFITではなくてRPSだったのを、二〇一二年に変えました。RPSというのは、国が導入値を決めて、それに対応して価格競争をさせるというやり方です。ただ、国のRPSの導入目標値が低すぎたので、価格が上がらず事業者が出てきませんでした。そこで今度は固定価格買取制度にしました。固定価格買取制度は、価格を決めて量をコントロールするというものなので、導入目標値があって、導入目標値に対して実績が足りなければ価格を上げる、増えすぎたら価格を下げるということでコントロールします。

ドイツやスペインにおいては、最近は三カ月に一度価格を変えているのですが、価格を変えるタイミングを間違えたためにバブルが起きて、途中から価格を急激に変えることになりました。その結果、数カ月後に発電を開始すべく建設途中の人は事業の収支計画が変わり発電事業が成り立たないというようなことが起きています。

日本では一年ごとに見直していますが、今後、太陽光などについては、半年とか三カ月で見直しをしていかないと、バブルが起き、かえって負担が増えてしまう懸念があるように思います。

(3)　系統連系

系統連系対策ですが、先ほど陸上風力の説明に関連して、風の強いところは適地ですと言いました。

しかし、今、日本で、特別高圧の送電線が走っているところを見てみますと、そういった太い送電線が通っていないところがたくさんあります。

考えてみれば、風の強いところというのはあまり人が住んでおらず、産業もないので、住宅用の細い線でいいのですが、風力をたくさんつくろうとすると、太い線がいることになります。そこで、今、経済産業省では、二〇一三年に補助金を二五〇億円出して民間に送電線を引かせようという計画をしています。二〇一四年度の予算案でもこれに一五〇億円ついていますけれども、実際にかかるお金はそれの約一〇倍ですので、一〇年ぐらいかけて伸ばしていこうということになるかと思います。

周波数の変動という話をたまに聞くことがあるかと思いますが、基本的に電気は溜めることができませんので、使う分だけを発電するということをやっています。ただし、使うほうも昼と夜とでは使う量が違い、変動をしているわけですが、その変動にさらに風力、太陽光の変動が加わりますと、それを火力がうまく調整しないとバランスがくずれることになります。現時点では、バランスをとる火力の調整力が足りません。

また、夜など電気を使わなくなったときには火力発電所を止めていきます。止めていくときに風力の電気がさらに入ってくると、これ以上は止められない状態になります。車でいうとエンジンの回数をアイドリング以下に落とすというようなことで、下げ代不足と呼んでいます。この場合には、周波数が上がってしまうことになります。震災直後に、東京、東北で電気が足りないので周波数が下がるという報道がよくされましたが、それと逆のことが起きるわけです。

(4)　出力変動

風車の出力というのは確かに大きな変動をします。青森や秋田にある風車の出力を見てみますと、一時間の間にも細かな変動が入っています。電力会社はこれを見て大変だと言っていますが、実は、この全部を合計するとなだらかな変動になります。つまり、ここでは風が強いが、あちらでは風が弱い、というところがあるので、合計するとそんなに変動しないのです。風力発電所をたくさん建てれば、それだけこの効果（平滑化効果といいます）に期待できることになります。

日本全国ではどうなるか。この点は、台風をイメージすると分かりやすいと思います。台風はだいたい九州からだんだん中国に行って、関西に行って、東京に行くことになります。それにしたがって、風の強い場所も動くことになりますので、同一時刻に日本全国の風力発電が一斉に発電することはありません。

この様子を天気図と合わせてみると、なるほど低気圧が来ると風が吹くことが分かります。また、北海道で風が強いときには、他の地域ではさほど強くありません。東北では六五%ぐらい発電していても、全国を合わせると二五%ぐらいしか発電していないことになります。したがって、日本全国でうまく使い分ければ風車を止めたりせずに電気を使えることになるのではないかと思います。

また、北海道の発電設備容量は七〇〇万キロワットぐらいだと先ほど言いましたが、図表9の下図は、二〇一一年一月に北海道電力の電力需要がどうだったかを示しています。これを見ると、多い場合でも六〇〇万キロワットまでいっていないことが分かります。なお、これは一月のデータなので、月初は正月休みにあたり電気を使っていません。電気を使い始めるのは、初出勤があってからという形になっています。

ここに風力が二五〇万キロワット、太陽光が二五〇万キロワット入ったらどうなるだろうかというシミュレーションをした結果が、図表9の上図です。まず、太陽光ですが、太陽光については、アメダスという気象庁のデータがありますので、それを使って計算しています。風力は私どもがとっている実際のデータを使って計算しています。このデータの対象である冬はあまり日差しが強くない一方、風が強いので、風力はかなり発電しています。

しかし、この結果、電力会社は、今まではせいぜい一〇〇万キロワットぐらい調整をすればよかったのが、今度は五〇〇万キロワットぐらい調整する必要が出てきます。風も吹かない、太陽も照らないときにも調整しないといけないわけで、これが難しいというのが現在の制約の理由になっています。北海道電力は、現在は止まっていますが、二〇〇万キロワットの原子力発電所を持っており、原子力発電所は出力を調整できないので、これが大きな限界の要因になります。

同じように、五月の状況を見てみますと、五月というのは冷房も暖房も使わないので、需要が四〇〇万キロワットぐらいになってしまいます。これに合わせて普段の調整は小幅です。しかし、太陽と風力とを入れると、なぜかこのゴールデンウィークの一番電気を使わないときに、風力も太陽光も発電する傾向があるので、ときどきゼロまで下がってしまうこともあります。こういったときには、風車を止めるとか、あるいは電力を北海道から東北に送るというようなことをしなければいけないことになります。

図表9　北海道の電力需要パターン（2011年1月）

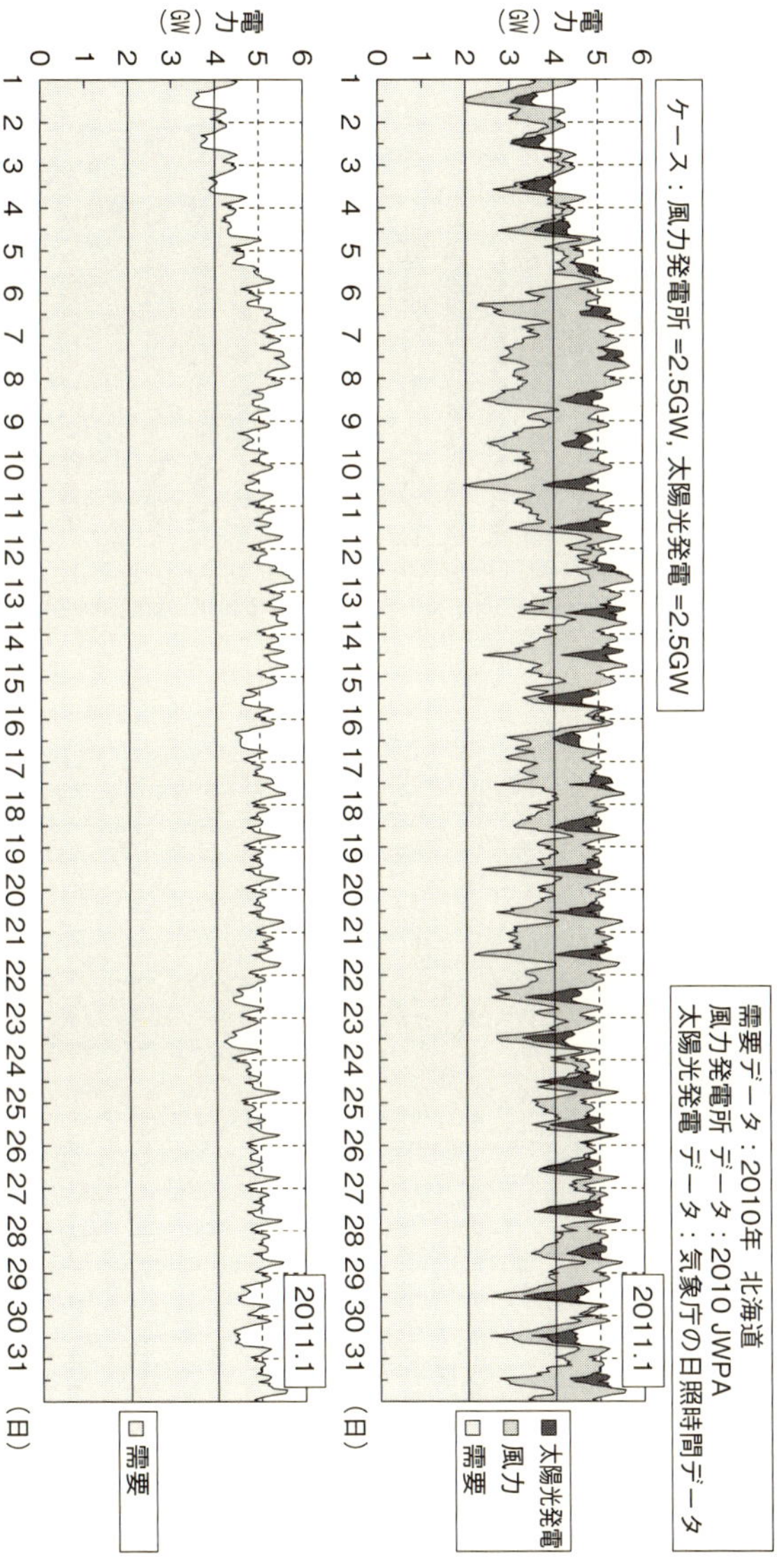

➤ 残余需要（需要－風力－太陽）の変動量と変動速度が大きくなる。
⇒調整速度が速く、調整量が大きい調整電源が必要となる（LNG火力、揚水など）。
⇒建設中の、石狩湾新港発電所（ガスコンバインド約160万kW）、京極揚水発電所（60万kW）に期待。

出所：平成24年電気学会電力・エネルギー部門大会、名古屋大学、加藤丈佳、2012年9月13日。

図表10　スペイン本島における発電設備の推移

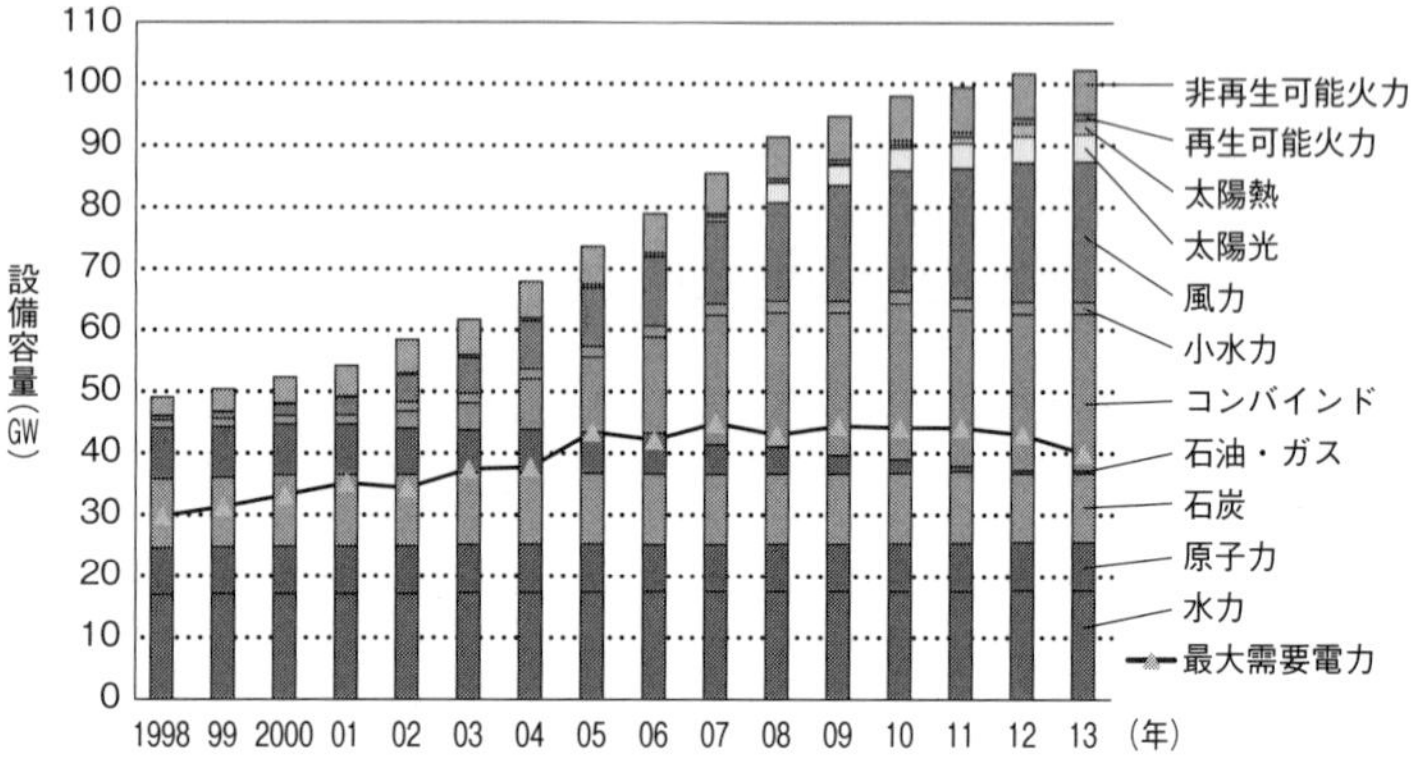

出所：REE社 Spain Renewable Energy Forum Tokyo, 9th May 2012. REE社ホームページ Statistical Series より作成。

(5)　スペインの事例

このように変動する風力とか太陽光を、ヨーロッパではどうやって調整しているのでしょうか。日本でできないのなら、ヨーロッパでもできていないはずですが、実はそうではないのです。

ここでは、スペインの事例を紹介しましょう。スペインの国土面積は日本よりも少し大きい一方、人口は三分の一ぐらいです。そこに、日本の九倍ぐらいの風車が入っています。全発電設備容量は日本の半分ぐらいしかありませんし、需要電力量も四分の一程度ですが、風力が発電設備の中の二二%ぐらいを占めていて、年間の発電電力量でも二〇%ぐらいになっています。

スペインがどうやって調整したのかは、図表10を見ると分かります。この図は、一九九八年から二〇一三年までの発電設備容量の推移を示したものですが、一番下が水力で、二番目が原子力、三番目が石炭火力です。この三つの設備容量は、この期間中ほとんど変わっていません。折れ線グラフは最大需要電力を示しているので、水力、原子力、石炭に石油火力を加えると、これだけで実は最大電力需要が満たされていることが分かります。

しかし、スペインは、CO_2削減のためもあってコンバインド火力とか風力をどんどん増やしています。そうなると当然、使わない発電設備をそんなにつくってどうするのかということになります。事業者としてここまで増やしたのはいいが、電気を売る機会がなくて困っているというようなことになっています。しかし、石炭火力とか石油・ガスの発電設備は四〇年ぐらいたつと老朽化してきます。それらと徐々に入れ替えることを前提にコンバインド火力や風力を使っていこうという考え方をとっているのです。

また、よく風力は風任せ、太陽光はお日様任せと言われますが、そうしたときには、天気予報が大切になってきます。天気予報では、皆さんが気になる雨、晴れだけでなく、よくよく見ると風の予測もやっています。そのように、風力の発電出力を予測して火力などを発電していけば、設備がたくさんあっても大丈夫ということで、スペインは再生可能エネルギーセンターというのをつくって、気象予測を一生懸命やっています。風の弱い一週間とか強い一週間とかが分かれば、それに合わせてどの発電所を動かせばいいのかコントロールできるからです。

例えばインターネットでＲＥＥというのを検索すると、スペインの「レッド・エレクトリカ・デ・エスパーニャ（Red Eléctrica de Españã）」という会社のホームページが出てきます。そこを見ると、今日の状態が出てくるだけではなくて、過去七年間の発電状況が分かるようになっています。それによると、スペインでは、電力のピークは夜の八時から一〇時ぐらいの間に来ます。私もスペインに行ってフラメンコを見に行ったとき、確かにその時間だったなと思います。その時間帯は、風力が一生懸命発電しています。仮にそういうときに風があまり吹かなかったらどうするかというと、コンバインド火力の運転台数を増加させて対応するのです。

(6) 規制・制度の緩和

規制や制度の緩和は進む方向にあります。しかし、農地に風車が建っているという景色を見ることはあまりありません。というのも、農地を保護するために補助金をたくさん出していますが、そういうところは、目的外使用をしてはいけないということになっているからです。農地は農地であって、そこに風車はだめというわけです。ただ、考えてみますと、風力は、農地の一部しか使いません。太陽光の場合はパネルを全部敷き詰めないといけませんが、風力の場合には、タワーの直径は四メートルぐらいですから、その範囲でしか使わないのです。しかし、そういうこともあって、このたび、農業、林業との共生ということで緩和されることになりました。今後は大丈夫ではないかなと思っています。

図表11はアセス審査のフロー図です。一時期、経験が少ない事業者が風車を建設して住民から音の問題などでクレームを受けました。そのことが契機になって、今は一万キロワット以上の風車については、ちゃんと環境影響評価をしなさいということになっています。それには我々も賛成ですが、その結果、風車の建設から事業開始まで九年ぐらいかかることになっています。そのうち環境影響評価の手続期間というのは、一年七カ月にもなります。書類を出して、見ていただいて、指摘を受けて、

図表 11　立地調査から事業開始までのフロー図

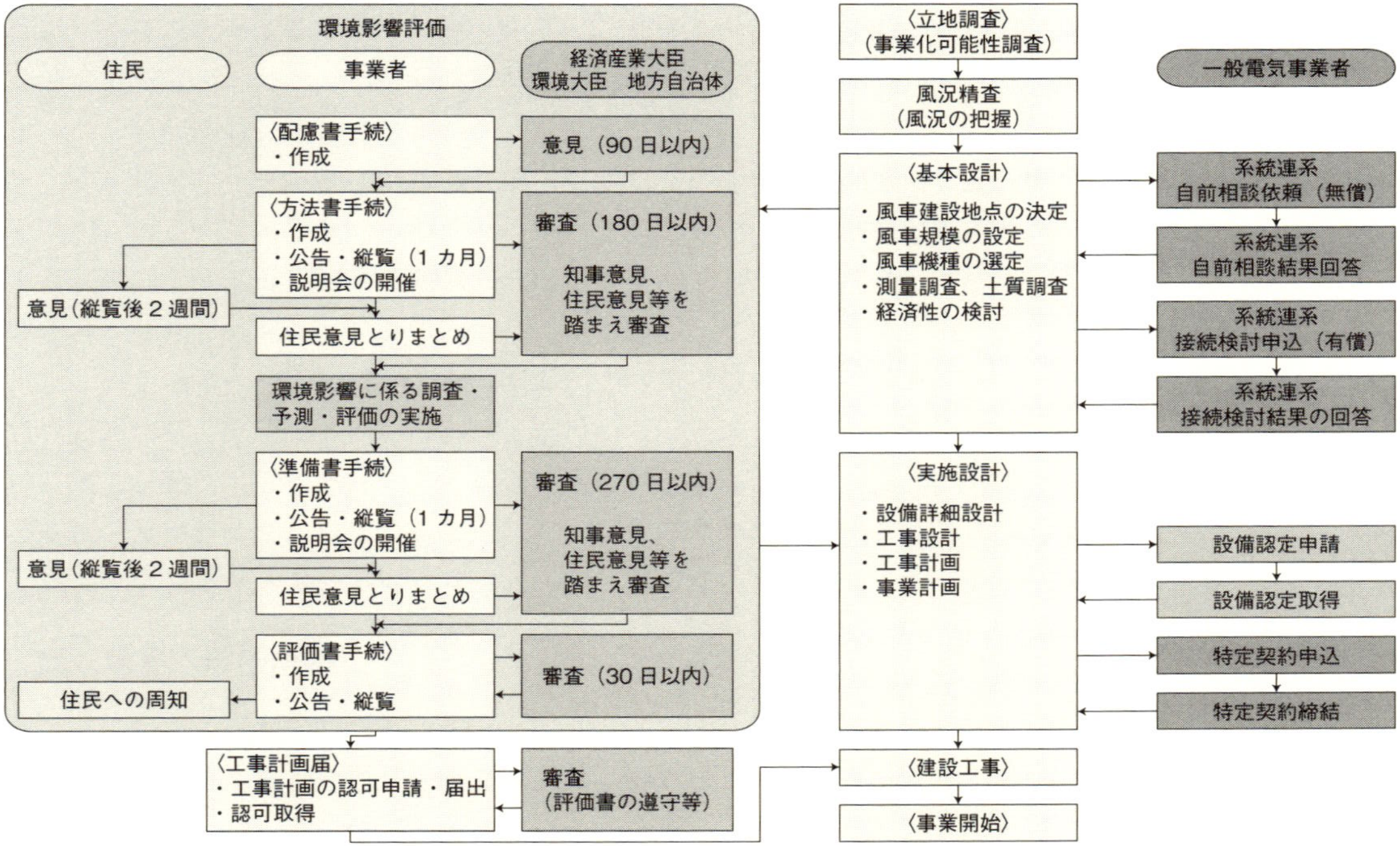
環境影響評価
住民
事業者
経済産業大臣
環境大臣　地方自治体
〈配慮書手続〉
・作成
意見（90 日以内）
〈方法書手続〉
・作成
・公告・縦覧（1 カ月）
・説明会の開催
審査（180 日以内）
知事意見、
住民意見等を
踏まえ審査
意見（縦覧後 2 週間）
住民意見とりまとめ
環境影響に係る調査・
予測・評価の実施
〈準備書手続〉
・作成
・公告・縦覧（1 カ月）
・説明会の開催
審査（270 日以内）
知事意見、
住民意見等を
踏まえ審査
意見（縦覧後 2 週間）
住民意見とりまとめ
〈評価書手続〉
・作成
・公告・縦覧
審査（30 日以内）
住民への周知
〈工事計画届〉
・工事計画の認可申請・届出
・認可取得
審査
（評価書の遵守等）
〈立地調査〉
（事業化可能性調査）
風況精査
（風況の把握）
〈基本設計〉
・風車建設地点の決定
・風車規模の設定
・風車機種の選定
・測量調査、土質調査
・経済性の検討
〈実施設計〉
・設備詳細設計
・工事設計
・工事計画
・事業計画
〈建設工事〉
〈事業開始〉
一般電気事業者
系統連系
自前相談依頼（無償）
系統連系
自前相談結果回答
系統連系
接続検討申込（有償）
系統連系
接続検討結果の回答
設備認定申請
設備認定取得
特定契約申込
特定契約締結

次のステップでまた書類を出すということをやっていると、一年七カ月もかかるのです。環境大臣と経済産業大臣の認可をいただかなければなりませんが、もう少し早く仕事をしていただけないか要望しているところです。

(7) 調査・研究開発

世界から見ますと日本の風力は周回遅れと言われてます。日本が世界の先を行くためには、世界初の事業を実施するか、または性能を世界一にする必要があります。前者は浮体式洋上風力であり、後者は気象予測システムです。日本は海に囲まれており、世界で四番目の領海を有していますので、そこを活用しない手はありません。今、世界では洋上風力というと着床式がメインですけれども、福島でやっているような浮体式がいずれ世界でも必要になってくるはずです。将来を見ながら、日本の産業界は浮体式洋上風力で世界に出ていこうと思っています。

着床式は、海の中に基礎を建てる方式で、代表例は銚子沖です。ここには、「地球の丸く見える丘展望台」というきれいなところがありますが、そこから見ると風力発電の風車が見えます。沖合せいぜい数キロメートルですので、望遠鏡を使わなくても十分に見えます。また、北九州市沖にもあります。ここの構造は、世界初の方式をとったものです。

他方、浮体式ですが、これは長崎県と福島県にあります。福島には、変電所と四コラムサブという構造の浮体式風車が建っています（浮いています）。二〇一四年度、ここに、構造が違う一基七、〇〇〇キロワットの風車が建ちます。これだけのものが建つのは世界で初めてで、ヨーロッパの国々からも一緒にやらせてほしいという申し込みが殺到していますが、これは全て国産でやるということで、国から補助金も出していただいています。

五　風力発電機の構成と構造

ここで、風力発電機の構成がどうなっているのかを紹介しておきましょう。

図表12にあるように、ハブと呼ばれる部分から羽根が出ていますが、そのハブはナセルにつながっており、そのナセルの中に発電機が入っています。つまり、発電機は地上八〇～一〇〇メートルぐらいのところにあるのです。そして、それらを支えているのが、タワーです。

羽根の回転数は一分間に一〇回転程度です。しかし、発電機としては一、五〇〇回転ぐらいほしいわけです。そこで、増速機というものをつけています。

着床式洋上風力の場合、ヨーロッパで多いのは、海の中にパイルを打ち込むようなものや、重りで安定させるものです。いずれをとるかは、水深に応じて変わってきます。

浮体式洋上風力の場合には、浮いているものが動かないようにすることが重要になってきますが、そこは、造船の技術力がある日本が得意なところです。

図表 12　風力発電の構成

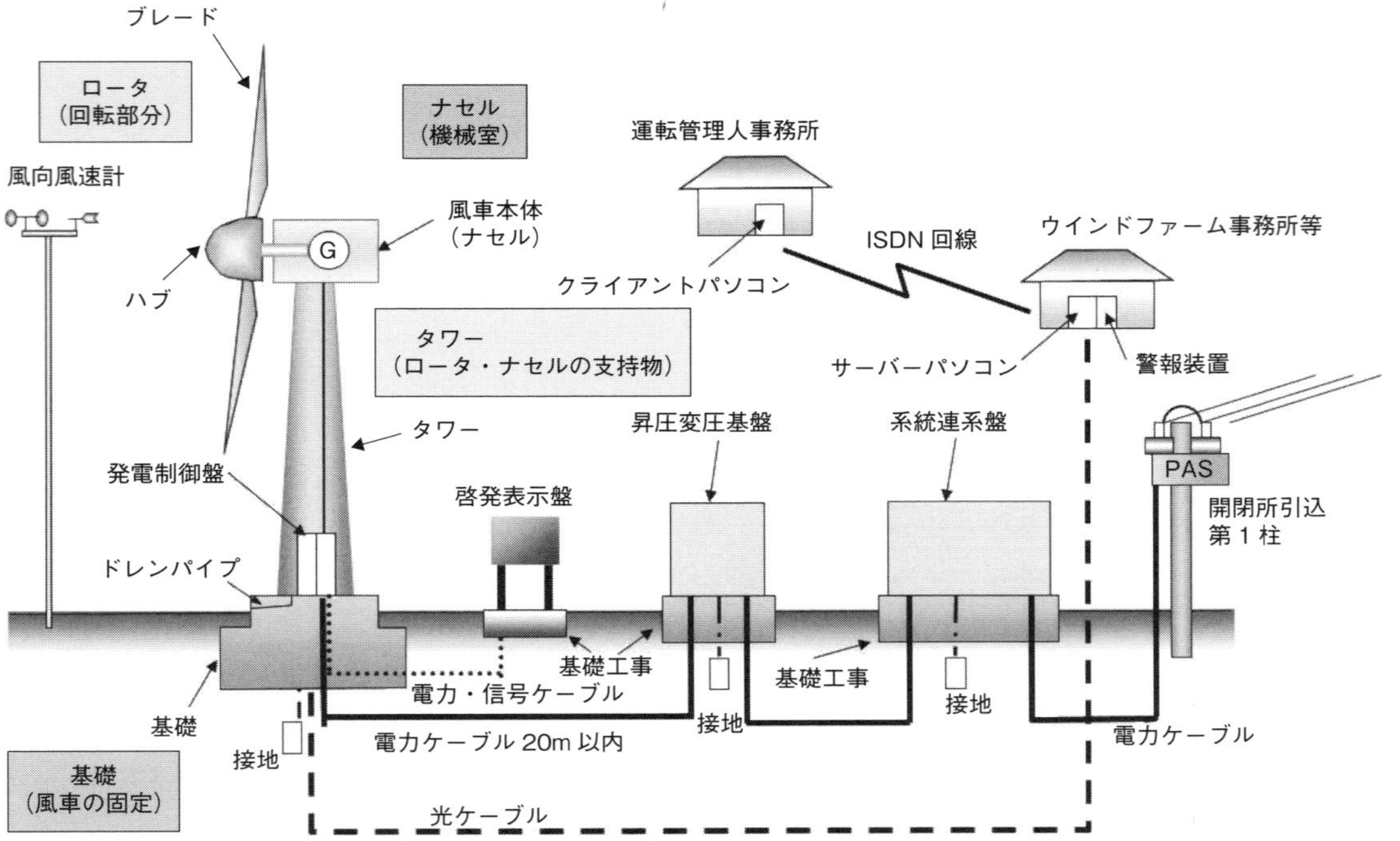
ブレード
ロータ
（回転部分）
ナセル
（機械室）
運転管理人事務所
風向風速計
風車本体
（ナセル）
G
ISDN 回線
ウインドファーム事務所等
ハブ
クライアントパソコン
タワー
（ロータ・ナセルの支持物）
サーバーパソコン
警報装置
タワー
昇圧変圧基盤
系統連系盤
PAS
発電制御盤
啓発表示盤
開閉所引込
第 1 柱
ドレンパイプ
基礎工事
基礎工事
電力・信号ケーブル
接地
接地
基礎
接地
電力ケーブル 20m 以内
電力ケーブル
基礎
（風車の固定）
光ケーブル

六　風車のできるまで

風車ができるまでにはどのぐらいの時間がかかるのでしょうか。先ほど触れた環境影響評価も含めて、まず、現地で最低一年間は風を測ります。風をちゃんと測らないと、建てたのはいいが事業が赤字になってしまう可能性があります。それが終わると、建設にだいたい二年ぐらいかかります。コンクリートを打って、タワーを建てるという作業です。

その手順ですが、まず、一番下の基礎の部分をつくります。アンカーリングと呼ばれるものを置いて、ここで鉄筋をつくります。その後、コンクリートで全部埋めるわけですが、コンクリートとか鉄筋は地元企業にお願いをするので、地元経済への貢献度はかなりあるはずです。

タワーはつくってから運びますが、八〇メートルもあるので、通常は三分割します。それでも一本二〇メートルとか三〇メートルはあります。それらを船で運び、港に揚げ、それからトラックで運ぶという順序になります。

風力発電を山の上に建てる場合、トラックで運ぶのも一苦労ですが、さすがにプロはうまいなと思います。カーブも数センチのところでかわしてうまく運んでいきます。しかし、それでも羽根が長すぎて曲がれないところがあります。そのときのために日本のプロが開発したのが、カーブが急なところでは羽根を立てて全長を短くして曲がる羽根専用のトラックです。それでもだめなときはヘリコプターで運びますが、これにはお金がかかります。

タワーの組み立ては、三分割にしていますので、クローラークレーンと呼んでいますけれども、日本にせいぜい一〇台しかない八〇〇トンのクレーン、これを使って行います。羽根は下で組んでおいて、最後に上に載せます。もし羽根の組み立てが下でできなければ、羽根を一本ずつ空中でつけるようなやり方をします。

むすび

最後に、よく質問される項目について補足説明をして終わりたいと思います。

よく「私たちも参加できるのですか」「風車を建てたいのですが」と聞かれることがあります。実際に、市民がやっている市民風車というのがあります。横浜市のハマウィングというのは、市の市民公募債と企業の協賛と市民の出資とでやっています。完全な市民風車も、全国には一四基あります。工事から何から含めると、二、〇〇〇キロワット風車は一本が大体六億円しますが、一口二〇万円とかを集めてやっています。貢献した方にはタワーに名前を書かせていただいていますが、だいたい出資者のお孫さんの名前を書く方が多いようです。また、風車は二〇年ぐらい持つので、自分の名前を記念に残しておく人もいます。

次に、「風車はどのぐらいの大きさですか」というのもよくある質問です。二、〇〇〇キロワット風車の羽根の直径がだいたい八〇メートルです。八〇メートルというと、エアバスのA380という六〇〇人乗りの飛行機の羽根の端から端までの長さです。日本で一番大きい観覧車が葛西臨海公園にありますが、その観覧車の直径が一一二メートルです。もしあれが風車だったら、四、五〇〇キロワットぐらいになるはずです。三菱重工が二〇一四年に建てようとしている七、〇〇〇キロワットの風車は、羽根の直径が一六七メートルになります。とてつもなく長いものなので、お話ししましたように、いずれカーボンを活用しなければいけないことになると思います。

「風車の建設適地はどこですか」ということですが、やはり風通しのいいところになります。その結果、比較的山の上とかになるのですが、そうなると遠くからも見えやすくなります。風車が見えると景観が良くなるのか、悪くなるのか、この感じ方は人によって違います。したがって、風力発電を建てるときには、我々は事前に住民への説明をします。私は風車が見える景色は大好きなのですが、山の景色に風車が建っているのは嫌だという人もいるようです。

（二〇一三年一二月二七日）(1)

注

（1）　但し導入実績等は、二〇一三年三月末時点の値を使用しています。

おわりに

本書のもとになった講義「超成熟社会発展の経済学」は、慶應義塾大学が進めている博士課程教育リーディングプログラム（オールラウンド型）「超成熟社会発展のサイエンス」のための科目の一つとして、経済学研究科と商学研究科とが共同で設置したものです。超成熟社会としての我が国が現在直面している様々な課題を整理し、その克服の方向性を探求するための本講義は、二〇一二年度秋学期から始まりました。

半年間にわたる講義は前半と後半に分かれており、前半は教員によって行われる経済学を基にした学問的な説明を中心とし、後半は実業界の第一線で活躍されている方々にお願いをして、各分野の現状と今後の展望、直面する課題とそれに対する対応などについてお話をして頂くという構成になっています。

昨年出版された『超成熟社会発展の経済学　技術と制度のイノベーションが切拓く未来社会』（慶應義塾大学出版会）は、その初年度である二〇一二年度の講義をもとに編集されたものです。ほぼその年度に行われた講義を再現するものとなっていますが、前半に行われた教員による講義の一部は、紙幅の関係もあって割愛を致しました。

本書は、二年目にあたる平成二五年度の講義を基に編集されています。そのうち、前半の教員による講義の部分については、重複を避けるため、前著で割愛したものだけを掲載してあります。他方、後半の外部講師の方々による講義の部分は、前年度とは異なる新たな方々にお願いをしていますので、その全てを取り上げております（ただし、講義時点以降に新たなデータが公表されている場合、本書ではデータがアップデートされている場合があることをお断りしておきます）。これらに、本講義を通じた問題意識について説明するために新たに書き下ろされた序章を付け加えてできたのが本書です。

なお、本書の対象となる二〇一三年度の講義は樋口美雄、駒村康平、齋藤潤の三名で行いましたが、本年度に入って樋口先生は研究休暇（サバティカル）に入られていることから、本書については駒村康平、齋藤潤の両名の編著と致しました。

講義では、外部講師の方々に丁寧かつ分かりやすくお話を頂きました。また、文系・理系にまたがる多様な研究科に所属するリーディング大学院プログラムのリサーチアシスタント（ＲＡ）に加え、経済学研究科及び商学研究科の一般院生の参加も得ることができました。曲がりなりにも有意義な講義になっているとすれば、熱心な講義と聴講、活発な質疑でみられた両者のコラボレーションの賜物と思っております。外部の講師の方々と、参加してくれた院生諸君に厚く御礼を申し上げます。

最後になりましたが、毎回の講義の円滑な実施を支えてくれた春木佳子さん、丁寧な仕事ぶりで本書を出版に導いてくださった慶應義塾大学出版会の藤村信行さんには厚く御礼を申し上げたいと思います。

本書が、社会の最前線で活躍されている皆さん、あるいはこれから社会で活躍するために日夜研鑽を積まれている大学生、大学院生の皆さんに広く読まれることを期待しています。そうした皆さんに、ともすれば閉塞感に包まれがちな超成熟社会が持続的に発展するためのアイディアの一端を提供することができれば望外の幸せです。

二〇一四年一一月

編著者を代表して　齋藤　潤

編著者

駒村康平（こまむら　こうへい）　序章
慶應義塾大学経済学部教授。一九九五年慶應義塾大学大学院経済学研究科博士課程単位取得退学、経済学博士。国立社会保障・人口問題研究所研究員、駿河台大学経済学部助教授、東洋大学経済学部教授を経て現職。これまでに、厚生労働省顧問、社会保障審議会委員、社会保障制度改革国民会議委員等を歴任。著書に、『最低所得保障』岩波書店（二〇一〇年）、『日本の年金』岩波書店（二〇一四年）。

齋藤　潤（さいとう　じゅん）　第一章、第二章、第三章
慶應義塾大学大学院商学研究科特任教授。一九七八年東京大学大学院経済学研究科修士課程修了、同年経済企画庁（現内閣府）入庁。内閣府政策統括官（経済財政分析担当）等を経て二〇一二年より現職。これまでに、オックスフォード大学大学院留学、国際通貨基金（ＩＭＦ）エコノミスト、日本経済研究センター主任研究員、青山学院大学及び東京大学の非常勤講師等を歴任。

著者

木村廣道（きむら　ひろみち）　第四章
東京大学大学院薬学系研究科ファーマコビジネス・イノベーション教室特任教授、経済同友会幹事。一九七四年東京大学薬学部卒業。専門は医療産業論。薬学博士、スタンフォード大学ＭＢＡ。

大下　元（おおした　はじめ）　第五章
ＪＦＥエンジニアリング株式会社専務執行役員、アクアソリューション本部長。一九八二年早稲田大学法学部卒業、同年入社。造船事業、電力営業部、リサイクル事業企画を経て、現在水ビジネスを担当。

市川晃久（いちかわ　あきひさ）　第六章
日産自動車株式会社グローバル カスタマー インサイツ部カスタマー インサイト スペシャリスト。一九八九年東北大学経済学部卒業。同年日産自動車株式会社入社、日本経済研究センター出向、需要予測、経営企

画や商品戦略を経て、現在市場調査・分析を担当。

前田寿彦（まえだ　としひこ）　第七章
（株）NTTデータエンジニアリングシステムズ営業本部AMビジネスユニット。一九七五年大阪府立大学工学部船舶工学科卒業。一九七七年同大学大学院工学研究科船舶工学修士課程修了。一九七八年日立造船情報システム株式会社入社。一九九一年海外事業部部長。独EOS社と積層造形装置の日本国内における独占販売契約締結。以後、EOS社の積層造形装置の事業推進に従事し、現在に至る。二〇〇六年社名が（株）NTTデータエンジニアリングシステムズに変更。

小野裕士（おの　ゆうじ）　第八章
みずほ総合研究所（株）調査本部金融調査部金融ビジネス調査室長。一九九一年慶應義塾大学法学部政治学科卒業。同年日本興業銀行入行、日本興業投信、調査部、みずほ総合研究所金融調査部、DIAMアセットマネジメント等を経て、二〇〇八年よりみずほ総合研究所金融調査部、二〇一一年より現職。専門は金融機関の経営動向分析等。論文に「わが国金融機関における預金の低収益性」（共著）『みずほ総研論集』（二〇一二年I号）等、著書に『ポスト金融危機の銀行経営』（共著）一般社団法人金融財政事情研究会（二〇一四年）。

斉藤哲夫（さいとう　てつお）　第九章
一般社団法人日本風力発電協会企画局長。一九七一年国立苫小牧工業高等専門学校電気工学科卒業。同年富士電機（株）入社、主に水力発電所および電力系統の制御システム設計に従事。一九九七年より同社にて風力発電関連業務にも従事。日本風力発電協会設立に伴い二〇〇一年より同協会の理事（非常勤）就任、二〇一〇年より専従にて風力発電導入促進に向けた業務に従事。

2035年の経済社会とイノベーション
　超成熟社会発展の経済学Ⅱ

2014年11月28日　初版第1刷発行

編著者――――駒村康平・齋藤　潤
発行者――――坂上　弘
発行所――――慶應義塾大学出版会株式会社
〒108-8346　東京都港区三田2-19-30
TEL〔編集部〕03-3451-0931
〔営業部〕03-3451-3584〈ご注文〉
〔　〃　〕03-3451-6926
FAX〔営業部〕03-3451-3122
振替 00190-8-155497
http://www.keio-up.co.jp/
装丁――――――土屋　光
印刷・製本――萩原印刷株式会社
カバー印刷――株式会社太平印刷社

Printed in Japan　ISBN978-4-7664-2190-3